财经法治

中国农村法治论坛　第6卷

农村“三变”改革法治保障研究

主编／吴大华

法律出版社 | LAW PRESS

前　言

为了繁荣农村经济法治研究，寻求化解“三农”问题的法律对策，致力服务于乡村振兴、美丽中国等重大战略，西南政法大学中国农村经济法制创新研究中心、经济法学科点、经济法学院和经济法研究中心从2009年起决定每年举办“中国农村法治论坛”系列会议。从每次会议中遴选优秀投稿论文集辑出版。

为推进落实党的十八大、十八届三中全会、十八届四中全会以及中共中央、国务院《关于深入推进农业供给侧结构性改革加快培育农业农村发展新动能的若干意见》等中央政策文件所提出的农村重大改革决策部署，深入剖析“三权”促“三变”等重大实践探索中的法律问题并寻求应对方案，举办了第九届中国农村法治论坛暨“三权”促“三变”改革法治保障研讨会。来自中国社会科学院等全国20余家单位近60名专家学者云集安顺，就“三权”促“三变”改革法治保障畅所欲言。

本书汇编了本次会议的优秀论文。

西南政法大学
中国农村经济法制创新研究中心
2018年6月

目　录

“三权”促“三变”改革法治保障研究

——第九届中国农村法治论坛暨“三权”促“三变”改革法治保障研讨会综述

杨青贵[*]

目　　次

一、前言

为推进落实党的十八大、十八届三中全会、十八届四中全会以及中共中央、国务院《关于深入推进农业供给侧结构性改革加快培育农业农村发展新动能的若干意见》等中央政策文件所提出的农村重大改革决策部署，深入剖析“三权”促“三变”等重大实践探索中的法律问题并寻求应对方案，第九届中国农村法治论坛暨“三权”促“三变”改革法治保障研讨会于2017年7月23日至24日在贵州省安顺市召开。来自中国社会科学院等全国20余家单位近60名专家学者云集安顺，就“三权”促“三变”改革法治保障畅所欲言。现将参会论文及会议研讨的主要内容综述如下，以飨读者。

二、“三权”促“三变”改革的归纳与总结

（一）“三权”促“三变”改革的背景

邓纲认为，我国传统的农村产权具有明显的身份性特征。这种身份性，是指一些农村重要的

* 西南政法大学与贵州社会科学院联合培养博士后研究人员，西南政法大学中国农村经济法制创新研究中心研究员，西南政法大学副教授，法学博士。

财产权利和农民身份形成紧密的专属关系，不具备农民身份的人很难享有这些权利。在农村产权身份性与农民身份转换单向性的共同作用下，农村产权对外流转存在固有缺陷，阻碍了农民财产权利的充分实现，给农村产权融资以及经济价值造成直接的负面效应，已经成为改革农村社会和实现农业现代化的主要“瓶颈”。具有身份性的农村产权制度加上农村相关政策制度的惯性制约等因素，使当前农村经济社会发展面临诸多现实问题。吴大华指出，贵州省在农村改革中也面临一些难题：分散的资源、资金已经无法适应市场经济的发展要求，深化农村改革将何去何从？面对贵州省493万名贫困人口，精准扶贫、共同奔小康的出路又在哪里？在典型的喀斯特山地条件下，如何顺应全国发展集约、安全、高效、持续的现代农业潮流？在共享共同富裕的成果时，如何落实“先富带动后富”？这些问题不仅是困扰贵州省实现“后发赶超”的现实障碍，也是倒逼贵州省在现有条件下不断深思、突破重围、大刀阔斧地进行改革的强大动力。

关于贵州省安顺市在探索“三权”促“三变”改革前面临的现实问题，胡守勇指出，改革前，农村基层党组织的凝聚力急剧弱化，农村组织对村民的服务方式发生较大变化；老支书等传统基层组织的治理能力和权威性、影响力大大下降；农村基层党员队伍日渐涣散，一些地方党员进入进城务工队伍，“空心”“空巢”“空壳”大量出现。高守应认为，贵州省普定县所开展的“村企合一”改革探索，成为当前解决农村发展中“空心”“空巢”“空壳”的有效途径。为有效应对“三农”问题，促进农村经济社会持续、健康发展，许多地方在实践中进行了改革探索。卢启伦指出，兴伟集团于2015年4月选择贫困程度较深的普定县龙场乡秀水村实施定点帮扶，以打造“美丽乡村”为切入点，以产业扶贫、基础设施扶贫、项目化精准扶贫为主要抓手，通过理念创新、机制创新、管理模式创新，探索走出一条开放型、内涵式、村企联动扶贫脱贫的有效模式。

（二）“三权”促“三变”改革的内容

1. 关于“三权”促“三变”改革的阐释

吴大华、崔凤琴指出，“三权”是指确权、赋权、易权。其中，确权是对农村土地承包经营权等农村各类产权权属进行明晰，颁发权证；赋权是赋予农民对集体资产股份占有、收益、有偿退出等权利；易权则是让农村各类产权进入市场交易。“三变”主要包含三层含义：一是资源变股权，是指农村闲置资产入股经营主体，聚集、激活发展要素；二是资金变股金，是指将各级财政投入农村的财政资金整合并量化为村集体或农民持有的资金，变为村集体或农民持有的股权；三是农民变股民。在此基础上，通过搭建平台，建立制度，引导流转，促进农村经济社会的快速发展。

2. 关于“三权”促“三变”改革的路径

杨帆以农村土地“三权分置”为视角，在剖析贵州省安顺市“三权”促“三变”改革时提出，“塘约塘路”主要存在如下改革路径：一是巩固集体所有制，以“村社合一”为目标，号召农民自愿将土地承包经营权流转到新成立的合作社中，改变了分散经营落后的小农经济；二是完备的党建工作；三是农民权利的实现；四是善于改革创新。

3. 关于“三权”促“三变”改革的做法

“三权”是“三权”促“三变”改革的基础和核心。罗强认为，在“三权”促“三变”改革中，确权颁证是农村综合改革的基础，需要明边界、定权属、发证件；赋权是农村综合改革的关键，包括许可、评估、配套三个方面；易权是农村综合改革的核心，需要建平台、进市场、防风险。唯有完成好

"三权"改革工作,方可有"三变"的存在。

管毓和将"三权"促"三变"改革的具体做法概况为:(1)通过清资核产、确权颁证、集体资产入股、农民个人资产入股,实现资源变股权,让沉睡的资源活起来;(2)整合分散且利用效率不高的财政资金并量化投入村集体,或变为农民持有的资金,通过合同或协议方式,投入优选产业,变为村集体或农民持有的股权,实现资金变股金;(3)建立一般股东的保底分红和红利分红、企业员工的劳动收入、政府主导的异地置产收益等收益制度,并鼓励农村"能人"返乡创业增收,增加增收渠道,实现农民变股民。卢启伦以兴伟集团帮扶秀水村为例,将其概括为:一是扶智聚力,治本图变;二是系统谋划,有序开发;三是夯实基础,改善村貌;四是农旅结合,产业帮扶;五是公司化运作,股份制管理。

高守应、龙松熊等人指出,安顺兴伟集团对口帮扶普定县秀水村在股权配置中实行人头股、土地股、效益股、孝亲股、发展股等"五股"的股权配置,按照"五股"的红利比例进行年终分红,从而形成农村精准脱贫攻坚探索的"秀水五股"模式。其中,人头股占10%,属于秀水村民,人人有股;土地股占30%,按每分土地为一股计算;效益股占30%,按一分劳动一分股计算,参与劳动才有股;孝亲股占5%,65岁以上老人享有养老金;发展股占25%,对秀水村考取大学、大中专院校的贫困学子给予在校期间学费、生活费;对秀水村遇到重特大自然灾害、患重病的贫困农户给予救助。

(三)"三权"促"三变"改革的成效

"三权"促"三变"改革的成效判断,需要建立起符合中国特色社会主义理论及实践需要的识别标准和判断指标。在诸多标准中,农民对"三权"促"三变"改革带来的发展性收益的分享,无疑是重要的衡量标准。对此,龚暄杰围绕集体土地增值利益分享提出价值判断标准和事实判断标准两大指标类型。其中,价值判断标准由工具理性、经济理性、形式理性、实质理性、法律理性、社会理性等六个理性维度构成,分为有效性、高效性、公平性、适当性、合法性、公正性等六个指标标准;事实判断标准则由强制性、直接性、自动性、可见性等四个指标构成。依据该标准,贵州省安顺市以"三权"促"三变"改革为抓手,深化农村产权制度改革,有效盘活农村资源资产资金,赋予农民更多财产权利,推进城乡要素平等交换和公共资源均衡配置。

关于"三权"促"三变"改革的基本特点,管毓和将其概括为:推行面广速快、"三变+"渐成趋势、"三变"效益显著。罗强则认为"三权"是"三权"改革的核心是产业化经营主体同农民关系的构建,呈现出以强化制度支撑为改革的保障、创建农村土地价值评估和流转机制、建立多种形式的风险防范机制、构建结构化的农村产业发展投入与分配机制等基本特征,并据此提出"三权"促"三变"改革的五大成效:一是促进农业的较大幅度增长,农业结构进一步优化;二是在一定程度上解决了"三空"问题,带动扶贫工作;三是发展集体经济,夯实党的执政基础;四是激活农村沉睡的资源,培育新型农业经营主体,农业逐步走上集约化、特色化发展路子;五是增强了安顺农业抵御风险的能力。

对于"三权"促"三变"改革取得成效的主要原因,罗基仁归纳为:一是有一个好的带头人,有一个好班子,有一支好队伍;二是改革农业产权制度,"七权同确",通过明晰产权把村内资源变成经营资产;三是改革农村经营体制,村社一体,通过规模化多元经营提高集体收益;四是走群众路线,明确奖惩,通过量化考核让村民监督党员和干部;五是加强民主监督,村务和财务公开透明让村民心里透亮;六是德法并举,教育引导村民移风易俗,树立新风尚。高守应认为,“村企合一”的做法在“三权”促“三变”的改革中发挥了重要作用,解决村民就地当“工人”,实现就近就地就业,改变了“空心”“空巢”“空壳”等现象;让村支“两委”与公司发展形成为民惠民富民共同体,发挥了党员的先锋模范作用;让村级集体积累由“空壳”变为实体,推进了公益性事业发展;激发了农民参与农村建设发展的积极性和主动性,极大增加了农民和集体收益。

(四)“三权”促“三变”改革的经验

魏霞则认为,“三权”促“三变”改革的经验可归纳为以下几点:一是建立以村党支部为引领、村集体所有的新型合作社,主要包括建立合理的利益联结机制、健全和完善经营管理机制、引进资本借力外脑等措施。二是深化农村产权制度改革,增强农村发展的“内生动力”,主要通过“七权”叠加确权登记,明晰农村产权“身份证”,率先在安顺市建立土地流转中心、股份合作中心、金融服务中心、营销信息中心、综合培训中心和权益保障中心“六个中心”等措施实现。三是创新群众工作机制,推进村民自治自律。为此,塘约村通过村支“两委”和村民代表大会,研究制定规范村民行为的“红九条”,实行村民自治;通过村民选举产生监督委员会,代表村民行使监督权;积极创新法治和群众工作“四个一、四促进”模式,不断完善法治建设和群众自治。

此外,翁鸣认为,“三权”促“三变”改革的经验可归纳为:一是改变了传统的村级组织架构;二是调整村级组织的职责和权力;三是加强村级组织之间相互制衡。卢启伦认为,就实施主体而言,“三权”促“三变”改革是一种企业主导、村企联动的精准扶贫模式,但仍可通过索、总结,形成一些可复制、推广的经验,其核心要素在于兴伟集团等企业的投资能力和管理能力、村级自治管理能力、参与精准扶贫的民营企业得到了政策激励和法制保障。

(五)“三权”促“三变”改革的启示

翁鸣认为,“三权”促“三变”改革对基层治理和治理能力的提升具有启示意义:在国家法律框架内,重视党委和政府在农村基层社会治理中的重要作用,充分尊重和发挥干部群众的积极性,注重吸取干部群众的改革经验,形成有计划、有步骤的制度安排和改革措施,并在改革实践中不断补充完善。

卢启伦从秀水村改革探索将“三权”促“三变”改革的启示归纳为:一是推进村企联动精准扶贫,必须得到党委、政府和各部门的大力支持;二是打赢扶贫攻坚战,必须要有创新进取、攻坚克难的企业家精神;三是扶贫脱贫攻坚需要实事求是、因贫施策,找准着力点和切入点;四是只有注重内涵式造血扶贫,才能让贫困村民长期摆脱贫困走上致富大道;五是必须增强村民主体意识,才能彻底挖除“穷根”;六是必须强化开放式扶贫理念,才能整合资源力量推进科学治贫精准扶贫、有效脱贫。

李军波认为,“三权”促“三变”改革对农村产权制度改革的启示有两点:一是建构长效的、具有实效性的集体所有权自我保护机制,必须将集体所有权自我保护所产生的各项利益与成员的切身感受关联起来;二是集体统一支配、运营全部集体财产的生产经营体制要比成员单独支配、运营集体财产,集体从外部监督管理的生产经营体制更有助于集体财产自我保护机制的建构与有效运作。魏霞认为,从“三权”促“三变”的改革中可以得出三点启示:一是坚持中国特色社会主义道路;二是坚持中国共产党领导;三是坚持社会建设与经济建设协同发展。

三、"三权"促"三变"改革面临的法律问题

当前,由于"三权"促"三变"相关制度建设滞后,部分改革甚至突破已有理论及制度框架,因而"三权"促"三变"改革仍然面临着一些尚待破解的法律问题。除上述因素外,引致"三权"促"三变"面临法律问题的还有其他因素。翁鸣、管毓和等人认为,这些因素包括对"三变"政策认识不足、处于基层的生产组织体系缺乏上下联动、农村社会保障体系还未健全以及尚处于改革探索中的农村改革可能面临的政策风险、市场风险、社会风险等。基于上述多方面因素,所导致的"三权"促"三变"改革存在的法律问题主要包括以下几个方面。

(一)"三权"促"三变"改革中的主体问题

肖仕刚认为,"三权"促"三变"改革中的主体问题包括三个方面:一是现行制度对于农村集体经济组织的地位,农民与股东、社员及合伙人就资格取得与丧失、权利义务之享有与承担等问题存在认知差异,且存在政府"干预"程度偏重的问题。二是农村集体经济组织、农民用于出资之用益物权、资源,面临出资不实、财产价值评估不能准确认定、市场交易活跃度不够的问题。三是"三权"促"三变"改革中的营业商行为运行机制合法性不足、农民股东的主体身份不清、营业利润分配程序性正义不足、营业资产财务混同等。

管洪彦结合民法总则对农村集体经济组织"特别法人"的地位界定认为,由于长期实行的计划经济体制以及各地经济发展不平衡等多种原因,直到现在我国多数地区并未建立起独立于乡镇政府和村民自治组织的农村集体经济组织,导致农村集体经济组织的职能一直由村民自治组织代为行使,多数地区的村民委员会和农村集体经济组织实行"一套班子,两块牌子",以致农村集体经济组织在产权改革过程中面临一个难题:农村集体经济组织法律地位不明确、治理结构不健全、成员范围不清晰、管理不规范等。

高守应认为,"三权"促"三变"改革所实行的"村企合一"这种做法,在主体建设方面仍然存在一些问题:一是部分推广实施"村企合一"的村存在村支"两委"与公司分开的"两张皮"问题,与"村企合一"相悖。二是很多推广实施"村企合一"的村支"两委"班子在公司的发展上全心全意,在村级规划发展、组织建设、村民自治管理等发展有所忽视。三是有些村支"两委"干部能力相对弱的地方,一些人打算以成立村级公司的名义,行自己的私利。四是很多村支"两委"对所领导和管理的村域内的资源缺乏认识,搞不清楚有哪些优质资源,有哪些劣势,有什么特色,向何方发展;加上对公司运营的陌生,对市场风险存在恐惧。因此,对成立村级公司实施"村企合一"没有底气和信心,村支"两委"主要领导对实施"村企合一"缺乏自信。

此外,傅智文就司法实践中部分村组合并问题指出,在村组合并背景下,因村、组在集体所有权上仍然存在分别的集体所有权,因而,部分实践"一刀切"地将集体所有权统一为村集体所有,存在违法之嫌。对此,应当合理界分农民集体、农村集体经济组织、村民委员会或村民小组等主体之间关系,充分发挥法定代理者的制度优势。孟庆艳认为,从"三权"促"三变"改革来看,当前农民及其组织风险预期比较欠缺,而且"村企合一"的公司成立是否科学、是否能够适应风险,会不会影响其他农民的积极性,尚需要进一步加强研究。

（二）“三权”促“三变”改革中的产权问题

邓纲认为，当前农村产权具有较强的身份性特征。导致农村产权具有身份性的因素主要包括农民身份的取得途径、集体经济组织的封闭、农村产权的无偿性。农村产权的身份性曾把农民群体牢牢地附着在农地上，虽然历史上曾发挥出一定的社会保障功能，但也对农村产权的流转能力和经济价值产生了不可忽视的负面影响，增大了受让农村产权的成本和风险，将给农村产权的自由流转和抵押融资，甚至对未来我国农业发展产生不利影响。这些影响将随着中国社会经济的发展变迁而越发明显。在农村产权确权方面，万江基于对S市土地确权的实证研究发现，农村土地在确权规则方面，主要存在承包地与宅基地上的公平观分离，相关工作显示并非由村民自治来主导土地确权等问题。

李军波认为，“三权”促“三变”改革中确权的重要方面是对集体所有权的确权及保护问题。确权所具有的集体所有权保护手段之性质，与一般的个人所有权保护方式之间存在的区别表现在发挥作用的内部性上。塘约“七权同确”是社区性土地合作社成立的前提，确定入股成员所获取的具体股份数乃是其直接目标。当中存在的法律问题诸如国家扶贫权（职责）与集体所有权在利益基础上有何异同，两者在实现上的关系如何，国家扶贫权（职责）借由集体所有权实现的法理依据以及有效实现路径该如何设计等。

此外，杨惠立足重庆大足集体经营性建设用地“入市”改革探索认为，集体经营性建设用地“入市”需要思考的法律问题包括：非经营性建设用地入市的可行性问题、合村并社下入市权利主体与执行主体不一致的问题、集体经济成员资格认定的规范标准问题、集体经济组织入市决议的强制性问题、土地增值收益调节金征收与入市地块成本核算问题、入市收益分配兼顾当前与长远的问题、入市土地融资抵押问题、集体经营性建设用地出让期限届满收回问题、历史遗留问题用地借入市改革合法化的风险控制问题、入市中的政府角色定位与政府职责问题。

（三）“三权”促“三变”改革的持续推进问题

吴大华、崔凤琴指出，影响“三权”促“三变”改革的持续推进的问题包括两个方面：一是“三权”促“三变”改革的股权退出机制不完善。截至目前，农民股东的退股渠道仅有转让股权、行使异议股东股份购买请求权、减少注册资本、解散公司。二是公司破产清算程序中土地承包经营权实现存在争议，尚未建立起科学、合理的退出制度。

管毓和认为，“三权”促“三变”改革仍然面临两大持续性问题：一是资源变资产基础薄弱；二是资产变股权运行机制不完善，即基础配套机制不健全，农村股份合作中存在许多边缘性的法律问题、资金、资源整合难、金融发展环境不够优化等问题。

赵艳华立足实践调查提出，“三权”促“三变”改革持续推进面临的突出问题包括：一是大多数地方是由乡镇推动“三权”促“三变”改革，这与乡镇政府功能定位、职权职责存在一定的错位问题；二是主要依靠政府“输血”，政府不输血，就做不下去；三是部分地方的村民、贫困户、村支“两委”不具备开展“三权”促“三变”改革的条件和能力；四是部分企业借助“三权”促“三变”改革套取资金，并未真正开展生产经营活动；五是“三权”促“三变”改革的程序复杂，与差异化的农村区域情况的适应性问题有待进一步研究；六是政策法规不配套，管理不规范，缺乏风险管理，义务、职责、责任不明。

杨青贵认为，在精准扶贫和农村经济社会改革发展的语境下，资产收益扶贫与“三权”促“三变”改革存在内在一致性。当前资产收益扶贫面临的现实困境，突出表现为资产收益扶贫的理论支撑不够、扶贫资源边界不清且持续性不足、资产收益扶贫模式缺乏多样化、资产收益扶贫实施的有效性弱、资产收益扶贫实施的动力不强、资产收益扶贫相关规定缺乏协同。这在一定程度上制约着“三权”促“三变”改革的持续推进。

（四）“三权”促“三变”改革中的农地利用问题

吴大华、崔凤琴指出，当前的农村土地流转存在如下问题：一是法定流转方式存在一定问题，即五种流转方式有重复规定之嫌，农民自由流转的权利没有得到充分保护。二是农村土地权属归属仍然存在一些不明确的问题。三是由“增人不增地，减人不减地”制度所引起的土地分配及其收益分配不均问题。这主要反映为无地农民空有“农民”之名，却无土地之实，无地农民无法享受土地权益。四是流转土地折价入股有限责任公司存在一系列问题或障碍，如缺乏科学合理的农地价格评估机制、农地流转市场不健全等。

卢代富认为，农村土地“三权分置”改革存在如下问题：一是农村土地“三权分置”的法律表达困境。二是落实所有权的法治保障问题，集中体现为：对集体土地所有权主体制度的冲击、对集体土地利用权实现的冲击、对集体土地收益权实现的冲击、对集体土地处分权制度的冲击、对集体土地所有权制度功能的冲击。三是稳定农户承包权的法治保障问题：承包权的性质尚待厘定、承包权的权利内容尚需明确。四是放活土地经营权的法治保障问题，主要体现为：土地经营权的性质尚需厘定、土地经营权的权利内容善待明确、土地经营权流转制度有待建立健全。

潘善斌认为，农村土地“三权分置”改革面临的诸多问题中，成员权定位不清是当前很多问题的重要原因，成员权究竟有哪些内容，成员权行使规则、救济机制等问题均有待进一步改进。王文文指出，“三权分置”制度改革主要面临集体土地所有权被虚化、农民土地承包权被侵蚀、农地用途“非粮化”“非农化”等现实风险。罗强认为，当前仍然有一些重点难点问题必须引起足够的重视。农村土地流转的矛盾已经成为农村地区主要社会矛盾，对于农村社会的稳定和经济的平稳发展造成了一定程度的影响，对于城镇化等政策的落实形成阻力，主要包括法律限制多、市场发育不完善、风险隐患多、土地流转效果低于预期，以及家庭联产承包责任制与农业集约化发展之间的关系、坚持以农民为主体与政府规划引导之间的关系、集体经济与公司经营、合作社经营、个体经营如何协调的关系等问题依然难以解决。

刘江在分析农村土地流转纠纷案件相关司法裁判后发现，当前农村土地承包经营权确权、转让、征收补偿与分配纠纷存在主体案件类型多、群体性案件多、涉及社会稳定因素多等特点，存在诸多尚待解决的法律问题：一是土地承包经营权的入股问题，如关于是否突破有限责任公司股东人数上限规定的问题、30%货币入股的出资比例限制问题、农户退股问题、公司破产清算中土地经营权等不能作为公司资产对外清偿情况下的债权实现问题。二是土地承包经营权抵押问题，最重要的是融资抵押问题。三是抵押权人的资格问题、抵押合同的设计问题。四是抵押权清偿实现问题，如究竟采取何种方式方法才符合需要。

此外，郜永昌认为，在我国政策先行、立法后进的背景下，“三权”促“三变”改革中有关农地利用方面的做法和规定仍存在一些问题，如很多词汇用法的不统一问题，农村土地承包法、土地管理法、国有土地上房屋征收与补偿条例等。申浩认为，农地经营权入股农民专业合作社的基础是农地经营权的物权性，物权化的农地经营权并不违反“一物一权”原则。黄平认为，贵州省普定县的土地流转及经营权抵押贷款揭示出四大问题：一是在经营权流转上，创新力度不够，创新的空间还有待拓展；二是在经营权抵押价值评估上，地上附着物偏重于多年生的经济林木和使用期在8～15年的大棚及滴灌设施；三是经营权流转市场形成进度慢；四是土地流转处置市场不成熟，一旦发生逾期贷款或呆坏账，土地流转经营权的处置难度大，贷款金融机构风险难以化解。

（五）“三权”促“三变”改革中的权益保障问题

吴大华、崔凤琴指出，农民股东保底分红模式存在事实与法理之争，主要表现如下：一是农民股东与公司债权人的利益冲突。二是农民股东与其他非农民股东的利益冲突。同时，流转农户的权益保障同样存在问题，容易受到经营主体、政府部门的侵害，并且农民自身权利救济方面也存在找政府部门反馈所占户数和比重过高、通过法律渠道解决纠纷的户数和比重太少、农民对自身权益比较忽视等问题。

管毓和认为，“三权”促“三变”改革面临着农民变股民的利益保障难问题。这主要是因为以下两个原因：一是确股规则尚未完全形成，在资源变资产的过程中，如何做到既维护入股农户的财产收益权，又确保企业生产经营的长期稳定是难点。二是经营主体成立时间短，尚在起步阶段，金融介入少，还未经历经济周期和行业周期波动影响，风险爆发可能性相对较小，政府和经营主体风险意识还比较薄弱，风险防控机制不够健全，农民利益难保障。

李军波认为，“塘约经验”中农民集体所有权存在的问题之一是农民集体分享合作社土地收益的权利基础。例如，塘约村“金土地合作社”的土地收益由合作社、村集体与村民按照3∶3∶4的比例进行分成，村集体分得的三成在法理上该如何理解，其是否有坚实的法理基础，其得以证成的权源又何在等，都需要予以回应。

（六）“三权”促“三变”改革中的治理与监管问题

1. 关于基层治理问题

胡守勇指出，当前越来越多人放弃农村劳动，“三空”村落大量涌现；农村基层党组织的凝聚力急剧弱化，农村组织对村民的服务方式发生较大变化，老支书等传统基层组织的治理能力和权威性、影响力大大下降；农村基层党员队伍日渐涣散，一些地方党员进入进城务工队伍。

2. 关于自然资源监管

吴大华、曹务坤通过先后与贵州省有关自然资源资产管理部门主管领导、工作人员进行座谈或单独访谈，在整理和研究的基础上发现，自然资源监管存在三大突出问题：一是自然资源监管中存在诸多突出问题，而这与自然资源资产监管机制缺位具有内在关联性。二是为了解决自然资源资产管理中存在的诸多突出问题，贵州省不但制定和完善了原先的自然资源资产管理机制，而且还推行了自然资源资产产权制度和用途管制改革，推行水务一体化管理改革和国有林场改革，大力推进生态文明建设机构改革和集体林权制度改革，正逐步推行不动产统一登记，从而形成了贵州自然资源资产管理现行机制。三是由于主客观因素的制约，贵州省自然资源资产管理机制仍存在一些缺陷，而这些缺陷已严重影响了贵州自然资源资产管理效率。

3.关于政府行为偏差

段浩认为,从"塘约经验"来看,农村土地制度改革的成败在很大程度上取决于政府是否作为和如何作为,但由于制度供给缺失等原因,政府的角色存在不同程度的偏差,政府角色的实现存在不同环节的阻滞,主要表现为:政府参与不足,农村土地流转严重滞后;政府利益协调能力不强,农民权益受到侵害;政府立法工作滞后,农村土地流转制度供给不足;政府监管体系混乱,监管不到位;政府服务提供落后,农村土地改革缺乏良好环境。

四、"三权"促"三变"改革的法治保障

陈玉梅认为,一旦法律制定了,就应当严格实施。关于在农村改革中地方探索所形成的许多做法和经验是否具有可推广性、有效性,唯有通过实践检验。实践才是检验真理的唯一标准。当前,更需要法学界发挥对中国农村改革的引领规范作用。

(一)"三权"促"三变"改革的法律体系建设

孟庆瑜指出,"三权"促"三变"改革实践探索需要理论界做很多反思,但必须坚持把握好两点:一是农村改革的政策设计与法律跟进的关系。农村土地"三权分置"等农村改革有很多创新和实践空间,但需明确把握好新时期如何解决"三农"问题的关键抓手或"牛鼻子"。所有改革必须坚持于法有据;需要立法机关从法律的改革和完善上做出贡献。二是农村土地制度改革统一的制度设计与农村实际差异的矛盾。如何在统一的改革和制度安排下使其适用于不同农村地区,要为不同地方根据实际的改革留下改革空间;同一的政策设计,应当为不同地方的农村发展留下空间。

罗强认为,"三权"促"三变"改革应当理顺政府与市场的关系,坚持以市场导向来实现土地的自由流动,充分发挥政府的监督管理作用;从放宽对土地受让主体的限制性规定、从法律上确定地方政府在土地确权、赋权、易权中的自身角色定位、建立有利于土地承包经营权当事双方自主流转的机制、完善农村集体经营性建设用地的交易规则等方面完善和健全相关法律制度,为改革提供制度支撑。

(二)"三权"促"三变"改革中的主体制度建设

韩松认为,"村社一体"的内在机制和内在要素在于全村就是一个合作社。这个合作社与农民专业合作社不同,是一种创新。"村社一体"的基础是农民集体土地公有制。在此基础上,管毓和建议:一是加强对"三变"的宣传力度,充分调动农民群众参与改革的积极性;二是积极培育市场经营主体;三是增强农业专业合作社的服务功能;四是提高风险防范意识,完善风险防控机制;五是加强法律制度建设,确保农民权益有法可依。

管洪彦认为,中共中央及国家政策已经对农村集体经济组织进行了宏观顶层设计。在此基础上,农村集体经济组织法人立法首先要回归农村集体经济组织法人的本性,即农村集体经济组织本质上应为经济组织;应该建构起"一般立法 + 特别立法"的农村集体经济组织法人制度体系;做好农村集体经济组织法人"特别性"的制度与规范设计;确保农村集体经济组织法人的形式有多种选择,并非所有的农村集体经济组织都能取得法人资格。

此外,龙松熊认为,从"秀水五股"经验可知,在传统判定标准中的农村集体经济组织成员权

与土地权益分配进行统一挂钩，并不能很好的解决当代人之间以及当代人与下代人之间的矛盾，而应当将集体经济组织成员权和土地权益分配进行分离。

（三）“三权”促“三变”改革中的产权制度建设

万江基于对S市土地确权的实证研究提出，在“三权”促“三变”改革中应注意：农用地的局部调整具有一定合理性、宅基地不可能实现类似于承包地一样的调整与均分、农村土地确权应慎重使用村民自治等制约因素。

吴大华、崔凤琴指出，明确农村土地权属的归属，应当注意两点：一是实际上属于村集体经济组织的权能都是由村委会和村民小组实行；二是在司法实践中因土地纠纷诉诸法院的，适格当事人是村委会（村民小组）。

邓纲认为，改造农村产权身份性的路径是将产权流转作为获得农民身份的市场渠道，借鉴社区股份（合作）制重塑集体经济组织成员权、合理设置农民身份转换的条件，消除对失地农民问题的过度忧虑、加快城乡基础设施和公共服务均等化建设。

此外，杨惠结合大足集体经营性建设用地“入市”的实践探索提出以下建议：一是村级层面规划体制改革创新。二是集中区入市的交易机制创新，把零星、偏远的建设用地，整合置换为指标。使用了地票原理，实现土地发展权的跨区域流动。三是集体成员资格认定与入市利益分配规则的创新。

（四）“三权”促“三变”改革中的农地制度建设

吴大华、崔凤琴建议，从简化流转方式、尊重和保护农民在土地流转中的自由和权利、扩大入股主体范围等方面完善法定流转方式；“增人不增地，减人不减地”与“大稳定，小调整”的协调，应当充分发挥村委会作为基层群众自治组织的作用；从充分发挥市场的资源配置作用、建立专业的价值评估机构、培育市场需求的评估人员、制定统一的评估标准、完善农地流转程序等方面健全土地流转市场。罗强也提出，可以从建立土地流转市场、搭建土地流转网络信息平台、建立专业、权威的土地价格评议机构等方面，建立完善的土地经营权流转市场体系。

卢代富等提出，农村土地“三权分置”中“放活土地经营权”，需要确立硬法与软法合力而治的治理理念，积极发挥与“放活土地经营权”有关的市场准入法治体系、市场秩序法治体系、宏观调控法治体系、社会分配法治体系等方面的作用，修订《中华人民共和国农村土地承包法》或出台专门法律，明确土地经营权的概念及其债权属性，畅通土地经营权抵押权实现的救济渠道，并在各地试点经验的基础上完善配套基础制度。

段浩认为，农村土地流转中政府的该当角色，包括农村土地流转的组织领导者、农村土地流转的改革推动者、农村土地流转的制度供给者、农村土地流转的运行监管者、农村土地流转的服务提供者。为实现上述角色，应当着力开展以权力配置为核心的简政放权、以市场分配法律机制为保障的监督管权以及以政府分配法律机制为保障的创新服务。

此外，黄平基于贵州省普定县土地流转及经营权抵押贷款实践，提出了通过明确村集体与农户的土地承包关系和简化经营权流转程序与明确“三权”利益关系来实现简化流转方式，以及简化抵押贷款手续、采取贴息政策鼓励诚信、倡导和实施农业保险、落实政府风险补偿、推行经营权证普惠制、改革需要制度化设计、成立产权交易中心并规范运作等建议。

(五)“三权”促“三变”改革中的权益制度建设

韩松指出,没有集体经济活动就没有集体分配,集体发展也将很难。在村社一体化下,“塘约经验”体现村社一体;应当运用合作社这种组织形式,给成员分配利益,给成员集体分配利益,其中集体成员利益可由地租、股金、集体分配利益收入(包括集体的风险担保利益)、劳动收入等方面构成。

吴大华、崔凤琴指出,应当建立合理、完善的农民股东保底分红利润分配模式,这已经具备了理论和现实的必要性和可行性。首先,农民股东与非农民股东的利益冲突属于公司内部的利益分配问题,可以通过双方的协商加以解决,自治性较强,也更灵活,可以将约定结果通过公司章程的形式加以固定。其次,保底分红降低了农民股东的风险,但事实确实是因此而使非农民股东的权益处于劣势地位。为弥补非农民股东的利益失衡,政府可以通过给公司必要的财政支持或税收减免等优惠政策予以补偿。

杨青贵认为,资产收益扶贫的权利设计与运行以及长效扶贫资产收益公平分享机制的构建,是资产收益扶贫的核心环节和关键内容。就前者而言,需要明确立足扶贫股的功能指向,进而明确扶贫股的法律性质,确定扶贫股的权利归属、权利内容的范畴,以对贫困人口的保障性为基点,坚持扶贫股的优先性;就后者而言,应当以基本生存权保障的实际需求为核心依据,建立收益保底机制和股权分红制度,探索以赋予扶贫股为主,并以协同性为思路,建立财政、投资、金融等政策支持措施及社会保障等支持制度。

(六)“三权”促“三变”改革的协同推进

1. 加强社会保障

吴大华、崔凤琴提出,完善农村社会保障制度的对策主要包括:(1)加快农村社会保障法制化、制度化建设。(2)建立覆盖全国的社会保障信息服务网络。(3)大力发展乡镇企业。(4)农民提高自主就业能力。(5)争取社会力量支持。

2. 创新基层治理

翁鸣认为,需要把法律精神运用到改革实践中,构建新的体制机制和制度。其中,从集体资产经营管理的转换过程来看,作为集体经济产权人的村民群众,理应行使法律和政策赋予的管理和监督权,维护自己的合法权利不受损害。

韩松主张,村民自治首先是经济自治。合作社作为集体经济组织,按照物权法规定,由农村集体经济组织行使是可行的;村委会以后做公益事业;合作社以后做经济发展,组织经济发展。

高守应认为,乡镇要认真抓好“村企合一”的监督管理,特别是对村级公司的财务监督和管理,既要发挥村支“两委”在组织建设、村民自治管理的领头羊作用,在公益性事业方面有所作为,同时要促进“村企一体”的公司发展,壮大集体实力。

罗强建议,带动一切积极因素,加强基层政权建设,为改革提供组织保障,尤其是要将土地经营权流转工作纳入各级政府农村工作任务并进行考核,加强对基层干部的教育和培训。

罗基仁认为,从塘约变化来看,农村社区治理应处理好三大关系,即党的领导、基层政府与自治组织的关系,德治、法治、自治的关系,以及乡贤治村与依靠群众的关系。

3. 完善监管制度

肖仕刚提出，地方政府在“三权”促“三变”改革中应当“简政放权”，加强对商主体投资开发能力事前审查和监督；树立“市场”理念，以倡导代替指导；参股的集体经济组织和农民属于基于自身商业投资所需而参与“三权”促“三变”改革。

五、总结与前瞻

吴大华在总结中指出，“三权”促“三变”改革、“塘约经验”、“秀水五股”等典型经验，是贵州省认真落实中央决策部署，精耕细作，积极稳妥推进农村改革中所探索出来的，“三变”写入了2016年中央37号文件和2017年中央1号文件。社科界的法治工作者和理论研究者，应当积极关注并服务于农村改革实践探索。尤其是这些农村改革中的“贵州经验”涉及的法律政策问题，值得大家认真研究，讲好“贵州故事”，传播“贵州好声音”。此外，与会专家还提议，着力将“中国农村法治论坛”打造成为一个具有文化价值、经验价值、传统文化汇聚的优秀品牌。

贵州农村“三权”促“三变”改革中的法律问题研究

——以安顺市普定县为例

吴大华* 崔凤琴**

目　次

一、前言

习近平总书记2013年9月17日在中南海召开的党外人士座谈会上指出:改革是由问题倒逼产生,又在不断解决问题中深化。贵州省在农村改革中也面临一些难题:分散的资源、资金已经无法适应市场经济的发展要求,深化农村改革将何去何从?面对全省493万名贫困人口,精准扶贫、共同奔小康的出路又在哪里?在典型的喀斯特山地条件下,如何顺应全国发展集约、安全、高效、持续的现代农业潮流?在共享共同富裕的成果时,如何落实先富带动后富?这些问题不仅是困扰贵州省实现“后发赶超”的现实障碍,也是倒逼贵州省在现有条件下不断深思、突破重围、大刀阔斧地进行改革的强大动力。加之全国范围内农村改革的大好趋势和中央层面对农村改革的重视,贵州农村“三权”促“三变”改革应运而生。

* 贵州省社会科学院院长,博士研究生导师,二级研究员,博士后。

** 贵州师范大学经济法学硕士研究生,河南省安阳市文峰区国土划拨事务所干部。

基金项目:2014年全国文化名家暨“四个一批”理论人才资助项目[中宣办发(2015)49号]、国家民委2017年度民族研究项目“民族地区精准扶贫法律问题研究”(批准号:2017-GMF-001)阶段性成果。

二、安顺市普定县“三权”促“三变”改革实践评析

（一）“三权”促“三变”改革的具体做法

“三权”是指确权、赋权、易权。确权——对农村土地承包经营权等农村各类产权权属进行明晰，颁发权证。赋权——赋予农民对集体资产股份占有、收益、有偿退出等权利。易权——让农村各类产权进入市场交易。“三变”主要包含以下三层含义：（1）资源变股权，是指农村闲置资产入股经营主体，聚集、激活发展要素。（2）资金变股金，是指将各级财政投入到农村的财政资金整合并量化为村集体或农民持有的资金，变为村集体或农民持有的股权。（3）农民变股民。

为保证“三权”促“三变”的实施，普定县积极搭建平台，引导流转。依托农业部门建立了覆盖县、乡、村三级的土地流转服务机构网络，并制定了《普定县土地流转管理办法（试行）》，从制度层面对流转程序、流转合同签订、确权颁证、纠纷处理机制等方面进行了明确界定。为降低风险，从多个方面加强防范，建立了多方监督机制和保险机制。

（二）“三权”促“三变”改革的成效和意义

从流转规模来看，截至2016年6月，安顺市普定县全县共流转土地近10万亩，发放土地流转经营权证95本，累计发放农村土地流转经营权抵押贷款9000余万元。[1]

根据笔者调研及调查问卷数据反馈，[2]从流转主体来看，如表1所示，截至2016年6月，受让主体呈现多元发展趋势，流转主体参与度高。

表1　土地流转主体、流转面积

受让主体类型	流转面积（亩）	占总流转面积的比例（%）
农户	49,141	49.14
专业合作社	26,466	26.47
公司	12,093	12.09
其他主体	12,300	12.3

从农民收入来源来看，根据问卷数据反馈，“三变”改革前农民的收入来源主要是外出务工收入、种植业。“三变”改革之后的收入主要是土地租金、流转费用及入股分红收入。对于“三变”改革的作用如图1所示，绝大多数农户对“三变”改革持支持态度，“三变”改革也为农户带来了实际利益。

---

〔1〕　普定县“三权”促“三变”改革资料汇编。

〔2〕　2016年7月笔者对贵州省安顺市普定县沙湾大观园试点和秀水试点进行调研和问卷，并参加了一系列座谈会。本次共发放问卷220份，共收回有效问卷200份，有效率为90.90%。与受访者主观特征相关的分类变量情况如下：（1）受访者性别，男性占73.90%，女性占26.10%；（2）受访者民族，汉族占38.50%，少数民族占61.50%；（3）受访者文化程度，中专及以上占1.70%，高中占2.50%，初中占70.60%，小学及以下占25.20%；（4）受访者职业，从事农业生产者占31.90%，外出务工者占68.10%。

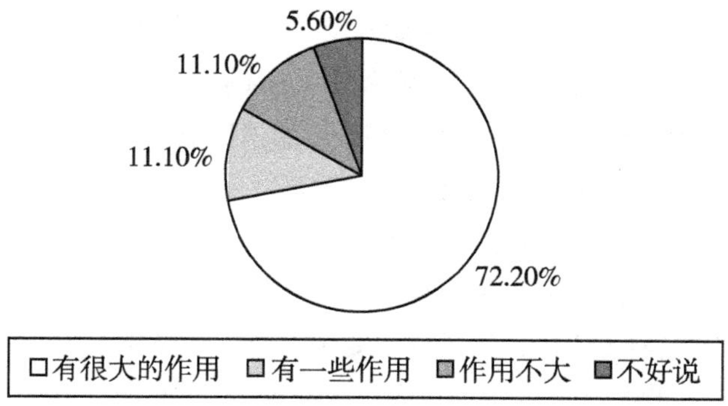

图1 “三变”改革对家庭收入的作用调查

就目前而言，土地的确权、赋权、易权均已取得良好的效果。综观“三变”改革的全局，改革目前处于初级阶段，改革效果未能完全凸显，但从长远来看，土地确权将使土地权属关系明确，将为土地“三权分置”后经营权的资产化和财产化提供坚实基础；规模农业将成为可能，加速农业现代化时代的到来；农民将有更多财产性收益，在家门口即可实现安居乐业；还将打破“固若金汤”的城乡二元结构体系，实现城乡要素平等交换和公共资源的均衡配置。

三、“三权”促“三变”改革中存在的法律问题

（一）法律法规不健全

1. 法定流转方式存在一定问题

法定流转方式存在的问题，主要表现为以下几个方面：（1）5种流转方式有重复规定之嫌。转包与出租在很大程度上具有一致性，二者区别仅在于受让方主体的不同，转包限于同一集体经济组织内部成员，出租则无此限制。是否有必要将转包与出租并列规定为两种不同的流转方式？法律效果相同的互换和转让——原承包合同的终止和新承包合同的建立，以及不同集体经济组织的多次转让即可达到互换的法律效果，因此，二者作为并列的流转方式亦有重复规定之嫌。（2）农民自由流转的权利没有得到充分保护。《中华人民共和国农村土地承包法》（以下简称《农村土地承包法》）对农民在土地流转中的自由给予了肯定性的规定，但是这两部法律中“集体经济组织成员的优先权”，以及在转让中“应当经发包方同意”的规定很明显是对承包人转让自由的限制。（3）入股主体范围过窄。农业现代化是土地、资金、技术等众多要素是合体，而农民除了具有土地之外，基本上“一无所有”。如果仅仅是农民之间的联合，相对于“单打独斗”的各自经营可能会有所提高，但是离农业现代化仍相差甚远。

2. 农村土地权属归属不明确

对于集体土地管理主体现行法律并没有作出明确规定，[1]即法律同时规定集体经济组织和

〔1〕《中华人民共和国农村土地承包法》第12条规定：农民集体所有的土地依法属于村农民集体所有的，由村集体经济组织或者村民委员会发包……国家所有依法由农民集体使用的农村土地，由使用该土地的农村集体经济组织、村民委员会或者村民小组发包。《中华人民共和国村民委员会组织法》（以下简称《村民委员会组织法》）第8条第2款规定：村民委员会依照法律规定，管理本村属于村农民集体所有的土地和其他财产，引导村民合理利用自然资源，保护和改善生态环境。

村委员均为土地承包经营权的管理主体。尽管村委会和村集体经济组织都以建制村为地域范围，以该地域范围内的农民为其成员，但二者无论是性质还是组织目标及价值诉求均有很大的不同，[1] 管理主体的不确定将导致管理主体虚置和维权的消极被动。

3.“增人不增地，减人不减地”制度引起的土地分配及其收益分配不均

1995年中央开始实施“增人不增地，减人不减地”政策。[2] 2002年通过的《农村土地承包法》则以法律形式进一步赋予农民长期而有保障的土地使用权。这一政策对满足农民对土地承包经营权稳定的心理需求，避免农民耕作过程中的短期行为具有重大意义。但是我们也应该看到，这一制度存在很大的问题。(1)我国农村人口数量大、增长速度快，该制度使许多无地农民空有“农民”之名，却无土地之实。现有的“均田制”已无法兑现农民公平地享有土地之诉求。(2)无地农民无法享受土地权益。作为承包方的农户即使户内成员经过“增减”之后，出现人少地多现象，新增人口作为集体经济组织内的成员并不当然地继承相应的土地份额，也无分配因土地征收、征用等获得补偿费用的权利，这也是实践中滋生土地纠纷的重要原因之一。

(二)流转土地折价入股有限责任公司的相关问题

1.缺乏科学合理的农地价格评估机制

科学合理的农地价格评估机制对于公司、入股农民、债权人意义重大。如果评估价格虚高，则可能构成虚假出资；如果评估价格过低，则入股农民享有的股份将会“缩水”，从而使农民权益受损；对债权人而言，不合理的价格评估则会影响公司资产，影响债权人债权的实现。但是实践中土地价格机制缺失，究其原因如下。

(1)缺乏专业的土地流转价格评估机构和专业的技术人才。(2)评估标准随意性大，尚未确立统一的评估标准。实践中可直接复制借鉴的评估标准少之又少，加之不同的省情差异，使土地价格评估标准千差万别。(3)评估费用高，流转双方均无意聘请专门的评估机构。聘请专业的价格评估公司或相关专家将出现大额的评估费用由谁承担的问题。事实上，农民无力承担这笔“巨额”费用；而作为市场主体的公司或土地受让方出于成本考量，也不愿“额外破费”。

2.退股机制不完善

在农民股东退股问题上，农民股东与其他股东的利益是顾此失彼的。在农民股东有退股的现实需求时，不能顺畅退股势必侵犯农民股东的权益；但如果准许农民股东退股，又势必影响公司注册资本的稳定和其他股东的权益。而现有公司法并不能为平衡二者利益冲突找到一条出路。

农民股东的退股渠道有以下几种：(1)转让股权。[3] 在公司经营状况堪忧的情况下，转让股

---

[1] 首先是性质不同。村委会是群众自治性组织，村集体经济组织是经济组织。其次是组织目标及价值诉求不同。村委会以为村庄内的所有成员提供公共服务为其组织目标，因而公平、正义、民主是其价值追求；村集体经济组织以实现经济效益最大化为组织目标，因而效率就是其价值诉求。

[2] 1995年《国务院批转农业部〈关于稳定和完善土地承包关系意见〉的通知》中强调“提倡在承包期内实行‘增人不增地、减人不减地’”。

[3] 《中华人民共和国公司法》(以下简称《公司法》)第71条前3款规定：有限责任公司的股东之间可以相互转让其全部或者部分股权。股东向股东以外的人转让股权，应当经其他股东一过半数同意……

权无疑是比较困难的。(2)行使异议股东股份购买请求权,[1]由公司回购其股份。这一方式可以实现农民股东在公司盈利但不分配分红的情况下的股份回购请求权,却不能解决公司在亏损下对农民股东的保底分红问题。(3)减少注册资本。[2] 股东启动公司减少注册资本程序需要经过严格的程序,[3]农民股东要想启动这一程序是非常困难的。(4)解散公司。当公司解散时,股东当然退出公司。综上所述,农民股东想要退股困难重重。

3. 农民股东保底分红模式存在事实、法理之争

在普定县“三权”促“三变”改革中,农民股东的“保底分红 + 红利分红”机制备受争议,因为在追求利益最大化的过程中,农民股东“旱涝保收”的保底分红制度会与多方主体形成如下的利益冲突,表现如下:(1)农民股东与公司债权人的利益冲突。由于公司资产构成担保债权人的“责任财产”,[4]在公司不具备分红的条件下,优先给农民股东支付保底分红势必影响债权人债权的实现。也就是说,保底分红的利润分配模式产生了负外部性。(2)农民股东与其他非农民股东的利益冲突。农民股东与非农民股东作为市场主体,其利益最大化的目的是一致的。农民股东的保底分红无疑打破了股东间的平等权利,在利润有限的情况下,优先满足农民股东的保底分红势必造成非农民股东分红期待的落空。

4. 公司破产清算程序中土地承包经营权的实现之争

根据我国《公司法》第 28 条的规定,农民股东在以土地入股时,应当将土地承包经营权的使用权依照法定程序转移给公司,在公司破产时,根据有限责任原则,农民股东应以入股的土地使用权为限承担有限责任。但是仍然就农村土地的社会保障功能而言,如果用农民股东的土地承包经营权清偿债务,农民将丧失土地以及依赖于土地的生存保障功能,反之,债权人的利益将遭到侵犯。那么,在公司破产清算程序中农民的土地承包经营权将何去何从?

(三)农地流转市场不健全

为规范土地流转,普定县政府初步建立了县、乡、村三级土地流转服务机构。土地流转交易市场雏形初步形成。但仍存在以下问题:(1)市场资源配置作用未充分发挥。目前小规模土地流转主要是靠流转双方自发寻找供给信息,大宗土地流转主要是靠政府部门“牵线搭桥”。市场资源配置作用在农地流转过程难觅踪迹。(2)缺乏专业的价值评估机构、评估人员、评估标准。农地流转市场是一个新兴产业,评估人员和评估标准的欠缺将制约农地流转市场的进一步发展。(3)供给双方参与性不高。由于农业的弱质性、农村的偏僻性、农民的自然性,导致市场机制不健

---

[1] 《公司法》第 74 条规定:“有下列情形之一的,对股东会该项决议投反对票的股东可以请求公司按照合理的价格收购其股权:(一)公司连续五年不向股东分配利润,而公司该五年连续盈利,并且符合本法规定的分配利润条件的……”

[2] 《公司法》第 142 条规定:“公司不得收购本公司股份。但是,有下列情形之一的除外:(一)减少公司注册资本……”

[3] 根据《公司法》的规定,公司减少注册资本,必须履行如下法定程序:(1)须召开股东会,必须经代表 2/3 以上表决权以上的股东通过……

[4] 吴义茂、吴越:《土地承包经营权入股有限责任公司问题研究——以农民股东与债权人的利益冲突与平衡为视角》,载《北方法学》2013 年第 3 期。

全，市场双方交易不积极，土地流转受到了很大制约。[1]（4）欠缺程序性规范。目前的农地流转市场重内容、轻程序，重结果、轻规则。长此以往，终将不利于农地流转市场的长远发展，也不利于供给双方的权益保护。

（四）流转农户的权益保障问题

土地流转不能演变成为其他利益主体对农民土地权益的剥夺过程，更不能成为大规模的农民被动挤出过程。[2] 因而在“三权”促“三变”改革中维护农民权益就显得尤为必要。

1. 经营主体、政府部门对农民权益的侵害

政府行政权力过大，干预过多。（1）土地承包经营权是一种有期限的附加身份条件的，受制于发包方和各级政府意志的权利，一旦发包方凭借个人意志或者所谓民主决议机制单方变更、终止承包关系，承包人的权益往往容易受到侵害。（2）违背承包方意识，强迫农户流转。为了实现规模流转的现实目的，政府对不愿流转的“钉子户”经协商无效后，易采取强硬行为迫使农户流转。（3）实践中不乏有些政府对农户的经营自主权横加干涉的情况。

来自经营主体的权益侵犯。农民作为弱势主体，无论是土地折价入股时股份的分配，还是经营过程中的退股，以及对公司的运营、盈利情况、分红情况等方面都缺乏清楚的认识，缺乏相关的谈判能力。

2. 农民自身权利救济方面存在的问题

根据调查问卷的反馈，在农民因土地承包经营权发生纠纷时倾向选择的解决纠纷的途径如图2所示，找政府部门[3]反映的有171户，占85.5%；直接找对方讨说法有17户，占8.5%；通过法律途径解决的有14户，占7%；找有威望人士居中调节的有10户，占5%；农民选择能忍就忍的有7户，占3.5%。

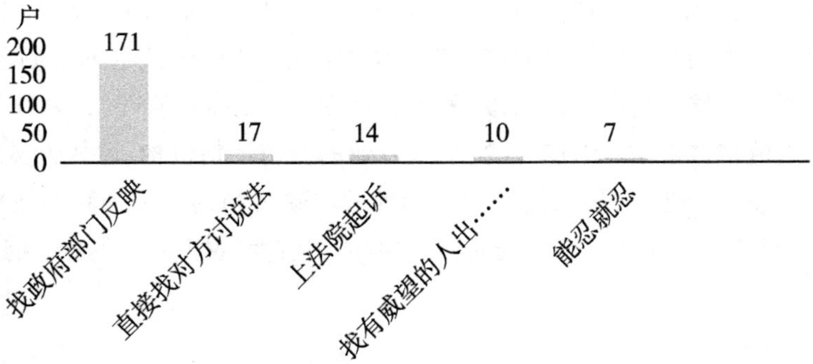

图2　当土地承包经营权受到损害时，村民采取的解决方式

这组反馈数据多少有点让人出乎意料：（1）找政府部门反馈所占户数和比重过高。这种过

[1] 参见王平涛：《农村土地流转存在的问题及对策》，华中师范大学马克思主义学院2014年硕士学位论文。

[2] 参见武靖茗：《改革开放以来中国征地冲突的演变及其协调机制》，吉林大学马克思主义学院2016年博士学位论文。

[3] 政府虽然不包括村委会等基层自治组织，但实践中农民一般多将村委会视为政府部门，为写作方便，本文中的政府包含村委会等基层自治组织。

度依赖政府的权利救济方式,一方面体现了民众对政府权威的信赖,另一方面也体现出民众法律维权意识淡薄。(2)通过法律渠道解决纠纷的户数和比重太少。法律不是万能的,但是没有法律是万万不能的。诉讼虽然不是解决纠纷的最佳的选择,但是如果出现纠纷公民时没有运用法律维权的意识,那么法律存在的意义又何在?(3)农民对自身权益的忽视。实践中仍有农户面对利益侵犯采取“能忍则忍”的态度。法律不保护“躺在权利上睡觉的人”。无论农户出于何种原因的考量不主动采取行动维护自身利益,但是这种消极的态度在一定程度上助长了侵权行为实施者的气焰。

(五)农村社会保障制度不完善

贵州农村“三权”促“三变”改革中,之所以出现上述诸多问题,之所以改革障碍重重的重要原因在于农民若失去土地就失去了维系生存的最后一根稻草,即本文中重复最多的一句话:土地承担着事实上的社会保障功能。也正因如此,在农民参与土地流转中,市场经济下的各种现有制度都显得捉襟见肘、穷以应付。在保障农民的权益的制度设计中,势必造成多方主体既得利益的损失,造成利益主体间失衡与紧张。因而问题的关键在于农村土地承担了不应由其承担的社会保障功能。

四、完善“三权”促“三变”改革中相关法律问题的建议

(一)完善相关立法工作

1.完善法定流转方式

(1)简化流转方式。鉴于转包与出租的区别仅在于受让方主体的不同,而出租的主体完全可以涵盖转包的主体,因此仅规定出租这一种流转方式即可。同理,转让亦可以吸收互换。(2)尊重和保护农民在土地流转中的自由和权利。土地承包经营权作为类似于所有权的用益物权设计,农民对其承包的土地权利是接近圆满的,故应充分尊重和保障农民的土地流转自由。(3)扩大入股主体范围。

2.明确农村土地权属归属

根据《中华人民共和国宪法》《农村土地承包经营法》《村民委员会组织法》的规定,土地承包经营权的管理主体有两类,即村集体经济组织和村委会(村民小组)。笔者认为,村委会(村民小组)作为农村土地承包经营权主体更合理。首先,作为历史产物的村集体经济组织在实践中大多已名存实亡,加之二者职权界限不清,实际上属于村集体经济组织的权能都是由村委会和村民小组来实行的。其次,在司法实践中因土地纠纷诉诸法院的,[1]适格当事人是村委会(村民小组)。作为一个理论上的概念,村集体经济组织并没有落到实处。

---

〔1〕 华应兵与明光市明光街道办事处林庄村村民委员会承包土地征收补偿费用分配纠纷。参见滁州市中级人民法院(2015)滁民一终字第01329号。

3.“增人不增地，减人不减地”与“大稳定，小调整”的协调

(1)贯彻落实“大稳定，小调整”制度，并使之上升到法律层面。[1] “大稳定，小调整”政策弥补了“增人不增地，减人不减地”过于僵化的土地分配模式，为农户间个别地调整土地提供了可能。但是作为中央政策该制度并没有通过法律体现出来，无法与现行法律关于土地承包经营权的长期性规定相抗衡。因此，应将“大稳定，小调整”的规定上升到法律层面，为灵活的调整土地提供法律依据。

(2)充分发挥村委会作为基层群众自治组织的作用，重视后备土地资源的利用。根据《农村土地承包法》第28条的规定，村委会应当充分发挥积极能动性，利用好土地后备资源，为新增人口提供土地，保障新增人口的土地权益。

(二)完善流转土地折价入股有限责任公司的相关制度

1.引入科学合理的农地价格评估机制

科学合理的农地流转价格评估机制，涉及农民股东、非农民股东、债权人、公司的合法权益，是利益的牵制者和平衡者。只有建立完善的土地流转评估机制才是公司正常运营之基础。首先，必须对土地流转价格评估机制的建设引以重视。科学合理的价格评估机制不仅是实现实质公平正义(确定流转土地价格的渠道)的要求，也是实现程序正义——规范流转程序的要求。其次，规范土地流转价格评估标准。政府应当积极探索适合本地的土地流转价格评估标准，为各地土地流转改革扫清道路。最后，关于土地流转评估费用，可以由承包方、受让方、政府三方按照一定的比例分担。承包方、受让方作为土地流转的直接受益者，应当承担评估费用。土地流转作为农业现代化，城市化的必经阶段，政府作为公共利益的维护者，也应当给与一定的财政支持。

2.畅通农民股东退股机制

(1)关于土地置换机制的思考

为解决农民依赖于土地维持生存问题，吴义茂、吴越等学者提出了土地承包经营权的置换制度，即农民可以用等额货币或者其他财产置换其用以出资的土地承包经营权。[2] 因此，土地承包经营权置换制度貌似成功避开了农民股东与公司、其他股东的利益冲突，另辟蹊径地找到了平衡二者利益冲突的两全之策，但实则不然。

土地承包经营权置换制度的设计初衷是“考虑到土地承包经营权事实上的保障性”。[3] 笔者提出以下问题：①如果农民股东生存困难需要置换土地，那么农民股东拿什么进行等额置换？②如果农民股东有这些等额资产，则其完全可以维系生活，又何必退股？③即使是等额置换，对于农业公司而言，土地不仅是资本要素的构成，更是生产经营的物质基础。随意置换将严重干扰公司的正常经营。因此，这一制度虽有理论创新的需要，但却无现实实践之土壤，无法为农民股

[1] 中共中央办公厅、国务院办公厅《关于进一步稳定和完善农村土地承包关系的通知》([1997]中办发第16号)规定：今后解决人地矛盾，可按照“大稳定、小调整”原则在农户之间进行个别调整。

[2] 参见吴越、吴义茂：《土地承包经营权入股有限责任公司问题研究——以农民股东与债权人的利益冲突与平衡为视角》，载《北方法学》2013年第3期。

[3] 同上。

东退股提供新出路。

(2)关于退股权的完善

我国《公司法》虽然赋予了股东退股的权利,但此权利的行使是谨慎而有现实必要的——股东的退股权与公司经营的稳定性密切相关。畅通农民股东退股权渠道,不是因为农民股东具有农民的身份,而是因为土地承包经营权“责任重大”——事实上承担了社会保障功能。为农民股东敞开“方便之门”的理由也只能基于此点。

因此,笔者认为,完善农民股东退股权的路径在于:①退股权是法律赋予股东的一项权利,不能关闭农民股东退股的权利之门,也不宜将退股的大门开得过大。②充分利用公司章程规定的股东自治权利。公司设立于股东的约定,运行于股东的约定,这个约定的文本就是公司的章程。[1] 这也就意味着农民在入股公司时完全可以通过与其他股东协商的方式作出约定——在生存困难时有退股的权利。这种自治性的约定既避免了大动干戈的修法之累,又可以就退股的条件进行协商,可谓两全其美之策。

3.完善农民股东保底分红利润分配模式

(1)农民股东“保底分红+红利分红”模式的必要性

在普定县“三权”促“三变”改革中引入农民股东“保底分红+红利分红”的分红模式,不是理论的创新而是实践不断探索的结果,具有现实的必要性。首先,在国家还未健全对农村的社会保障制度时,土地依然“义无反顾”地承担起解决农民后顾之忧的生存保障功能。其次,农民对于新事物的态度是保守的,如果不引入保底分红模式,即使有丰厚利润的吸引,农民也不敢贸然将土地入股公司。最后,公司经营不可避免具有风险性,在社会保障机制不健全的情况下,农民几乎没有抗分险的能力。只有引入保底分红模式,才能让农民吃上“定心丸”,才能鼓起农民入股的积极性,才能实现对土地资源的整合。

(2)完善“保底分红+红利分红”利润分配模式的建议

一是农民股东与非农民股东的利益平衡。首先,农民股东与非农民股东的利益冲突属于公司内部的利益分配问题,可以通过双方的协商加以解决,自治性较强,也更灵活,可以将约定结果通过公司章程的形式加以固定。其次,保底分红降低了农民股东的风险,但事实确实是因此而使非农民股东的权益处于劣势地位。为弥补非农民股东的利益失衡,笔者认为,政府可以通过给公司必要的财政支持或税收减免等优惠政策予以补偿。

二是农民股东与债权人利益的平衡。农民股东与债权人的利益冲突属于公司的外部性行为,是利益主体冲突最难以协调的部分。在公司经营不善的情况下,先满足农民股东的保底分红会影响债权人债权的实现。“无利润不分红”是公司法的制度基石,也是股东与债权人利益的平衡点。因此,笔者认为对农民股东的保护可以引入“入股风险基金制度”,根据财政资金专款专用的特点,由政府设立专项的入股风险基金,在公司经营不善的情况下作为对农民股东损失的补偿。

4.完善公司破产清算程序中土地承包经营权的债权实现

保障债权人的交易安全不仅是经济法的原则之一,也是公司能够长久运营的基础。在确定

[1] 参见罗培新:《公司法的合同解释》,北京大学出版社2004年版,第136页。

公司破产后土地承包经营权应当位于清偿债权人债务之后，我们制度设计的意义便在于如何保障农民股东失去土地承包经营权后的生存保障问题。

在公司破产清算程序中，对于土地承包经营权的债权实现，笔者试从以下几个方面提出一些见解，以期能够抛砖引玉，引起更多学者的关注和探讨。

首先，发挥入股风险基金的救助功能。对于农民股东因丧失承包期限内土地承包经营权的使用权而导致的生存问题，可以通过发挥政府建立的入股风险基金的作用予以保障。

其次，引入三权分置理论确保农民对土地享有永久的承包权。有效的产权制度并不意味着所有的权利都应该集中在同一主体，权利的适当分解才是制度安排的成功要旨。[1] 三权分置的重要意义在于将具有身份属性的承包权赋予农民，即使农民股东的土地承包经营权用以清偿债务，农民也不会丧失其土地权利。

再次，农民应当承担适当的风险。结合本部分论述可知，整个制度设计的核心都在于分散农民股东的风险，保障其生存问题。但是作为市场经济的参与者，只享受收益而不承担风险的制度设计是不成熟、不健康、不符合市场经济一般规律的，也是无法长期有序运行的。因此，在对市场经济中的弱势群体进行必要的保护时，也应当肯定其作为市场主体应当承担相应的市场风险。

最后，稀释土地承包经营权的社会保障功能。关于社会保障功能的稀释，将在下节论述，此处不再着墨。

（三）健全土地流转市场

1. 充分发挥市场的资源配置作用。土地流转市场究其本质是促成土地经营权的买卖，是把农地经营权流转交由市场进行，通过市场价值规律的作用，以市场供求、竞争影响土地经营权价格的形成，进而农地经营权由效率低的农户流向效率高的需求方。政府的职责是提供完善的服务平台，引入竞争机制，使农地经营权在供需方之间自由流转。

2. 建立专业的价值评估机构，培育市场需求的评估人员，制定统一的评估标准。只有通过专业的价值评估机构才能把价值规律形成的农地经营权价格准确表达出来，引入中立的第三方评估机构，有利于在市场经济“优胜劣汰”的环境下作出专业、客观的评估。同时，政府应当积极开展培训，为流转市场提供评估人才，并制定统一的评估标准。

3. 完善农地流转程序。健康的农地流转市场是内容与程序的完美结合，如鸟之双翼，如车之两轮，缺一不可。市场经济的实质是法治经济，必须有相应的法律制度作为保障。农地流转市场也一样，必须制定具体的实施细则，对交易的具体程序作出详细的规定。

（四）保障流转农户的合法权益

有学者对农民的生存状况做了生动比喻：有些农村人口境况，就像一个人长久站在“齐脖深”的河水中，只要涌来一阵细浪，就会陷入灭顶之灾。[2] 由于农民的弱势地位及其权利的脆弱性，如果没有完善的权利救济机制，一旦农民群体利益受损，将如多米诺骨牌效应一般引发巨大的社会问题。

---

[1] 参见李崇誉等：《农村土地流转制度法律问题研究》，吉林大学出版社2010年版，第77页。

[2] 参见贺雪峰：《新乡土中国》，广西师范大学出版社2003年版，第3页。

对于政府部门而言，首先，应当找准定位，转变政府职能。在市场经济中，政府是裁判员而不是运动员，是服务者而不仅仅是命令的发布者。政府的职责应是为市场参与主体提供一个公平、合理的竞争平台。其次，应谨遵依法行政原则，保护法律赋予公民的权利，避免行政不作为、乱作为。

就农户的角度而言，首先要充分发挥和解、调解的权利救济方式。“和谐”精神与“无讼”理想，是中国传统法律文化的重要内容，[1]在以“熟人社会”为特征的农村仍有其存在的深厚土壤，在发生纠纷时农民也更倾向于采取和解、调解的方式解决纠纷，因而应当继续发挥村委会、乡（镇）政府、村中有威望人士的调节功能。其次要重视仲裁、诉讼的权利救济方式。采取仲裁方式解决农地纠纷具有快捷性、经济性、专业性、灵活性的独特优点。《中华人民共和国农村土地承包经营纠纷调节仲裁法》的实施更是为解决农地纠纷提供了法律依据和具体的操作方法。对于农民极少采取法律维权的问题，一方面，应当将普法工作落到实处，采取人民群众喜闻乐见的方式提升农民法律意识；另一方面，应当树立司法权威，使公民崇尚法律、信仰法律，乐于用诉讼方式维权。

此外，还应当健全监督机制。不受监督的权力必然导致腐败。[2] 无论是政府的行政权力还是公司运营行为都应当受到监督，因而必须完善相关监督机制。畅通农民维权渠道，使权力在阳光下运行。

（五）完善农村社会保障制度

完善农村社会保障制度应当建立以政府保障为主，村集体、农民自我保障为辅，社会力量积极参与支持的多层次社会保障机制。

（1）加快农村社会保障法制化、制度化建设。完善的社会保障制度不仅要有较强的经济实力，还必须有完备的法律体系作为保障。加快农村社会保障的顶层设计和制度研究，明确农村社会保障的基本原则，规范政府责任和义务，对社会保障中的具体问题作出明确规定。（2）建立覆盖全国的社会保障信息服务网络。随着经济的发展和交通的便利，人口流动速度越来越快。土地流转势必使更多“失地”农民走出农村涌入城市，如何保证这些“出村入城”农民的社会保障权利，建立覆盖全国的社会保障信息服务网络就显得很有必要。（3）大力发展乡镇企业。乡镇干部应尽可能地根据本地情况，利用本地的资源优势，大力发展具有特色的乡镇企业。（4）农民提高自主就业能力。农民有必要与时俱进，积极参与技能培训，使自己成为有文化、懂技术的新型农民，为积极就业、创业创造条件。（5）争取社会力量支持。企业家、成功人士等社会力量无论是在智力还是在资金等方面，都是建设新农村的重要力量。基于国人的乡土观念和衣锦还乡、光宗耀祖的心态，可以召集从农村走出去的成功人士为家乡建设献智献策。

---

[1] 参见洪浩：《非诉方式：农村民事纠纷解决的主要途径》，载《法学》2006年第11期。

[2] 参见孙洪敏：《将依法行政纳入政府绩效管理》，载《南京社会科学》2015年第1期。

农村土地"三权分置"的法理解读、问题解析与法治保障

卢代富* 谭贵华** 杨青贵***

目 次

党的十八届三中全会以来,破除农村土地利用中的身份束缚,实现由保障向以有效利用为主的制度转化,成为农村土地制度改革探索的重要方向。在此背景下,中央提出农村土地"三权分置"的重大改革政策,是我国农村土地制度惯性及农村改革发展需求的现实选择。农村土地"三权分置"改革,有助于实现农村土地上身份性与经济性、土地保障与价值实现的相对分离,实现农村土地的市场化利用,成为我国农村土地制度改革探索中的重大制度创新。[1]

一、农村土地"三权分置"政策的法理解读

农村土地"三权分置"创新了农村土地集体所有制的有效实现形式,在中国特色农村土地制度演进史上翻开了新的一页。[2] 截至目前,尽管农村土地"三权分置"主要还是一项中央的重大改革举措,但却已经勾勒出我国农地权利制度变革的理想图景。[3] 在现代法治社会,实现上述政策走向立法是法学理论研究者和法律工作者共同的使命。这就需要首先清晰认知农村土地"三权分置"政策的基本意蕴,其次从法理角度厘清农村土地"三权分置"的目标、内容及其实现

* 西南政法大学经济法学院教授,中国农村经济法制创新研究中心研究员,法学博士。

** 西南政法大学中国农村经济法制创新研究中心研究人员,法学博士。

*** 西南政法大学与贵州省社会科学院联合培养博士后研究人员,西南政法大学经济法学院副教授,中国农村经济法制创新研究中心研究人员,法学博士。

基金项目:中国法学会部级重点委托项目"农村土地'三权分置'法治保障研究"。

〔1〕 参见韩长赋:《"三权分置"改革是重大制度创新》,载《人民日报》2014年12月22日,第2版。

〔2〕 参见韩长赋:《土地"三权分置"是中国农村改革的又一次重大创新》,载《农村工作通讯》2016年第3期。

〔3〕 参见蔡立东、姜楠:《承包权与经营权分置的法构造》,载《法学研究》2015年第3期。

的相关制度和机制。

（一）农村土地“三权分置”政策的提出

在中央正式提出农村土地“三权分置”前，国内部分地方已经开始了有关农村土地“三权分置”的改革探索工作。这项改革地方探索主要集中在东中部地区以及西部地区中的重庆市和四川省，其中最早开展地方探索的是安徽合肥。[1] 从相关地方探索实践规定，我们可以总结出这一时期农村土地“三权分置”政策的基本提法、主要内容与特点：一是未真正形成农村土地“三权分置”的提法。二是农村土地“三权分置”的内容基本形成。从内容来看，相关地方在探索中对农村土地“三权分置”的内容设计基本是一致的。例如，安徽省合肥市提出的是“坚持集体所有权，稳定农户承包权，放活经营使用权，逐步扩大农民承包经营权的权能范畴”。[2] 三是对农村土地经营权的表述存在一定差异。部分地方在开展探索中出台的文件对农村土地经营权的表述不一致，存在“土地经营权”“经营权”“经营使用权”“土地使用权”等用法。四是农村土地“三权分置”改革探索的重点在于农村土地承包权与农村土地经营权的关系。

在地方探索及农村改革发展需求的推动下，中央逐步将农村土地“三权分置”纳入中央政策文件中。实际上，农村土地“三权分置”政策的正式提出是党的十八大以来的事。习近平同志于2013年7月在湖北考察时提出，要好好研究土地所有权、承包权、经营权三者之间的关系。[3] 此后，《中共中央关于全面深化改革若干重大问题的决定》、2013年12月召开的中央农村工作会议、《关于全面深化农村改革加快推进农业现代化的若干意见》、《关于引导农村土地承包经营权有序流转发展农业适度规模经营的意见》、《关于引导农村土地经营权有序流转发展农业适度规模经营的意见》、《关于加大改革创新力度加快农业现代化建设的若干意见》、《深化农村改革综合性实施方案》等会议或文件，提出并明确了农村土地“三权分置”改革的基本方向和主要思路。

在此基础上，全国人大常委会于2015年12月发布全国人大常委会《关于授权国务院在北京市大兴区等232个试点县（市、区）、天津市蓟县等59个试点县（市、区）行政区域分别暂时调整实施有关法律规定的决定》，选择北京市大兴区等232个试点县（市、区）开展“农村承包土地的经营权抵押贷款”试点探索，进一步从探索和落实农村土地经营权的内容。尽管该文件并非真正意义上的立法，但因其决定主体的特殊性，因此，该文件实质上从立法上肯定了农村土地经营权以及农村土地经营权具有抵押的权能。

（二）农村土地“三权分置”政策的目标指向

如何在沿袭既有根本体制、核心制度基础上，建构符合更加符合经济效益和经济安全要求的农地权利制度和经营体制，是农村土地“三权分置”政策目标设计所必须着力考虑的基本问题。

---

〔1〕 参见张毅、张红、毕宝德：《农地的“三权分置”及改革问题：政策轨迹、文本分析与产权重构》，载《中国软科学》2016年第3期。

〔2〕 参见《安徽省合肥市城乡统筹办关于进一步加强农村土地承包经营权流转规范管理的意见》（合统筹办〔2012〕7号）。

〔3〕 参见张毅、张红、毕宝德：《农地的“三权分置”及改革问题：政策轨迹、文本分析与产权重构》，载《中国软科学》2016年第3期。

农村土地“三权分置”政策的目标设计应当符合历史性、长远性、科学性、现实性等基本要求。目前,学界已有部分相关研究成果。例如,孙宪忠认为,农村土地“三权分置”政策应当着力解决“二轮承包”以来农村耕地分布条块小型化造成农业低效、科学种田需求等现实问题,破解农地流转的障碍,促进规模化农业发展。[1] 本文认为,依据农村土地“三权分置”政策目标设计的基本要求、主要特性并结合最新中央政策规定,农村土地“三权分置”政策的目标应当从如下方面加以解读。

一是农村土地“三权分置”政策的政治目标,即维护集体所有制,落实社会主义民主,实现社会稳定,建立起符合中国特色社会主义建设需要的制度体系,增强社会主义的吸引力和凝聚力。

二是农村土地“三权分置”政策的经济目标,即通过在坚持集体所有的基础上,调整产权结构,实现农村土地产权主体的分化,实现农村土地的市场化利用和农业适度规模经营发展,有效提升农村土地的经济效益,进而促进农村生产力发展。

三是农村土地“三权分置”政策的法律目标,主要在于通过农村土地“三权分置”相关理论研究和立法实践,破除农地权利身份性对农地有效利用的制约,协调好国家土地管理权与土地资源价值实现的关系,建构起具有科学性和合理性的中国特色农村土地权利体系和农村土地法律制度。

四是农村土地“三权分置”政策的社会目标,在于通过农地产权制度及户籍制度改革,解除对农民流动性的体制和制度约束,维护社会稳定,有序推进新型城镇化发展。

(三)农村土地“三权分置”政策的基本思路

依据《深化农村改革综合性实施方案》规定,深化农村土地制度改革的基本方向是落实集体所有权,稳定农户承包权,放活土地经营权。其中,落实集体所有权,稳定农户承包权,放活土地经营权,涉及的法理和思路主要如下。

1. 关于农村土地“三权分置”下的农地权利体系

农村土地“三权分置”下集体所有权、承包权、土地经营权,并非是由土地的集体所有权的权能分离而形成的,而是在坚持原集体所有权和农村土地承包经营权基本制度的基础上,形成农村土地承包权和农村土地经营权。即使在农村土地“三权分置”政策提出后,农村土地权利架构体系仍然是在集体所有权、承包权、土地经营权以及农村土地承包经营权基础上的多元化组合。最主要的农村土地上权利组合,是集体所有权—农村土地承包经营权、集体所有权—农村土地承包权—农村土地经营权。换言之,农村土地“三权分置”的形成依据的是农村土地承包经营权是否基于流转或土地经营权的抵押债权实现而分离出农村土地经营权。农村土地“三权分置”下的“三权”组合并非农村土地经营实践的必然状态,而仅是可供农村土地利用主体选择的一种模式。

2. 关于“落实集体所有权”的基本思路

《深化农村改革综合性实施方案》关于“落实集体所有权”的改革思路为:落实“农民集体所

---

[1] 参见孙宪忠:《推进农村土地“三权分置”需要解决的法律认识问题》,载《行政管理改革》2016年第2期。

有的不动产和动产,属于本集体成员集体所有”的法律规定,明确界定农民的集体成员权,明晰集体土地产权归属,实现集体产权主体清晰。“落实集体所有权”必须坚持集体土地所有权“不动摇”,探索集体土地所有权的有效实现形式,制定《农村集体经济组织条例》或《农村集体经济组织法》,重点建立农村集体经济组织成员的准入与退出条件,并以之为基础明确界定农民的集体成员权,明晰集体土地产权归属,实现集体产权主体清晰。

3. 关于“稳定农户承包权”的基本思路

《深化农村改革综合性实施方案》关于“稳定农户承包权”的改革思路是,“要依法公正地将集体土地的承包经营权落实到本集体组织的每个农户”。“稳定农户承包权”并不否定农村土地承包经营权,而是继续坚持农村土地承包经营权制度。“稳定农户承包权”意味着农村土地“三权分置”改革仍然要维护好农户承包权的稳定性和保障性。“稳定农户承包权”的核心在于农村土地上身份性与经济要素的分离,即通过形成农村土地经营权,破解农村土地“两权分离”下农村土地承包经营权的身份性束缚,将农村土地作为重要的生产资料投入市场经济中,实现农村土地经营主体的市场化,让所有具备条件和经营能力的市场主体参与农村土地生产经营中。

4. 关于“放活土地经营权”的基本思路

《深化农村改革综合性实施方案》关于“放活土地经营权”的改革思路是,允许承包农户将土地经营权依法自愿配置给有经营意愿和经营能力的主体,发展多种形式的适度规模经营。据此可见,“放活土地经营权”仍然强调农村土地承包权与农村土地经营权分离的“自愿性”,要求农村土地经营权的受流转主体范围较广,赋予农村土地经营权抵押的权能。此外,收益分配仍然是“放活农村土地经营权”的核心内容,应当建立起集体、农户、农村土地经营权主体等主体多元利益的长效的平衡机制。

二、农村土地“三权分置”法治保障中的重大理论和实践问题

(一)农村土地“三权分置”的法律表达困境

农村土地“三权分置”政策的法制化首先需要解决的一个重要问题是,如何将这项政策创新提出的权利体系在法律上表达出来。只有合理搭建起农村土地“三权分置”的法律权利与概念体系,才能便于推进后续的法律制度构建和完善工作。当前,我国理论界与实务界就农村土地“三权分置”的法律表达,提出了诸多观点,争议较大。在我国现行立法中,农村土地实行的是所有权、土地承包经营权“两权分置”(或“两权分离”)架构。如是,从“两权分置”到“三权分置”,就生产土地承包经营权与承包权、经营权如何转换与对接的问题,学界和实务界仍然未有效回应法律表达的理论与现实困境。

对此,学界提出坚持“所有权—土地承包经营权”的“两权分置”架构,在此基础上实现“三权分置”的政策目标,[1]以“所有权—成员权—农地使用权(土地承包经营权)”表达农村土地“三

---

〔1〕 参见高圣平:《新型农业经营体系下农地产权结构的法律逻辑》,载《法学研究》2014年第4期;高圣平:《承包土地的经营权抵押规则之构建——兼评重庆城乡统筹综合配套改革试点模式》,载《法商研究》2016年第1期。

权分置”，[1]以“所有权—承包权—土地承包经营权”表达农村土地“三权分置”，[2]以“所有权—土地承包经营权(承包权)—经营权”表达农村土地“三权分置”，[3]以“所有权—土地承包经营权—土地承包经营权或次级土地承包经营权(土地经营权)”表达农村土地“三权分置”，[4]以“所有权—承包权—经营权”表达农村土地“三权分置”，[5]以“所有权—土地承包经营权—耕作经营权(耕作权)”表达农村土地“三权分置”[6]等方案。

(二)落实所有权的法治保障问题

一是对集体土地所有权主体制度的冲击。倘若农村土地“三权分置”及其客观实践同样将重心落脚于农村土地的承包经营权、经营权等利用权层面，则可能会“背离”集体土地所有权及“统一经营”。(1)农村土地“三权分置”下加强土地利用方面的制度设计而相对忽视集体土地所有权制度建设，则可能加剧集体土地所有权主体的虚化问题。(2)农村土地“三权分置”改革实践，可能增加集体之间、集体土地之间正常整合调整的难度。(3)此外，集体土地所有权制度功能还蕴含着对集体成员的平等保护。

二是对集体土地利用权实现的冲击。当前，集体土地利用权实现仍然面临行使主体、行使程序、责任承担等制度缺失。在此背景下，农村土地“三权分置”改革实践对集体所有的忽视，势必加强集体土地利用权实现的现实可能和理论设计。尤其是在“强化土地利用”的法律政策导向下，集体直接或间接利用集体土地在现实中往往是不可能的。此外，固化的农村土地承包权和经营权同样意味着新增集体成员无法再依据成员身份，获得农村土地承包经营权。

三是对集体土地收益权实现的冲击。现行以“利用”为主要导向的农村土地制度，经由20世纪70年代末80年代初以来，绝对公平分包土地而形成。伴随集体土地利用权的用益物权化以及土地承包期限的长期不变，集体土地使用权在集体成员之间的配置日益失衡，“无地农民”、土地“变相集中”等问题日益凸显。显然，集体成员之间因土地资源的初始分配不公而引发的集体成员之间土地收益差距，客观存在。集体土地收益权，则是集体获得调整集体收入分配所需物质利益的主要权利。若农村土地“三权分置”改革实践过于强调农村土地利用，固化土地利用者利益，则集体土地收益权必然直接受损，进而影响集体社会分配功能的实现。

四是对集体土地处分权制度的冲击。在农村土地承包经营权产生农村土地承包权与农村土

---

〔1〕 参见陈小君：《我国农村土地法律制度变革的思路与框架——十八届三中全会〈决定〉相关内容解读》，载《法学研究》2014年第4期；高飞：《农村土地“三权分置”的法理阐释与制度意蕴》，载《法学研究》2016年第3期。

〔2〕 参见丁文：《论土地承包权与土地承包经营权的分离》，载《中国法学》2015年第3期；梁慧星主编：《中国物权法研究》(下册)，法律出版社1998年版，第610页；丁关良：《土地承包经营权流转法律制度研究》，中国人民大学出版社2011年版，第282页。

〔3〕 参见蔡立东、姜楠：《承包权与经营权分置的法构造》，载《法学研究》2015年第3期；李国强：《论农地流转中“三权分置”的法律关系》，载《法律科学》2015年第6期。

〔4〕 参见朱广新：《土地承包权与经营权分离的政策意蕴与法制完善》，载《法学》2015年第11期。

〔5〕 参见张力、郑志峰：《推进农村土地承包权与经营权再分离的法制构造研究》，载《农业经济问题》2015年第1期。

〔6〕 参见孙宪忠：《推进农村土地“三权分置”需要解决的法律认识问题》，载《行政管理改革》2016年第2期。

地经营权相分离的情况下,若这种分离采取的是与转让极其相似的流转形式,并且农村土地经营权的受让方是非本集体成员,那么农村土地经营权流转后,原农村土地承包经营权主体势必丧失原有的农村土地承包经营权。在此背景下,若对以转让为流转方式形成的农村土地经营权进行实体法和程序性的限制,则可能产生通过转让农村土地经营权的形式变相处分集体土地的违法后果。当然,任何所有权并非是纯粹以获取财产转让收入为目标的“自由所有权”,往往受到国家基于特定目的而对所有权行使、转让所作的限制,[1]将由国家法律进行系统性的干预。

五是对集体土地所有权制度功能的冲击。集体土地所有权制度的基本功能,主要包括调节集体成员收入分配、实现农村土地资源价值、促进社会主义民主实现、传承互助协作传统等方面。集体土地所有权制度的上述重要功能从根本上是由集体土地所有权制度的立法目的、价值目标指引,在集体土地所有权制度运行的社会实践中形成的。[2] 农村土地“三权分置”原本理所应当具有双层经营体制类似的灵活性和适应性,但若相关政策及实践改革探索过于偏重土地利用层面,则必将引发改革的科学性、实践性问题。可以说,有失偏颇的改革实践难免会冲击集体土地所有权制度的基本功能,不利于集体土地所有权及其主体制度的履行和制度目标的有效实现。

(三)稳定农户承包权的法治保障问题

1. 承包权的性质尚待厘定

总体来看,理论界对于承包权的性质界定存在较大分歧,主要有两派观点:一是成员权说,诸如资格权、分配权等界说亦均可归入其中;二是物权说,具体包括财产权、用益物权等主张。这种性质界定上的分歧与学者们对承包权或者说“三权分置”的法律表达持不同态度有一定关系。大体上,主张以成员权、承包权对应“三权分置”政策中的“承包权”时,多将其定性为成员权;而主张以“土地承包经营权”概念指称“承包权”时,则往往将其界定为物权。然而,上述学说都存在或多或少不精准的问题。

2. 承包权的权利内容尚需明确

稳定农户承包权,除了与承包权的性质界定密切相关外,还有赖于合理设计承包权的权利内容。当然,承包权的性质界定与其权利内容设计这两个方面又是相互关联的。总体来看,由于理论界对承包权的定性存在分歧,以致对其权利内容的认识也莫衷一是。大体上,将承包权界定为成员权时,往往强调其具有封闭性和不可交易性、流转性;而主张承包权为物权的,虽然也有强调其封闭性,但一般不否认其可交易性、流转性。不过,即便对承包权性质的态度基本一致,不同学者对其权利内容的设计也不完全相同。

(四)放活土地经营权的法治保障问题

1. 土地经营权的性质尚需厘定

由于对“土地经营权”的设置与表达持不同观点,专家学者们对土地经营权的性质界定也莫

---

〔1〕 参见[美]克里斯特曼:《财产的神话:走向平等主义的所有权理论》,张绍宗译,广西师范大学出版社2004年版,第49~52页。

〔2〕 参见付子堂:《法律功能论》,中国政法大学出版社1999年版,第6页。

衷一是,除有个别专家主张土地经营权属于法人财产权外,[1]目前主要存有“债权说”和“物权说”两种观点。然而,学界和实务界尚未对土地经营权的性质达成共识。

2. 土地经营权的权利内容尚待明确

权利内容亦指权能。总体来看,土地经营权原则上应具有占有、使用、收益、处分等方面的权能,这已为各界高度认可。但是,具体来看,收益、处分权能究竟体现何种内涵,各界认知不尽统一,有待明确。

3. 土地经营权流转制度有待建立健全

就土地经营权流转制度的构建,当前着重需要建立健全以下三项制度:一是流转主体制度,涉及的主要问题是农户以转让、抵押方式流转土地经营权是否有资格限制。二是流转程序制度,涉及的主要问题是,初次流转中土地经营权转让、抵押是否须经发包方同意;土地经营权再流转是否须经前一权利人同意。三是流转登记与发证制度,涉及的主要问题是流转如何登记以及是否对土地经营权人发证。

三、农村土地“三权分置”法治保障的对策

(一)农村土地“三权分置”的法律表达

本文认为,农村土地“三权分置”的法律表达,一方面,应积极与中央政策的创新提法相衔接,而非故步自封,严守传统“两权分置”的概念体系;另一方面,又必须考虑现有法律制度的稳定性,不应机械照搬政策文件中的概念体系。进言之,需要在兼顾制度稳定与政策创新的基础上,以尽可能低的修法成本和实践操作成本,落实农村土地“三权分置”政策。

以上述原则为指导,农村土地“三权分置”的法律表达,可以走一条“折中道路”,即在法律上以所有权、承包权、土地承包经营权和经营权“四权分置”,来表达中央政策文件中所提出的所有权、承包权和经营权“三权分置”,搭建起“所有权—承包权—土地承包经营权—经营权”四权并立的法律概念体系。其中,“土地承包经营权”概念应保留,作为农村土地“三权分置”法律概念体系重构的前提;承包权实际上是已经为现行立法所规定且独立于土地承包经营权的一项权利,理应以“承包权”的称谓与“土地承包经营权”并立呈现;经营权宜作为土地承包经营权流转时才创设并以“经营权”概念独立呈现的一项权利。

(二)落实农村土地集体所有权的法治保障

当前,农村土地“三权分置”与集体土地所有权制度的适应性,应当成为农村土地“三权分置”改革的基本前提和核心内容。落实农村土地集体所有权,在农村土地“三权分置”改革中应当与稳定承包权、放活经营权同等重要,获得同等重视。这就需要贯彻农村土地价值实现与国家土地管理权相对分离的理念,以较低的改革成本明确集体土地所有权内容,通过提升土地利用效率实现集体功能,建立集体、农户、经营者之间公平的土地收益分配机制,协同建设集体土地所有权制度与农村土地“三权分置”相关制度。

---

〔1〕 参见叶兴庆:《从“两权分离”到“三权分离”——我国农地产权制度的过去与未来》,载《中国党政干部论坛》2014年第6期。

(三)稳定农户承包权的法治保障

1. 承包权的性质界定

既然承包权是已经为现行立法所规定且独立于土地承包经营权的一项权利,那么主张以“土地承包经营权”指称“承包权”,或是将“土地承包经营权”改称“承包权”的做法都不妥。而诸多学者之所以将承包权界定为物权,很大程度上就是因为主张采用此种做法。本文认为,土地承包经营权与承包权相互独立,二者在法律表达上也不能相互转换或对应,自然也就不能基于它们存在所谓的对应关系而将承包权界定为用益物权。用益物权的设置,不仅是要明确物及物上权利的归属,而且在很大程度上还有发挥促进物尽其用的功能。若将承包权界定为物权尤其是用益物权,那么认可乃至鼓励承包权流转也是其应有之义。而这显然与稳定农户承包权的政策意涵相悖。

2. 承包权的权利内容

就承包权的权利内容,需要立足承包权的性质,同时结合“三权分置”的法律表达和稳定农户承包权的政策精神来加以确定。以此为指导,本文认为,农户承包权的权利内容主要体现为以下三个方面:[1]一是发包方按照规定统一组织承包时,本集体经济组织的农户享有参与土地承包并取得土地承包经营权的权利,但承包权本身并不具有占有、处置承包地的权能。二是农户初始取得土地承包经营权后,即便实施经营权流转,也保有承包方身份,而承包权本身不能流转,不具有抵押、质押、入股、继承等权能。承包权是本集体经济成员享有的一种权利。三是经营权流转后发生土地征收情形时,农户基于保有承包权而享有参与土地征收补偿费分配的权利。

(四)放活土地经营权的法治保障

1. 土地经营权的性质界定

诚如前述,理论界对于土地经营权的性质界定存有分歧,主要有“债权说”和“物权说”两种观点。实际上,无论是“债权说”还是“物权说”,尽管对土地经营权的定性截然不同,但它们也有一个共性,即均为“一元论”:土地经营权的性质要么为债权,要么为物权。本文认为,经营权宜作为土地承包经营权流转时才创设并以“经营权”概念独立呈现的一项权利。

2. 土地经营权的权利内容

总体来看,土地经营权原则上应具有占有、使用、收益、处分等四个方面的权能(权利内容),这已为各界所高度认可。只是就它们尤其是收益、处分权能的具体内涵,需要进一步明确。

一是占有、使用权能。占有表现为土地经营权人直接占有农地;使用体现为土地经营权人在直接占有的农地上自主从事农业生产活动。为了保障土地经营权人依法占有和自主使用农地,土地经营权同时也蕴含了一项权利内容,即土地妨害排除与防止权。

二是收益权能。可将以下三个方面的“受益”纳入土地经营权的收益权能范畴:其一,获取相应的农业补贴获。主要包括种粮补贴、农资综合补贴、良种补贴及农机具购置补贴等农业补贴。其二,参与分配土地征收补偿费用。不仅是对征收造成的土地所有权丧失给予的补偿,还包

---

[1] 承接前文所述,这里的承包权特指的是家庭承包中农户的承包权,不涉及其他形式承包中的承包权。

括对承包权、经营权丧失的补偿。此外，安置补助费是对土地权利人因土地征收丧失土地收入来源后的生活费用的补助，应由土地经营权人和农户共享安置补助费。[1] 其三，获得土地特别改良的投入补偿。

三是处分权能。首先，现行《中华人民共和国农村土地承包法》(以下简称《农村土地承包法》)规定的土地承包经营权流转形式原则上应同样适用于土地经营权的流转，但承包不适用于土地经营权。其次，土地经营权已经去身份化，已不具有身份权的性质，而只具有纯粹的财产权属性，应当可以继承。

3. 土地经营权流转制度

土地经营权流转制度的构建是一个内在层次及关联因素极丰富的结构性问题，涉及的法律问题也十分宽泛。根据流转发生的阶段，土地经营权流转可分为初次流转和再流转。初次流转即土地承包经营权人(农户)将经营权流转出来，包括将经营权出租、转让、抵押、入股等；再流转则是通过合法流转方式获得承包土地的经营权的主体对享有的土地经营权实施的流转。既允许土地承包经营权人将经营权流转，同时亦允许流入方实施再流转，才能最大限度实现放活土地经营权的政策目的。就土地经营权流转制度的构建，当前需要着重建立健全以下三项制度。

(1)流转主体制度

原则上，对土地经营权转让的限制亦应适用于抵押；反之，转让没有的限制，亦不应加诸抵押之上。根据现行立法规定，承包方(转让方)“须有稳定的非农职业或者有稳定的收入来源”，方可将部分或全部土地承包经营权转让，否则无法获得发包方同意，即便转让，转让合同亦属无效。[2] 笔者认为，这一限制本就正当性不足，不应加诸于土地经营权转让。主要原因：其一，该限制暗含一个假设，即农民是非理性的，然而此假设在很大程度上并不成立。其二，现实中土地对农民的生活保障功能不断弱化，即便肯定土地确实对农民有生活保障作用，这种政策考量亦应主要体现于土地承包经营权的初始分配环节，而在流转环节，更应强调其经济(财产、融资)功能。其三，此种限制性规定在现实中可操作性极差，因为何为“稳定的非农职业”“稳定的收入来源”，很难找到一个具有足够客观的认定标准。其四，取消转让方的资格限制，让其拥有尽量充分的自主决策权，可以为土地承包经营权(土地经营权)实现更为自由的流转提供条件，助益发展多种形式的农业规模化经营，同时也将助益农村土地尤其是耕地的充分利用。

(2)流转程序制度

本文主张，初次流转中农户转让、抵押土地经营权无须发包方同意。土地经营权再次流转是否须经前一权利人同意，则应根据土地经营权的性质而定。若土地经营权是通过物权性流转获得的，属物权性质的土地经营权，其再流转无须前一权利人同意；若土地经营权是通过债权性流转获得的，则是债权性质的土地经营权，其再流转应经前一权利人同意。

---

[1] 参见蔡立东、姜楠：《承包权与经营权分置的法构造》，载《法学研究》2015 年第 3 期；李国强：《论农地流转中“三权分置”的法律关系》，载《法律科学》2015 年第 6 期。

[2] 参见《农村土地承包法》第 41 条和最高人民法院《关于审理涉及农村土地承包纠纷案件适用法律问题的解释》第 13 条。

其一,“转让须经发包方同意”与进一步恢复土地承包经营权财产权属性的政策指向相悖。党的十八届三中全会中共中央《关于全面深化改革若干重大问题的决定》对我国农村土地制度改革继续遵循“赋能强权”的逻辑主线,其主旨在于进一步恢复农地财产权利的应然属性;特别是允许土地承包经营权抵押,对体现其财产属性、实现其融资功能意义重大。[1] 然而,“转让须经发包方同意”使土地承包经营权的财产权属性难以得到充分实现。因为此种限制导致土地承包经营权的变现能力差,这不仅成为农民通过转让土地承包经营权获取另谋出路的发展资金的障碍,而且亦会制约土地承包经营权抵押权能的实现,消解其融资功能。

其二,“转让须经发包方同意”与“使市场在资源配置中起决定性作用”的改革要求相背离。党的十八届三中全会中共中央《关于全面深化改革若干重大问题的决定》提出“使市场在资源配置中起决定性作用”,强调依据市场机制配置资源,以实现资源配置效益最大化和效率最优化,这无疑也是深化农村土地制度改革,建立健全土地承包经营权流转市场,进而以此为基础发展多种形式农业规模化经营的应有之义。“转让须经发包方同意”,实际上是将转让的决定权交给了发包方,为“以行政手段配置农地资源留下了太多空间”,[2]这不仅与“确立农民市场主体地位”的政策指向相背离,“也不符合市场经济体制对农业资源配置方式的要求”。[3] 可以说,发展多种形式的农业规模化经营,离不开农地的高效配置,而这又需要赋予农民更加充分的自主决定权,使其能够利用市场机制更加自由地实施包括转让在内的各种流转行为。[4]

土地经营权再流转一概须经前一权利人同意,此种安排欠妥。这在一定程度上制约了土地经营权“放活”,更关键的是,其实质上否认了土地经营权的流转可以有物权性流转和债权性流转之分。我们已于前文分析中指出,应当坚持物权性流转和债权性流转的二元划分,并以此为基础,根据实践中土地经营权的生成(取得)路径,以“二元论”思维来界定土地经营权的性质。循此路径,通过物权性流转如转让生成(取得)的土地经营权,应属于物权性质的土地经营权,其再流转无须前一权利人同意;通过债权性流转如出租生成(取得)的土地经营权,则是债权性质的土地经营权,其再流转应获得前一权利人同意。

(3)流转登记与发证制度

从有利于放活土地经营权出发,土地经营权流转登记与发证的制度安排应便于实践操作,并有效维护交易安全。承接前文有关土地经营权流转应区分初次流转和再流转、物权性流转和债权性流转等主张,笔者建议:

其一,土地经营权初次流转时,在官方保管的土地承包经营权登记簿上针对相应的承包地记载土地经营权的流转情况,公示该地块的经营权已发生流转,同时在农户持有的《农村土地承包

---

〔1〕 参见陈小君:《我国农村土地法律制度变革的思路与框架——十八届三中全会〈决定〉相关内容解读》,载《法学研究》2014年第4期。

〔2〕 严格来讲,“转让须经发包方同意”属于农村集体组织的管理,而非行政管理。但是,从现实来看,农村集体组织在一定程度上亦兼具基层行政管理职能。在此意义上来讲,“转让须经发包方同意”这一限制,“为以行政手段配置农地资源留下了太多空间”,这种解释也不失其道理。

〔3〕 高圣平:《新型农业经营体系下农地产权结构的法律逻辑》,载《法学研究》2014年第4期。

〔4〕 参见张璐:《农村土地流转的法律理性与制度选择》,载《法学》2008年第12期。

经营权证》上针对相应的承包地记载土地经营权的流转情况，防止农户就一块承包地实施多次流转。

其二，如果土地经营权初次流转采用的是物权性流转方式，如转让，那么可以为流入方颁发一个《土地经营权证》，表明其取得了一项物权性质的土地经营权，其实施土地经营权再流转时，以此为权利凭证，无须经得前一权利人同意。

其三，如果土地经营权初次流转采用的是债权性流转方式，如出租，则不用为流入方颁发《土地经营权证》，流入方凭双方签订的流转合同来表明获得了一项债权性质的土地经营权，其实施土地经营权再流转时，须经前一权利人同意。如此，土地经营权再流转时，流入方可以根据流出方是否持有《土地经营权证》来判断流出方享有的土地经营权是什么性质的权利，其是否有流转自主权。

农村“三变”改革背景下的基层民主建设

翁　鸣*

目　次

一、前言

我国农村改革的主要成果之一，就是创建了村民自治制度。尽管村民自治实践尚未达到设想的目标，但这毕竟是在市场经济条件下，国家赋予农民行使权力管理村庄的法律保障，其重要意义是不言而喻的。随着社会进步和市场经济发展，完善村民自治制度不仅是农民的政治要求，而且直接影响农村经济发展，也成为农民的经济要求。可以说，现阶段农村基层体制改革之中，经济体制改革是与政治体制改革融合交织在一起的，农村“三变”改革实践证实了这个推断。

二、农村“三变”改革需要基层民主的支撑

以贵州省水盘县山舍烹村为发源地的“三变”改革，即“资源变资产、资金变股金、农民变股东”实践，其目的是促进农业、农村发展和农民增收，这已成为全国深化农村集体产权制度改革的典型经验。“三变”改革符合中央农村工作会议精神，从实际出发探索发展集体经济有效途径，增强集体经济发展活力和实力。

作为一种创新机制的推广应用，特别是在新形势下，如何保证农民的经济利益和集体利益，如何使农民和村集体资产的保值增值，仍是一个十分复杂的问题。如果这个问题不解决，“三变”改革就难以持续开展。保证农民经济利益和村集体利益的重要条件之一，就是根据国家法律和政策精神，实施农村的民主管理、民主决策和民主监督，遏制侵害农民利益的各种行为，监督农村集体资产的正常运作。

---

* 中国社会科学院农村发展研究所研究员、中国社会科学院城乡发展一体化智库秘书长，博士。

这次“三变”改革，其实质是完善农村“统”与“分”关系，加强社会主义农村集体经济，将部分农民个体的自我经营调整为村集体的集中经营。从集体资产经营管理的转换过程来看，作为集体经济产权人的村民群众，理应行使国家法律和政策赋予的管理和监督权力，维护自己的合法权利不受损害。

(一)社会主义制度规定了人民群众当家作主

《中华人民共和国宪法》明确指出，国家的一切权力属于人民。按照法律精神，农村集体经济组织实行民主管理，即农村村民自治制度。《中华人民共和国村民委员会组织法》进一步规定了村民自治的主要内容，为了保障农村村民实行自治，由村民依法办理自己的事情。发展农村基层民主，维护村民的合法权益。村民委员会是村民自我管理、自我教育、自我服务的村级群众性自治组织，实行民主选举、民主决策、民主管理、民主监督，并承担着办理本村的公共事务和公益事业，以及调解民间纠纷和协助维护社会治安的重要职责。农村党支部作为村级组织的核心，发挥其领导作用。需要强调的是，村民自治的主体是农民群众，维护的是绝大多数农民群众的合法利益，其制度逻辑是村民群众自治而非村干部自治。

村委会作为国家政权在农村基层的延伸，具有法律和政策层面的合法性。作为村民自治组织架构中的重要角色，承担着自我管理、自我教育、自我服务的职能，以及贯彻落实农村农业改革和发展的实际工作。显而易见，在农村“三变”改革过程中，特别是在有外来企业和资本介入农村发展的条件下，如何保证农村集体和村民群众的利益对于农村党支部和村委会来说，既是一个新的机遇，更是一个巨大挑战。同样，对于各级地方党委和政府来说，如何通过制度创新和制度安排，引导和规范农村“三变”改革，也是对执政能力的重大考验。

(二)农村集体产权制度改革离不开基层民主

农村集体产权制度改革涉及村民群众的切身利益，这直接关系农村社会的稳定局面，也决定着农村改革的成败。“三变”改革作为深化农村集体产权改革的重大举措，在充分尊重基层干部群众创新实践的同时，地方党委和政府应做好顶层设计，以前瞻性战略思维，从把握大局出发，形成引导农村基层改革并具有可操作性的政策文件。其中，充分发挥村民自治制度的优势，形成有效的农村民主管理和监督机制，实现“三变”改革促进农业发展、农村繁荣和农民增收。

运用现代产权理论解释，“资源变资产、资金变股金、农民变股东”的改革过程，就是村民群众作为产权人获得知情权、行使话语权和参与决策权的过程，这与村民自治基本原则是一致的。但是，“三变”改革实践的背景、涉及的范围和改革的力度，远不同于农村改革开放初期的村民自治，也不同于现在一般意义上的村民自治，这是传统农业转向现代农业过程中，尤其是农业供给侧结构性改革实践中，外来工商资本介入农业发展，具有开拓性和综合性的农村改革探索。

由于“三变”改革可能产生部分农民与土地分离、部分农民收入与农业生产分离，小农生产方式变成新型集体生产方式，以及农业资源经营权的转移等，所以“三变”改革更需要民主管理和民主监督，以保证农村集体与村民群众的利益。

(三)我国国情决定了农村基层民主不断发展

我国农村基层民主不断发展，主要有两个主要原因：一方面，我国社会公众对民主的认识水平、运用民主方式的成熟程度都有了提高。另一方面,市场经济发展在呈现经济民主要求的同时,也在推动着政治民主的不断发展,这是因为社会发展本身就是政治民主与经济民主发展的统一体,只是人们为了认识需要将其分割开来而已。

从我国的国情来看,市场经济发展客观上要求社会管理模式转型,即需要与市场经济相适应的管理模式,这种管理模式主要表现为民主管理方式,而非计划经济时期的命令式管理模式。由于多种原因造成我国社会管理转型缓慢,以致社会问题和矛盾的大量出现,包括农村基层矛盾冲突和有的农村干部腐败案件,这充分说明加快社会管理模式转型的必要性和紧迫性。从农村来看,如何真正按照村民自治的本意,通过制度创新将国家法律落实到位,即全部实现民主选举、民主管理、民主决策和民主监督。农村“三变”改革作为农村集体产权制度改革,不仅需要农村能人带领群众致富,而且更是需要保证社会公平的制度创新和管理模式,这是由“三变”改革的性质和目标所决定的。

三、农村“三变”改革需要借鉴成功的经验

20 世纪 80 年代初以来,我国村民自治实践已经过 30 多年,但从整体上来看,尚未实现原定的全部目标。但这并不意味着可以忽视已有的成功经验,相反,这些地区的改革试验为“三变”改革提供了极宝贵的经验积累。也就是说,贵州“三变”改革无须“平地造楼”,而是在借鉴前人改革实践的基础上,结合本地区的实际情况,通过继承和创新相结合的路径,形成适合贵州“三变”改革的农村民主管理和民主监督的机制体系。

从民主管理和监督方面来看,农村改革的重点和难点不是法律条文的修改,而是如何根据法律精神,建立适合中国情况、解决现实问题的体制机制,即农村政治体制深化改革。可供借鉴的改革经验如以“青县模式”为典型的村民代表会议常任制等。青县改革的实质在于按照国家法律,在体制架构内进行村级组织调整,并在党委的统一部署下,有计划、有目的推行制度创新,通过这种制度安排和机制创新,贯彻落实国家法律赋予农民的管理和监督权力。具体来看,青县改革的主要内容有以下几个方面。

(一)改变了传统的村级组织架构

青县改革的精彩之笔,不仅在于建立了村民代表会议常任制,而且赋予村民代表会议某些实质性权力。所谓村民代表会议(以下简称村代会),是指由每 5 ~ 15 户村民推选 1 名村民代表的人员所组成,经村民会议授权行使对村政村务的议事、决策和监督职权。授权方式一般采取将授权事项写入《村民自治章程》草案,经村民会议讨论决定,即完成全体村民向村代会的授权。村代会设置主席一职,由全体村民代表采取投票或举手表决方式产生,主要负责村代会的召集和主持等工作。村代会一般每月组织召开一次,凡是涉及村庄发展和村民切身利益的重大事项都需提交村民代表讨论,2/3 以上村民代表的表决通过即形成决议。

上述制度安排表明,青县的村代会已不是党支部或村委会的一个附属机构,而是由原来象征性的民意表达的临时组织改建为常设性议事、决策和监督的实体组织。一方面,村民代表会议作为一个经常性的议事和监督平台,改变了由于村民会议的高成本和召集困难而造成村民自治难以深入的情况。另一方面,村民代表民主选举村代会主席,而不是由村支书或村委会主任直接兼

任(这与其他地区的村民代表会议有明显的区别),即村代会主席的授权来自于村民代表集体,这对改变主要村干部个人决定会议是否召开发挥了关键性作用。村级组织架构由原来的党支部、村委会调整为党支部、村代会和村委会,这不仅更多地引入民主参与的成分,显著地增强了农民群众这一主体的作用,而且在一定程度上改变了长期以来村庄权力始终自上而下的运行方向,有利于形成多种治理主体之间的认同与合作,有利于形成以农村党支部为核心、多元主体合作的环式治理结构。

(二)调整村级组织的职责和权力

青县在形成新的村级组织架构的同时,以制度安排的方式明确了党支部、村代会和村委会的职责和权限,并强调这三个村级组织是目标一致、相互配合的关系,各自具有不可替代的重要作用。党支部作为农村工作的领导核心,发挥执政党基层组织的政治优势,特别是组织优势、宣传优势和群众工作优势,以村代会为主要工作平台,通过组织和引导村民积极参与村务管理和科学决策以及落实村代会决议等活动,实现党对农村基层的领导。村代会是一个由群众推选产生、表达村民意愿并参与村庄事务管理的独立组织,主要负责讨论和审议事关村庄经济社会发展的重要议案以及涉及村民利益的重要事项。村委会从原来“议行合一”的职能调整为村务管理职能,村委会负责执行村代会形成的决议以及日常村务的管理工作。

青县探索了新时期党的农村基层组织领导方式的转变。村民自治是在人民公社体制瓦解和家庭联产承包责任制兴起的背景下产生的,农村经济体制变革要求农村政治体制发生相应调整。原来“一元化”领导的权威主要是借助于集体经济组织对生产资料的控制实现,而现在和今后的领导权威则要依靠足够多数村民的同意。因此,农村党组织必须改变原来僵化的“一元化”领导模式,由全面的、具体的领导方式转变为总览全局、协调各方的领导方式,由行政式领导方式提升为科学、民主、法治的领导方式。这种改革的根本原因就在于社会进步和农民群众对民主政治的要求,而代表人民根本利益的中国共产党人无疑应该成为这场政治改革的自觉者和领导者。但是,目前我国不少农村党员干部,包括部分地方领导干部尚未认识到农村政治改革的重要性、必要性和紧迫性。青县模式初步回答了在社会主义市场经济和民主法治背景下,怎样改革和加强农村党组织建设、巩固党在农村执政基础的问题。

(三)加强村级组织之间相互制衡

青县改革注意权力制衡和防止权力过于集中,主要有四个方面:一是村庄议事机制发生改变。由原来党支部的“一元化”领导(特别是党支部书记个人决策)转变为党支部提出议案、村民代表集体决策。二是增强党支部、村代会对村委会的监督措施。村民理财小组审核村务开支并否决不合理的开支,民主监督小组负责村务公开制度的执行情况。三是农村党务工作公开和民主评议党员干部。党支部讨论决定及工作布置,除必须要求保密的内容外,一般每年应向村民群众公开两次,村民代表和党员对党支部班子进行一次民主评议。四是村委会具有提出复议的权力。如果村委会不同意村民代表会议的决议,可提出复议。对复议结果仍不能接受执行的,可提请召开村民会议表决。

现代政治学强调权力须与监督同行,因为缺少监督的权力必然导致腐败,绝对权力导致绝对腐败。防止权力腐败的两条路径是分权制衡和社会监督,前者是由承担不同功能的权力部门之间互相分立、互相制约,后者是指通过公民运用宪法和法律维护自身权益来抵制公权部门和当权者滥用权力。青县改革的一个重要探索,就是在村庄治理实践中运用分权制衡和社会监督,建立和健全农村民主监督制度,以遏制农村权力腐败现象。

目前我国经济领域内腐败现象仍处于高发期,诱惑农村腐败现象滋生的外部因素增多,特别是城镇化进程带来的土地非农化,农业生产规模扩大带来的土地经营权流转,以及国家支持农业和农村的公共产品供给不断增加,使农村干部手中权力和面临市场诱惑力都明显增大。由于村民自治制度不完善,容易造成村级组织决策和管理上的漏洞,而这些漏洞就是农村腐败现象产生的系统性因素。从这个意义上来讲,完善制度建设可以从源头上遏制农村腐败滋生,当然也是保证"三变"改革取得成功的重要条件。

四、结论与建议

我国市场经济发展越快,市场主体要求公平、公正竞争的呼声越强烈,自然会迫切地要求政治体制改革,以调整不符合市场经济规则的制度安排。法律是政治法治化的基础,政治的法治化是政治领域建立秩序并有效约束权力的关键。但是,实施法律的要领是构建体现其核心内容的制度及机制,否则法律可能难以得到有效的实施。

青县改革的启示在于:农村民主政治建设是无法回避传统的体制机制障碍,我们按照国家法律框架,在改革实践中建立和健全制度机制,顺应时代和社会发展的要求,保证农民利益和农村集体利益。地方党委发挥领导农村政治体制改革的重任,充分尊重和发挥干部群众的积极性,注重汲取干部群众的改革经验,形成有计划、有步骤的制度安排和改革措施,并在改革实践中不断补充完善。

青县改革的核心内容,是创建了"村民代表会议常任制",在一定程度上赋权于村民群众,有助于落实"民主管理、民主决策和民主监督",没有这样的具体机制就无法真正实施村民自治。但是,新的制度安排的建立,需要对原有制度安排进行扬弃。青县改革依照法律精神进行,做到有法可依。同时,也为法律修订提供了实践依据。即1998年《中华人民共和国村民委员会组织法》为"村民代表会议常任制"的创立,提供了法律依据。同时,"村民代表会议常任制"也为2010年中华人民共和国村民委员会组织法修订版提供了实践依据。

从贵州"三变"改革来看,其集体产权改革的深度和广度远远超过当时青县改革的要求,从这个意义上来讲,为确保"三变"改革成功,必须构建以村民自治为法律架构,以民主管理和民主监督为主要内容,以集体产权人参与管理和监督的运作机制。省、市党委和政府出台具有可操作性的政策措施,指导"三变"改革实践;从社会保障制度上,制定"三变"改革的兜底保障措施,降低经济风险引发社会风险的可能性。

从农村基层操作层面来看,笔者建议由村民代表、村干部和法律顾问参与农村集体产权组织,共同管理和监督"三变"运行过程。同时,乡镇政府要从法律、政策的可行性把关,尽可能减少"先天性"缺陷。另外,对于集体资产运行情况、资产管理人、收益与分配等,实行财务审计和账目公布。对于外来企业投资和经营活动,农村集体产权人具有定期审核、监督以及相应的职能。

农村土地“三权分置”政策之两次分离的异同研究与若干考问

——兼论农村土地流转之路径选择

丁关良*

目　次

一、前言

目前,农村集体承包地产权的所有权、承包权、经营权“三权分置(离)”[1]政策,已成为深化农村改革之重要内容和创新之重要举措。“三权分置(离)”必将事关农村土地流转与农民土地权益之保障制度巨大变动,更是事关农村土地制度改革未来方向,同时该政策之权利只有上升为法律之权利(指民事权利)才真正具有生命力,其导致重构式的“变法”是否可行等问题已经凸显,并引起社会各界

* 浙江大学公共管理学院、浙江大学中国农村发展研究院教授。

〔1〕 中共中央办公厅、国务院办公厅《印发〈关于引导农村土地经营权有序流转发展农业适度规模经营的意见〉的通知》(中办发〔2014〕61 号)指出:“坚持农村土地集体所有,实现所有权、承包权、经营权三权分置,引导土地经营权有序流转。”该政策最早提到“三权分置”这一完善之政策表述,“三权分置”主要目标如下:一是坚持农民集体土地所有权不能动摇;二是稳定农户承包权,核心是使农户因流转而不会丧失土地上的持续利益;三是土地经营权人可更好地实施土地经营权抵押、转让等;四是通过流转(或转移)土地经营权给新型农业经营主体,更好地开展农业适度规模经营。

的高度重视。[1] 当前,农村土地“三权分置(离)”国家政策之确立也已造成理论上的混乱与纷争,学者或实践工作者(包括官员)中主要存在肯定(完全赞同)、[2]部分赞同、[3]否定、[4]改新[5]和

---

〔1〕 2016年度中国十大学术热点之一,即《热点4.农村土地“三权分置”法律制度建构》。参见《2016年度中国十大学术热点发布》,载《光明日报》2017年1月13日,第1版。

〔2〕 肯定者如冯海发、孙中华、叶兴庆、张红宇、吴兴国、张力、黄建水等。参见冯海发:《为全面解决“三农”问题夯实基础——对十八届三中全会〈决定〉有关农村改革几个重大问题的理解》,载《农民日报》2013年11月18日,第1版;孙中华:《关于农村土地“三权分置”有关政策法律性问题的思考》,载《农业部管理干部学院学报》2015年第1期;叶兴庆:《从“两权分离”到“三权分离”——我国农地产权制度的过去与未来》,载《中国党政干部论坛》2014年第6期;张红宇:《我国农业生产关系变化的新趋势——从“两权分离”到“三权分离”》,载《人民日报》2014年1月14日,第7版;吴兴国:《承包权与经营权分离框架下债权性流转经营权人权益保护研究》,载《江淮论坛》2014年第5期;张力、郑志峰:《推进农村土地承包权与经营权再分离的法制构造研究》,载《农业经济问题》2015年第2期;黄建水:《推进农村土地承包权与经营权分离的立法保障研究》,载《河南工业大学学报》(社会科学版)2015年第2期。

〔3〕 部分赞同者如陶钟太朗、李国强、朱广新等。(1)“在传统债的方式的流转中,如出租、转包、代耕等方式,受让方取得的权利并未法定为物权,而只能认为是一种债权,但恰在此时,才发生原土地承包经营权人的‘承包权’和新的权利人的‘经营权’的分离”,参见陶钟太朗、杨遂全:《农村土地经营权认知与物权塑造——从既有法制到未来立法》,载《南京农业大学学报》(社会科学版)2015年第2期。(2)“以互换、转让方式流转土地承包经营权不会发生‘承包权’和‘经营权’分离”“在传统债的方式的流转中,如出租、转包、代耕等方式,受让方取得的权利并未法定为物权,而只能认为是一种债权,但恰在此时,才发生原土地承包经营权人的‘承包权’和新的权利人的‘经营权’的分离”,参见李国强:《论农地流转中“三权分置”的法律关系》,载《法律科学》(西北政法大学学报)2015年第6期。(3)“从土地承包权与土地经营权分离的角度来看,转让与互换仅涉及权利的归属,根本不发生土地承包权与土地经营权分离的效果;惟有转包、出租、入股等三种流转方式产生土地承包经营权与土地经营权的分离问题”“转包、出租、入股则属于对权利的债权性处分,即仅将土地经营权处分给他人”。参见朱广新:《土地承包权与经营权分离的政策意蕴与法制完善》,载《法学》2015年第11期。

〔4〕 否定者为陈小君、高圣平等,陈小君认为:“而一些政策起草部门的专家所作的类似于将农地权利进行‘三权分离’的‘官方’解读,则溢出了严谨的法律规则范畴,属于以政治语言代替法律术语的臆断,与现代农地法律制度日渐精细化、规范化构造的趋势并不吻合,同时可能引发系列‘误读’效应。”参见陈小君:《我国农村土地法律制度变革的思路与框架——十八届三中全会〈决定〉相关内容解读》,载《法学研究》2014年第4期;高圣平认为:“经济学界提出的以土地所有权、土地承包权、土地经营权‘三权分离’学说为基础构建农地产权的观点,曲解了稳定土地承包关系与土地承包经营权流转之间的关系,不符合他物权设立的基本法理,无法在法律上得以表达,也与下一步农地制度改革的方向相悖。”“将土地承包经营权分离为土地承包权和土地经营权,缺乏法理支撑。”参见高圣平:《新型农业经营体系下农地产权结构的法律逻辑》,载《法学研究》2014年第4期。

〔5〕 改新者如丁文、申惠文、孙宪忠、高飞等。(1)土地所有权、土地承包经营权、土地承包权的“三权分置”,如“‘经营权’概念缺乏法律依据”“寻求土地承包权与土地承包经营权分离的途径,无疑具有较强的紧迫性和较为重要的意义”“土地承包权分置后,用益物权在名称上仍然沿用‘土地承包经营权’较为妥当”。参见丁文:《论土地承包权与土地承包经营权的分离》,载《中国法学》2015年第3期。(2)土地所有权、土地承包经营权、土地经营权的“三权分置”,如“土地承包经营权中分离出土地经营权,作为母权的土地承包经营权不会发生改变,不能变性为土地承包权,仍然为土地承包经营权”。参见申惠文:《法学视角中的农村土地三权分离改革》,载《中国土地科学》2015年第3期。(3)“‘三权分置’的模式,核心是在农民的土地承包经营权之上建立另外一个‘经营权’,该权利将以农耕地作为客体,在农民集体的土地所有权、农民家庭或者个人的土地承包经营权之外,形成针对农村耕作地的第三个权利。”“所谓三权,就是农村耕作地之上的所有权、土地承包经营权、经营权这三种权利。”参见孙宪忠:《推进农地三权分置经营模式的立法研究》,载《中国社会科学》2016年第7期。(4)“‘三权分置’的农村土地权利结构实为集体土地所有权、成员权、农地使用权三权并立”,参见高飞:《农村土地“三权分置”的法理阐释与制度意蕴》,载《法学研究》2016年第3期。

新解[1]等五种观点,可见截至目前,“三权分置(离)”论并没有得到充分论证,理论供给仍严重不足。同时,党的十八届四中全会通过的《中共中央关于全面推进依法治国若干重大问题的决定》明确指出:“做到重大改革于法有据。”虽然随着农地“三权分置(离)”政策确立,中共中央、国务院《关于加大改革创新力度加快农业现代化建设的若干意见》(中发〔2015〕1号)指出,“抓紧修改农村土地承包方面的法律,明确现有土地承包关系保持稳定并长久不变的具体实现形式,界定农村土地集体所有权、农户承包权、土地经营权之间的权利关系”,但是《深化农村改革综合性实施方案》(中办发〔2015〕49号)也明确指出,“开展重大问题的理论研究,用科学的理论和理念指导改革实践”。

笔者认为,法律制度的重构[2](“变法”[3])或完善[4]都需要有充分的科学理论和良法要求之法律规则强有力支撑,可见有关“三权分置(离)”理论认识与创新是否存在误区必须予以澄清,因此,很有必要对农村集体土地产权“三权分置(离)”之政策进行更加深入系统的理论研究,首先,最关键的是要对“三权分置(离)”之政策的产生缘由进行分析,对其核心内容和关系进行梳理,对两次分离是否存在异同进行剖析,才能真正把握“三权分置(离)”之政策内涵;其次是对该政策提出若干考问与质疑;最后是提出农地流转之应依赖路径与路径选择,它将为“三权分置(离)”之政策取舍奠定扎实和良好基础。

二、农村土地“三权分置(离)”国家政策的确立和其“三权”界定

国家政策于1998年提道:“使用权同所有权分离”的“两权分离”,[5]中发〔2014〕1号文件提道所有权、承包权、经营权“三权分置(离)”,而地方政策和学界较早涉及“三权分离”该内容。

(一)农村土地“三权分置(离)”地方早期政策的观点

地方层面涉及农村集体土地产权“三权分置(离)”之早期政策,梳理归类主要有五种提法。(1)土地所有权、土地承包权、土地使用权。例如,《徐州市农村集体土地使用权流转暂行办法》

---

〔1〕 新解者如蔡立东、姜楠等。“承包权与经营权分置是行使土地承包经营权的方式,经营权是设定于土地承包经营权之上的权利用益物权,承包权则为其行使受到经营权限制的土地承包经营权的代称”“依循多层权利客体的法理,经营权乃是土地承包经营权人设定的、以土地承包经营权为标的的权利用益物权,其与土地承包经营权属于不同层次客体上存在的用益物权,可以同时成立而并不冲突”“土地承包经营权的变动模式不应因经营权的设定而发生改变”“经营权的变动依当事人的合意即可实现,不需要经过发包方及土地承包经营权人的同意;转让人具有转让的自由,不必首先必须具有稳定的非农收入;转让人享有选择受让人的完整权利,不仅受让人无须具有农业经营能力,而且本集体组织成员也没有优先受让权”“土地承包经营权人未为他人设定经营权场合,其可以为自己在土地承包经营权上设定经营权,再以经营权作为标的,为债权人设定抵押权”。参见蔡立东、姜楠:《承包权与经营权分置的法构造》,载《法学研究》2015年第3期。

〔2〕 2016年10月30日中共中央办公厅、国务院办公厅《关于完善农村土地所有权承包权经营权分置办法的意见》指出:“完善‘三权分置’法律法规”。

〔3〕 丁文认为:“‘三权分离’理论的提出和政策的跟进,导致‘变法’已势在必行。”参见丁文:《论土地承包权与土地承包经营权的分离》,载《中国法学》2015年第3期。

〔4〕 参见丁关良:《土地承包经营权流转制度法律问题研究》,载《农业经济问题》2011年第3期。

〔5〕 1998年10月14日中共中央《关于农业和农村工作若干重大问题的决定》指出:“实行土地集体所有、家庭承包经营,使用权同所有权分离,建立统分结合的双层经营体制,理顺了农村最基本的生产关系。”

(1994 年 8 月 25 日)第 2 条规定,“集体经济组织按照所有权与承包权、使用权分离的原则”。(2)土地所有权、土地承包权、土地经营权。例如,中共浙江省台州市委、台州市人民政府《关于稳定和完善农村土地承包关系搞好第二轮土地承包工作的若干意见》(市委发〔1998〕15 号)规定:“经营权已经转让给种粮大户的土地,要按照承包权和经营权分离的原则,继续由种粮大户经营。”(3)土地所有权、土地承包经营权、土地使用权。例如,中共双流县委、双流县人民政府《关于统筹推进农用地向规模经营集中进一步促进农业集约化经营的意见》(双委发〔2006〕64 号)规定,“在稳定家庭承包责任制的前提下,实行农村土地集体所有权、承包经营权和使用权‘三权分离’”。(4)土地所有权、土地承包权、土地承包经营权。例如,河南省荥阳市人民政府办公室《关于规范农村土地流转促进土地适度规模经营的意见》(荥政办〔2008〕17 号)规定,“在坚持农村土地承包经营制度前提下,实行土地所有权、承包权和土地承包经营权分离”。(5)土地所有权、土地承包(承租)权、土地经营权。例如,湖南省益阳市大通湖区《农村土地流转管理暂行办法》(大管发〔2009〕7 号)规定,“在稳定土地基本经营体制和土地承包关系的前提下,实行土地所有权、承包(承租)权和土地经营权分离,创新流转机制”。

上述五种提法中,地方政策上以土地所有权、土地承包权、土地经营权为“三权分离”之“三权”为主。〔1〕

(二)农村土地“三权分置(离)”之早期学界的观点

学界(主要是经济学界)早期对农地“三权分置(离)”提法中“三权”的主要表述有以下几类:一是土地所有权、土地承包权、土地经营权。例如,“农村第一步改革的重大成果,就是把所有权与经营权分离开来,集体所有,家庭经营”“土地流转与集中”“农户不愿意放弃土地承包权”“自然产生了以承包权与经营权的相对独立代替两权合一的客观要求。由两权分离推进到三权分离”“三权分离的基本点是,坚持劳动农民共享的集体所有权,稳定农户承包权,提倡流转经营权”。〔2〕 又如,“在土地家庭经营的基础上,通过建立‘明晰的产权关系,规范的公司制’,促使土地所有权、承包权、经营权‘三权分离’,使责权利更加明晰,更有利于农业增效、农民增收”。〔3〕二是土地所有权、土地承包权、土地使用权。例如,“所谓农地使用权流转是指农地的承包经营权流转,即拥有农地承包经营权的农户将土地使用权转让给其他农户或经济组织(在家庭承包制的制度框架下,农地产权结构被分解为所有权、承包权和使用权)”。〔4〕 三是土地所有权、土地承包权、土地经营权(土地使用权)。例如,“所谓农地使用权流转,严格意义讲,是指农地的承包经营权流转。在家庭承包制的制度框架下,农地产权结构被分解为三种权利,其一是所有权;其二是承包权;其三是经营权(使用权)”。〔5〕

---

〔1〕 参见丁关良、阮韦波:《农村集体土地产权“三权分离”论驳析——以土地承包经营权流转中“保留(土地)承包权、转移土地经营权(土地使用权)”观点为例》,载《山东农业大学学报》(社会科学版)2009 年第 4 期。

〔2〕 田则林、余义之、杨世友:《三权分离:农地代营——完善土地承包制、促进土地流转的新途径》,载《中国农村经济》1990 年第 2 期。

〔3〕 谢光国:《制约农民收入增长的因素分析和对策》,载《农业经济问题》2001 年第 3 期。

〔4〕 李风琴、孟蒲伟、胡鹏:《农地使用权流转问题的思考》,载《资源开发与市场》2007 年第 3 期。

〔5〕 张红宇:《中国农地调整与使用权流转:几点评论》,载《管理世界》2002 年第 5 期。

经济学界的主流观点认为，农地“三权分置（离）”中的“三权”是土地所有权、土地承包权、土地经营权。[1]

（三）农村土地“三权分置（离）”国家政策之“三权”的界定

国家层面政策对“三权分置（离）”的表述主要有以下几种。

一是农村土地集体所有权、农户承包权、土地经营权。中共中央、国务院《关于全面深化农村改革加快推进农业现代化的若干意见》（中发〔2014〕1号）指出：“在落实农村土地集体所有权的基础上，稳定农户承包权、放活土地经营权，允许承包土地的经营权向金融机构抵押融资。”

二是所有权、承包权、经营权。中共中央办公厅、国务院办公厅《印发〈关于引导农村土地经营权有序流转发展农业适度规模经营的意见〉的通知》（中办发〔2014〕61号）指出：“坚持农村土地集体所有，实现所有权、承包权、经营权三权分置，引导土地经营权有序流转。”

三是农村集体土地所有权、土地承包权、土地经营权。国务院办公厅《关于引导农村产权流转交易市场健康发展的意见》（国办发〔2014〕71号）指出：“现阶段通过市场流转交易的农村产权包括承包到户的和农村集体统一经营管理的资源性资产、经营性资产等，以农户承包土地经营权、集体林地经营权为主，不涉及农村集体土地所有权和依法以家庭承包方式承包的集体土地承包权，具有明显的资产使用权租赁市场的特征。”

从上述政策之规定和政策之精神分析，农村集体土地“三权分置”中的“三权”，应是指土地所有权、土地承包权、土地经营权，而不包括土地承包经营权。例如，2016年10月30日出台的中共中央办公厅、国务院办公厅《关于完善农村土地所有权承包权经营权分置办法的意见》指出，“将土地承包经营权分为承包权和经营权”。显然，“将土地承包经营权分为承包权和经营权”后，土地承包经营权已不存在。

三、农村土地“三权分置（离）”政策的产生缘由分析

农村土地“三权分置（离）”是通过农村集体土地产权的两次分离而产生的。

（一）农村集体土地家庭承包使农地产权发生第一次分离

学界普遍认为，通过农村土地家庭承包，使农村集体土地产权发生第一次分离，即导致农村集体土地产权的“两权分离”。关于该“两权分离”，理论界和实践中存在多种提法：（1）土地使用权同土地所有权分离；[2]（2）土地经营权同土地所有权分离；[3]（3）土地承包经营权同土地所有

〔1〕参见丁关良：《土地承包经营权流转法律制度研究》，中国人民大学出版社2011年版，第275～278页。

〔2〕参见周为杰：《从劳动价值论角度分析中国农村土地所有权与使用权分离的问题》，载《经济视角》2012年第5期。

〔3〕参见肖顺发：《土地经营权与所有权分离后的征地思考》，载《当代经济》2009年第15期。

权分离;[1] (4)土地承包权同土地所有权分离。[2]

学界通说认为,是土地承包经营权从土地所有权中分离出来,使“一权”(土地所有权)变为“两权”(土地所有权和土地承包经营权),即农村土地承包之“两权分离”其结果:土地所有权仍归农民集体,土地承包经营权归(承包)农户。

(二)农村土地流转使农地产权第二次分离

关于第二次分离产生“两权分离”,理论界和实践中存在以下几种提法:(1)土地经营权同土地承包权分离,即土地承包权变为土地承包权和土地经营权。例如,“目前,我国的农村已经在事实上形成了‘三权分离’的局面,即土地归社区‘集体’所有(所有权)、农民按户承包(承包权)、土地经营权可以自由流转(经营权)。显然,土地经营权是由承包权派生出来的,土地经营权与承包权的分割是在农户将承包期内的土地使用权限让渡给他人时发生的”。[3] (2)土地经营权同土地承包经营权分离,即土地承包经营权变为土地承包经营权和土地经营权。例如,“所谓农地流转,是指在农地所有权归属和农业用地性质不变的情况下,农地所有者或承包经营者在其权利存续期间依法将农地经营权从承包经营权中分离出来,通过转包、租赁等形式转移给其他农户、业主或经济组织经营,以获取收益的行为”。[4] (3)土地承包权同土地承包经营权分离,即土地承包经营权变为土地承包经营权和土地承包权。例如,“寻求土地承包权与土地承包经营权分离的途径”和“土地承包权分置后,用益物权在名称上仍然沿用‘土地承包经营权’较为妥当”。[5] (4)土地使用权同土地承包经营权分离,即土地承包经营权变为土地承包经营权和土地使用权。例如,丽江市安宁市青龙镇人民政府《关于加快推进青龙镇农村土地承包经营权流转促进农业规模化经营的意见》(青政发〔2009〕29号)规定,“实行农村土地集体所有权、承包经营权和使用权‘三权分离’,放活土地使用权”。(5)土地承包权与土地经营权分离,即土地承包经营权变为土地承包权和土地经营权。例如,“在确保农村土地集体所有的前提下,对土地承包经营权进行分解,明确界定为相对独立的承包权与经营权,并明晰承包权和经营权的具体权能”。[6] (6)土地承包权与土地使用权分离,即土地承包经营权变为土地承包权和土地使用权。例如,安

---

〔1〕“改革开放以来,家庭承包经营制度的确立,使我国逐渐形成了以所有权和承包经营权‘两权分离’为特征的农地制度,农民集体拥有农地所有权,农户拥有土地承包经营权。”参见张红宇:《构建以“三权分离”为特征的新型农地制度》,载中国经济时报:http://www.cet.com.cn/ycpd/xwk/922214.shtml,最后访问日期:2018年1月8日;“农村改革建立的以家庭承包经营为基础的农村基本经营制度,成功实现了土地所有权和承包经营权分离,土地所有权归集体,承包经营权归农民,这种‘两权并行分置’的农地制度。”参见冯海发:《为全面解决“三农”问题夯实基础——对十八届三中全会〈决定〉有关农村改革几个重大问题的理解》,载《农民日报》2013年11月18日,第1版。

〔2〕“所谓承包权和所有权的分离,在实定法之下颇值怀疑。”参见高圣平:《农地金融化的法律困境及出路》,载《中国社会科学》2014年第8期。

〔3〕黄祖辉、王朋:《农村土地流转:现状、问题及对策——兼论土地流转对现代农业发展的影响》,载《浙江大学学报》(人文社会科学版)2008年第2期。

〔4〕范怀超:《四川丘陵地区农地流转的问题与对策》,载《经济地理》2007年第2期。

〔5〕丁文:《论土地承包权与土地承包经营权的分离》,载《中国法学》2015年第3期。

〔6〕张海阳、李伟毅:《让“三权分离”的农地制度实至名归》,载中国金融信息网:http://www.caiguu.com/plus/view.php? aid=79937,最后访问日期:2018年1月18日。

徽省长丰县农业委员会《关于加快农村土地流转促进规模经营发展的意见》(2008 年 2 月 12 日)规定,“实行土地所有权、承包权和土地使用权分离,创新流转机制”。

学界通说认为,农村土地流转(初次流转)使“一权”(土地承包经营权)变为“两权”(土地承包权和土地经营权),即其结果是农户“保留”土地承包权,流进方(经营者)取得土地经营权。

(三)农村土地“三权分置(离)”论的产生

农村土地“三权分置(离)”论的产生,首先通过农村土地家庭承包使“一权”(土地所有权)变为“两权”(土地所有权、土地承包经营权),再通过农村土地流转(初次流转),从“两权”(土地所有权、土地承包经营权)演变到“三权”(土地所有权、土地承包权、土地经营权),导致农村集体承包地产权结构被分解为三种权利:一是土地所有权,二是土地承包权,三是土地经营权。此即学界所谓的农村集体土地“三权分置(离)”论。

农村集体土地“三权分置(离)”论其“三权”归属如下:土地所有权归农民集体,土地承包权归农户(原承包农户),土地经营权归流进方(现流转地经营者)。

四、农村土地“三权分置(离)”的核心内容和关系梳理分析

中共中央办公厅、国务院办公厅《印发〈关于引导农村土地经营权有序流转发展农业适度规模经营的意见〉的通知》(中办发〔2014〕61 号)指出,“抓紧研究探索集体所有权、农户承包权、土地经营权在土地流转中的相互权利关系和具体实现形式。”中共中央、国务院《关于加大改革创新力度加快农业现代化建设的若干意见》(中发〔2015〕1 号)指出,“界定农村土地集体所有权、农户承包权、土地经营权之间的权利关系”。中共中央办公厅、国务院办公厅《关于完善农村土地所有权承包权经营权分置办法的意见》指出,“科学界定‘三权’内涵、权利边界及相互关系”。农村土地“三权分置(离)”是通过农村集体土地产权的两次分离完成的,对第一次分离和第二次分离分别分析如下。

(一)第一次分离的核心内容和关系

第一次分离涉及的核心内容和关系,表现在以下方面:[1](1)分离前农村集体土地所有权中含有“土地承包经营权”;(2)农村土地家庭承包时,“土地承包经营权”可以从土地所有权中分离出来;(3)分离后其土地所有权(自物权)仍存在;(4)分离后土地所有权仍归农民集体(土地所有权人)所有,即土地所有权人没有丧失土地所有权;(5)分离后产生新独立的权利,即土地承包经营权;(6)通过家庭承包而原始取得土地承包经营权的人具有严格的身份性,即具有农村集体经济组织成员资格的农民(法律赋予本集体经济组织成员有平等的承包资格)人人有份,而以农户[《中华人民共和国农村土地承包法》(以下简称《农村土地承包法》)第 15 条规定:“家庭承包的承包方是本集体经济组织的农户”]为经营单位的承包;(7)农户(承包方)自承包合同生效(“承包合同自成立之日起生效”)时取得土地承包经营权,例如,《农村土地承包法》第 22 条规定,实行家庭承包的,“承包方自承包合同生效时取得土地承包经营权”;(8)农户取得土地承包经营权

[1] 这里除(1)和(2)外,后面内容结合相关法律内容分析,因土地承包经营权已经是物权之法定权利,目前法律上存在(集体)土地所有权和土地承包经营权这两权(该权指物权)。

后成为土地承包经营权人;(9)分离后土地上产生新增的法律关系,即除土地所有权法律关系外,土地上新增加了土地承包经营权法律关系(土地承包法律关系);(10)分离后土地所有权上存在负担,即土地所有权上存在土地承包经营权这一负担;(11)土地承包经营权属于用益物权(用益物权属于他物权或称定限物权),它是土地承包经营权人对他人承包地享有直接支配和排他的权利;(12)土地承包经营权是法定物权,见《中华人民共和国物权法》(以下简称《物权法》)第三编"用益物权"第十一章"土地承包经营权";(13)土地承包经营权属于有期物权,如耕地承包期限为30年;(14)在用益物权性质的土地承包经营权依法成立后,发包方不能随意取消之,例如,发包方不得任意收回承包地,也不得任意调整承包地等;(15)承包地被征收,土地承包经营权人有权依法获得相应补偿;(16)用益物权性质的土地承包经营权具有优先于土地所有权的效力;(17)土地承包经营权人可以在自己享有土地承包经营权的土地上为他人设立地役权等;(18)土地承包经营权权能应包括占有、使用、收益、处分等四大权能;(19)分离后土地用途仍是农业用途;(20)农户(土地承包经营权人)拥有的承包地可依法流转。

(二)第二次分离的核心内容和关系

第二次分离涉及的核心内容和关系,表现在以下方面:[1](1)土地承包经营权中含有"土地承包权"和"土地经营权",即土地承包经营权由"土地承包权"和"土地经营权"组成。(2)土地承包经营权可以被分解为"土地承包权"和"土地经营权"。例如,中共中央办公厅、国务院办公厅《关于完善农村土地所有权承包权经营权分置办法的意见》指出:"将土地承包经营权分为承包权和经营权。"(3)土地经营权可以从土地承包经营权中分离出来。例如,中共中央办公厅、国务院办公厅《关于完善农村土地所有权承包权经营权分置办法的意见》指出,"在土地流转中,农户承包经营权派生出土地经营权"。(4)因第二次分离导致土地承包经营权消灭(土地承包经营权被分解为土地承包权和土地经营权,流转土地经营权后土地承包经营权已不存在,因"三权分置"政策中只包括所有权、承包权、经营权这三权,没有"土地承包经营权"这一权)。(5)农村土地流转其转移的是土地经营权。例如,《关于引导农村土地经营权有序流转发展农业适度规模经营的意见》(中办发〔2014〕61号)明确指出,"实现所有权、承包权、经营权三权分置,引导土地经营权有序流转"。又如,国务院《关于开展农村承包土地的经营权和农民住房财产权抵押贷款试点的指导意见》(国发〔2015〕45号)指出,"所有权、承包权、经营权三权分置和经营权流转"。(6)"三权分置"政策中的土地承包权产生于"三权分置"背景下的农村承包地流转(指初次流转,下同)中,而不是产生在农村土地家庭承包前或家庭承包过程中。(7)流转土地经营权后(承包)农户丧失土地承包经营权但"保留"了土地承包权。例如,中共中央办公厅、国务院办公厅《关于完善农村土地所有权承包权经营权分置办法的意见》指出,"不论经营权如何流转,集体土地承包权都属于农民家庭"。(8)(承包)农户原为土地承包经营权人现为土地承包权人(因土地承包经营权已消灭,现承包农户已拥有土地承包权)。(9)不管以什么方式流转,其流进方都取得土地经营权。例如,国务院《关于开展农村承包土地的经营权和农民住房财产权抵押贷款试点的指

---

〔1〕 这里主要依据"三权分置"相关国家政策内容分析,不按现行土地承包经营权流转有关法律制度内容分析。因"三权分置"中土地承包权和土地经营权还不是民事法律上之权利。

导意见》(国发〔2015〕45号)指出,“支持以各种合法方式流转的农村承包土地的经营权用于抵押”。(10)土地经营权人占有、使用承包地。例如,中共中央办公厅、国务院办公厅《关于完善农村土地所有权承包权经营权分置办法的意见》指出,“土地经营权人对流转土地依法享有在一定期限内占有、耕作并取得相应收益的权利”。(11)流进方取得土地经营权要有对价,向土地承包权人(流出方)支付流转费,如中共中央办公厅、国务院办公厅《关于完善农村土地所有权承包权经营权分置办法的意见》指出:土地承包权人“有权通过转让、互换、出租(转包)、入股或其他方式流转承包地并获得收益”。(12)流转法律关系其性质多种,有物权法律关系(如转让法律关系)、债权法律关系(如租赁法律关系)等。例如,中共中央办公厅、国务院办公厅《印发〈关于引导农村土地经营权有序流转发展农业适度规模经营的意见〉的通知》(中办发〔2014〕61号)指出,“鼓励承包农户依法采取转包、出租、互换、转让及入股等方式流转承包地”。(13)流进方取得土地经营权其性质各异,可能是物权,也可能是债权等。(14)土地承包权通常不得流转。例如,国务院办公厅《关于引导农村产权流转交易市场健康发展的意见》(国办发〔2014〕71号)指出,“现阶段通过市场流转交易的农村产权包括承包到户的和农村集体统一经营管理的资源性资产、经营性资产等,以农户承包土地经营权、集体林地经营权为主,不涉及农村集体土地所有权和依法以家庭承包方式承包的集体土地承包权”。(15)流进方取得的土地经营权可用于抵押等流转。(16)分离后土地用途仍是农业用途。

五、农村土地“三权分置(离)”两次分离异同剖析

(一)第一次分离与第二次分离的相同点

第一次分离与第二次分离的相同点,表现在以下方面:(1)分离前权利中都含有或存在“权利”,即第一次分离前土地所有权中含有或存在“土地承包经营权”一种“权利”,第二次分离前土地承包经营权中也含有或存在“土地承包权”和“土地经营权”两种“权利”。(2)分离前权利中的“权利”都不是独立权利,即第一次分离前土地所有权中的“土地承包经营权”不是独立权利,第二次分离前土地承包经营权中的“土地承包权”和“土地经营权”两权也都不是独立权利。(3)都发生“权利”从权利中分离出来,即第一次分离是土地承包经营权从土地所有权中分离出来,第二次分离是土地经营权也从土地承包经营权中分离出来。(4)二次分离都使“一权”变为“两权”,即第一次分离使土地所有权这一权变为土地所有权和土地承包经营权两权,第二次分离也使土地承包经营权这一权变为土地承包权和土地经营权两权。(5)保持土地用途相同,即第一次分离后其土地是保持农业用途,第二次分离后,其土地也是仍保持农业用途。

(二)第一次分离与第二次分离的差异点

第一次分离与第二次分离的差异点,表现在以下方面:(1)第一次分离前的土地所有权中只含有“土地承包经营权”一个“权利”,而第二次分离前的土地承包经营权中含有“土地承包权”和“土地经营权”两个“权利”。(2)第一次分离前的土地所有权中因只含有一个“权利”而不发生“权利”分解,而第二次分离前的土地承包经营权中含有两个“权利”且可以分解为“土地承包权”和“土地经营权”。(3)第一次分离因农村土地承包而发生,第二次分离因农村承包地流转(仅指初次流转)而发生。(4)第一次分离是土地承包经营权直接从土地所有权中分离出来,第二次分

离首先是土地承包经营权分解为“土地承包权”和“土地经营权”，其次土地经营权从土地承包经营权中分离出来。(5)第一次分离后只产生一个独立的新权利(土地承包经营权)，而第二次分离后产生两个所谓独立的新权利(土地承包权、土地经营权)。(6)第一次分离后土地所有权仍存在，而第二次分离后原权的土地承包经营权消灭(土地承包经营权被分解为“土地承包权”和“土地经营权”，流转土地经营权后土地承包经营权已不存在)。(7)第一次分离时土地所有权中不存在“不可分离的权利”，而第二次分离时土地承包经营权中存在“不可分离的权利”(土地承包权)。(8)第一次分离后土地所有权人仍保留土地所有权，而第二次分离后(承包)农户不保留土地承包经营权而“保留”(应是“取得”，因农户原拥有的是土地承包经营权)土地承包权。(9)第一次分离时发生土地承包经营权的转移，而第二次分离时发生土地经营权的转移。(10)第一次分离后只产生物权法律关系，而第二次分离(因流转方式不同)后应产生物权法律关系、债权法律关系等多种法律关系。(11)第一次分离后(承包)农户取得用益物权性质的土地承包经营权，而第二次分离后流进方取得土地经营权，其土地经营权性质各异，有物权性质的土地经营权(如转让产生物权法律关系等)，有债权性质的土地经营权(如出租产生债权法律关系等)等。(12)第一次分离后仍保留土地所有权，其性质仍是自物权，而第二次分离后“保留”土地承包权的性质不清。(13)第一次分离后土地所有权人(农民集体)的法律地位没有发生变化(土地所有权仍归农民集体)，而第二次分离后(承包)农户原是土地承包经营权人(物权人)，现变为土地承包权人(因分离后土地承包经营权消灭，该农户拥有土地承包权，且现土地承包权人法律地位不明)。(14)第一次分离后农用地上只存在发包方与承包方之间性质单一的土地承包关系(除土地上的土地所有关系外)，而第二次分离后农用地上存在性质各异的多种复杂法律关系(除土地上的土地所有关系外)，如转让关系或转包关系等法律关系，又如土地承包权法律关系(依据通常“一权相对应一个法律关系”)，再如土地经营权法律关系(也依据通常“一权相对应一个法律关系”)，最后如“土地承包关系”(可能仍存在，如“农地承包权与经营权分离后，原承包关系稳定不变”[1])等。(15)第一次分离后农用地上除土地所有权人[2]外，一般只存在两个当事人(发包方、[3]承包方[4])，而第二次分离(不管以什么形式流转)后农用地上除土地所有权人外，至少存在三个当事人(发包方、承包方、流进方)，甚至四个当事人[发包方、承包方(抵押人)、抵押权人、流进方]。(16)第一次分离后新产生的土地承包经营权可以流转；而第二次分离后存在新产生的土地承包权通常不可以流转和可以流转两种不同情形。

---

〔1〕 潘俊：《农村土地“三权分置”：权利内容与风险防范》，载《中州学刊》2014年第11期。

〔2〕 集体土地所有权人为农民集体，即集体土地所有权其主体为乡(镇)农民集体、村农民集体、组农民集体这三个类型。《中华人民共和国土地管理法》第10条规定：“农民集体所有的土地依法属于村农民集体所有的，由村集体经济组织或者村民委员会经营、管理；已经分别属于村内两个以上农村集体经济组织的农民集体所有的，由村内各该农村集体经济组织或者村民小组经营、管理；已经属于乡(镇)农民集体所有的，由乡(镇)农村集体经济组织经营、管理。”

〔3〕 发包方为农村集体经济组织、村民委员会或者村民小组。《农村土地承包法》第12条第1款规定：“农民集体所有的土地依法属于村农民集体所有的，由村集体经济组织或者村民委员会发包；已经分别属于村内两个以上农村集体经济组织的农民集体所有的，由村内各该农村集体经济组织或者村民小组发包……”

〔4〕 承包方为农户。《农村土地承包法》第15条规定：“家庭承包的承包方是本集体经济组织的农户。”

六、农村土地“三权分置(离)”之诸多问题考问和是否成立质疑

(一)农村土地“三权分置(离)”的诸多问题考问

本文以上述农地“三权分置(离)”中第一次分离与第二次分离存在诸多重要差异分析为基础,遵循政策之权利只有上升为法律之权利才真正具有生命力这一考量规则,依据中外法理(这里国外法理指大陆法系通常法理,因我国属于大陆法系范式)及法律逻辑并结合立法体例再深入分析、研究和思考,发现有以下诸多问题需要考问(因篇幅原因,这里主要只提问题)。

(1)农村土地“三权分置(离)”论隐含土地所有权中含有一个“权利”(土地承包经营权),土地承包经营权中含有两个“权利”(土地承包权和土地经营权),是否意味着我国农村土地物权之“权利由‘权利’构成”,而通常按大陆法系法理分析,物权之“权利应由若干权能构成”。例如,《中华人民共和国民法通则》(以下简称《民法通则》)第71条规定,“财产所有权是指所有人依法对自己的财产享有占有、使用、收益和处分的权利”,即财产所有权由占有、使用、收益和处分等四大权能构成;同时,《农村土地承包法》第63条规定的“机动地”所有权(也是农用地所有权甚至是耕地的土地所有权)中是否含有“土地承包经营权”呢?但目前实践中“机动地”普遍采取租赁形式,其结果是租赁后产生农村土地租赁权,而不是产生土地承包经营权,可见“权利由‘权利’构成”也值得反思。

(2)我国土地承包经营权可以被分解为土地承包权和土地经营权这新“两权”吗?理论依据何在?遵循的是什么法律逻辑?而考量大陆法系之国外的永佃权、用益权、农用权等用益物权之转让、互换、出租、入股等,都不存在永佃权、用益权、农用权等用益物权可以被分解为新“两权”之情形;同样,我国建设用地使用权或宅基地使用权等用益物权之转让、出租等,也都不存在建设用地使用权或宅基地使用权等用益物权可以被分解为新“两权”之情形。

(3)为什么农村土地“三权分置(离)”中第一次分离后土地所有权仍存在(不消灭),而第二次分离后土地承包经营权不存在(消灭)?该第二次分离导致土地承包经营权消灭符合用益物权或物权消灭之法理或法律规则吗?而现行法律规定土地承包经营权消灭,主要包括:①承包期限届满;②发包方依法收回承包地,例如,《农村土地承包法》第26条第3款规定,承包期内,承包方全家迁入设区的市,转为非农业户口,不交回承包地的,发包方可以依法收回承包的耕地、草地,再如《农村土地承包法》第30条规定,承包期内,妇女结婚、离婚或者丧偶,新居住地取得承包地的,原发包方可以依法收回原承包地;③发包方依法调整承包地,使原土地承包法律关系部分或全部消灭;④承包方依法或自愿交回承包地的。例如,《农村土地承包法》第26条第3款规定,承包期内,承包方全家迁入设区的市,转为非农业户口的,应依法向发包方交回承包的耕地和草地,又如《农村土地承包法》第29条规定,“承包期内,承包方可以自愿将承包地交回发包方”,再如《农村土地承包法》第26条第2款规定,承包期内,承包方全家迁入小城镇落户,依法自愿交回承包地给发包方的;⑤承包地被依法征收的;⑥承包地被依法占用的;⑦耕地和草地承包,农户家庭全部成员死亡的;⑧林地承包,承包方家庭成员最后一个死亡的成员继承人放弃继续承包的;⑨林地承包,承包方家庭成员最后一个死亡的成员无继承人的;⑩因农村承包地灭失的等。可见,现行法律规定土地承包经营权消灭种类中没有包括第二次分离情形中的各种流转方式。

(4)土地承包经营权确权登记颁证意义重大,在流转、征收、占用、退出等环节中,土地承包经营权价值能充分体现。同时,使土地承包经营权用益物权性质更加明确并巩固,但因农地“三权分置(离)”背景下该措施价值大大削弱。一方面,已经实施农地流转的承包地因已不存在土地承包经营权[按农地“三权分置(离)”政策逻辑分析],该流转地如何进行确权登记;另一方面,目前进行土地承包经营权确权登记颁证费力费时更费钱,确权登记颁证的承包地因流转导致土地承包经营权消灭是否太可惜了。例如,2013 年中央 1 号文件提出“用 5 年时间基本完成农村土地承包经营权确权登记颁证工作”,目前一亩费用少者 35 元,多的超过 80 元,如平均按 50 元计算,仅 20.25 亿亩耕地这一项确权登记颁证,费用超过 1000 亿元。

(5)农村土地“三权分置(离)”中出租、转包流转(债权性的流转)后,导致土地承包经营权已经消灭,出租、转包流转到期后,通常土地经营权应消灭,问题是原“土地承包经营权”能恢复吗?如土地经营权不消灭返回给土地承包权人与土地承包权(土地承包权人拥有土地承包权)结合恢复土地承包经营权其理论依据何在?如果土地经营权不能返回给土地承包权人,土地承包权人只拥有土地承包权怎么实施第二次、第三次等流转?

(6)农村土地“三权分置(离)”第一次分离后,现土地所有权中已不含土地承包经营权了,因土地承包经营权已从土地所有权中分离出去,且已成为独立的权利——用益物权性质的权利,即现土地所有权这一“权利还由‘权利’构成”吗?同样,土地承包经营权是有期限之权利,到期后,通常土地承包经营权消灭,这时土地所有权能回归(使土地所有权恢复原状,即土地所有权中含土地承包经营权)吗?

(7)为什么农村土地“三权分置(离)”中第一次分离前和分离后土地所有权人(农民集体)法律地位没有变化,而第二次分离前和分离后使原土地承包经营权人(用益物权人)变为现土地承包权人?值得反思的是,农户原是用益物权人成为现土地承包权人(可能成为非用益物权人或非物权人),有些流转方式(如产生债权法律关系的流转方式)会采用或实施吗?农户能从拥有强物权保护效力的用益物权自愿或任意变为弱保护效力的债权吗?

(8)为什么农村土地“三权分置(离)”中第一次分离后不存在“不可分离的权利”,而第二次分离后存在“不可分离的权利”(土地承包权)?这难道不是再次提醒我们“权利由‘权利’构成”这一命题值得慎重反思吗?同时,“不可分离的权利”和“可分离的权利”都能称为权利吗?依据“三权分置(离)”之两次分离前的权利中含有“权利”这一界定分析,一方面,“不可分离的权利”的土地承包权由什么“权利”构成成为问题;另一方面,“可分离的权利”的土地经营权又由什么“权利”构成也会出现问题:①如与农村土地“三权分置(离)”中第二次分离土地承包经营权含有“不可分离的权利”(土地承包权)和“可分离的权利”(土地经营权)相吻合,则土地经营权应含有“不可分离的权利”和“可分离的权利”;②土地经营权应含有“不可分离的权利”和“可分离的权利”与上述土地经营权自身属“可分离的权利”之性质是否吻合呢?

(9)农村土地“三权分置(离)”中第二次分离时发生土地经营权的转移,流进方可用取得的土地经营权再实施流转,如何按“三权分置(离)”其第二次分离使“一权”变“两权”这一模式运行?即土地经营权能被再分解为“两权”吗?

(10)因流转方式不同,存在多种性质(物权、债权等)流转法律关系,流进方取得的权利名称都是“土地经营权”吗？

（11）以各种方式流转取得的土地经营权都能用于抵押吗？[1]如出租，承租人取得的“土地经营权”的性质应为债权，债权性质土地经营权抵押于理于法均无依据。如果房屋出租，如承租人取得房屋租赁权能用于抵押，实现抵押权后造成出租人丧失房屋所有权，笔者认为，100个房屋所有人中没有一个会出租房屋。同样，如果上述农地出租，承租人取得“土地经营权”能用于抵押，实现抵押权后造成结果相类似，则笔者也认为100个土地承包经营权人中没有一个会选择出租这种流转方式。

（12）如继承属于流转方式（日本永佃权流转方式包括继承，意大利永佃权流转方式也包括继承，越南农用土地使用权流转方式包括继承），按“三权分置（离）”中第二次分离规则运行结果，被继承人“保留”土地承包权，继承人取得土地经营权，这里出现双重怪象：一方面，死人（被继承人）“保留”土地承包权是第一怪现象；另一方面，拥有土地经营权的继承人要向“保留”土地承包权的被继承人（死人）支付流转费是第二怪现象。

（13）如采取入股方式流转，股东因拥有股权而取得红利之收益是常态，土地承包权人能否因拥有土地承包权（土地承包权有收益之重要价值功能）取得红利之收益呢？

（14）若“转让”之转让方一次性收取转让收益，造成“保留”土地承包权无实际价值。采取转让方式流转，正常的转让属于一次性“买断”，权钱两清，例如，国有建设用地使用权转让，受（转）让人取得国有建设用地使用权，并向转让人一次性支付转让费，转让人一次性收取转让费，并丧失国有建设用地使用权；同样正常农村土地采取转让方式流转，也是受（转）让人向转让人一次性支付转让费。因此，转让人保留土地承包权，无任何收益之价值功能。可见，转让人保留土地承包权今后能取得收益吗？

（15）若“转让”之转让方收取转让年收益，会造成农民权利很难或无法保障。如“转让”不属于一次性取得转让收益（这里不是一次性“买断”），要使转让方“保留”土地承包权有价值，势必按每年收取转让年收益或分期分批收取转让收益，如此必将产生以下三个主要问题：一是按“三权分置”政策目标，受让方（企业法人）破产，转让方（农户）未取得的剩余转让收益如何保障？二是土地经营权（无身份性）可按市场规则运行，受让方取得土地经营权后实施“再转让”，第一转让方（农户）未取得的剩余转让收益向谁收取（第一受让方可能已无土地经营权，第二受让方已取得“土地经营权”）？三是受让方用土地经营权抵押，出现实现抵押权后，转让方（农户）未取得的剩余转让收益如何保障也成为问题。可见，“转让”如不属于一次性取得转让收益，势必造成农民权利保障问题已经凸显。

（16）在农村土地“三权分置（离）”构架下，“互换”后土地承包权已无收益权能或只存在互换差价收益。甲农户A地与乙农户B地互换有四种情形，第一种等质等量的承包地互换，“互换”完成后享有土地承包权的任何一方已不可能从经营承包地的对方（享有土地经营权）取得任何收益，即甲农户（享有A地土地承包权）不能从乙农户（享有A地土地经营权）手中取得收益，

---

[1]　国务院《关于开展农村承包土地的经营权和农民住房财产权抵押贷款试点的指导意见》（国发〔2015〕45号）指出，“支持以各种合法方式流转的农村承包土地的经营权用于抵押”。

同样,乙农户(享有 B 地土地承包权)也不能从甲农户(享有 B 地土地经营权)手中取得收益。第二种等量不等质的承包地互换、第三种等质不等量的承包地互换和第四种不等质不等量的承包地互换,因互换时通常一次性(常态)结清互换差价,同样,“互换”完成后享有土地承包权的任何一方也已不可能从经营承包地的对方(享有土地经营权)取得任何收益。非常态下如互换后还存在差价(互换时不是一次性结清互换差价),也只有享有土地承包权的仅一方在今后可取得收益,这也不是土地承包权的全部收益,而应是差价收益;而另一方虽然也享有土地承包权,但永远无法取得土地承包权的任何收益,只存在支付差价的义务,何为土地承包权都存在“收益权能”?

(17)土地承包权有偿退出,很难实施或无法开展试点。中共中央办公厅、国务院办公厅《关于完善农村土地所有权承包权经营权分置办法的意见》指出,“积极开展土地承包权有偿退出……试点”。在农村土地“三权分置(离)”构架下,流转后土地承包权归农户(土地承包权人)和土地经营权归经营者(土地经营权人),如甲农户于 2007 年 1 月 1 日将 20 亩 A 地“出租”给承租人(经营者)期限 12 年(刚好是剩余承包期限,即 2018 年 12 月 31 日到期)共租金 12 万元,承租方取得土地经营权,出租方第 1 年已收取租金 1 万元,该甲农户将土地承包权有偿退出给本集体经济组织(发包方),发包方要付给甲农户 11 万元(对价为剩余租金)或接近 11 万元,发包方虽然收回了甲农户土地承包权,但无法收回承包地且更无法为了规模经营连片(连片整理土地)出租(包括该 20 亩 A 地)取得更高租金获得更多收益目标,因为承包地已经由经营者(土地经营权人)占有、使用,发包方只能向承租人(经营者)每年收取租金 1 万元,共收 11 年总剩余租金 11 万元,发包方会干这种冒风险且无明显多收益的劳民伤财之事吗?

(18)本集体经济组织内其他农户受让土地承包权,无实质性意义且也是劳民伤财。中共中央办公厅、国务院办公厅《关于完善农村土地所有权承包权经营权分置办法的意见》指出:“承包农户转让土地承包权的,应在本集体经济组织内进行,并经农民集体同意。”如甲农户于 2007 年 1 月 1 日将 20 亩 A 地“出租”给承租人(经营者)期限 12 年(刚好是剩余承包期限,即 2018 年 12 月 31 日到期)共租金 12 万元,承租方取得土地经营权,出租方第 1 年已收取租金 1 万元,该甲农户将土地承包权转让给本集体经济组织内乙农户,乙农户要付给甲农户 11 万元(对价为剩余租金)或接近 11 万元,乙农户虽然取得了土地承包权,但无法经营承包地(该承包地由土地经营权人经营),乙农户只能向承租人(经营者)每年收取租金 1 万元,共收 11 年总剩余租金 11 万元,同样,乙农户会干这种冒风险且无明显多收益的劳民伤财之事吗?

(19)土地经营权人再流转土地经营权须经承包农户(土地承包权人)书面同意,政策这一明确规定使土地经营权人再流转土地经营权难度很大或使再流转土地经营权无法实施。中共中央办公厅、国务院办公厅《关于完善农村土地所有权承包权经营权分置办法的意见》指出,“经营主体再流转土地经营权或依法依规设定抵押,须经承包农户或其委托代理人书面同意,并向农民集体书面备案”。承包农户(土地承包权人)为了使自己拥有土地承包权的剩余收益不落空,通常情形下不会同意土地经营权人再流转土地经营权。

(20)农地“三权分置(离)”中第一次分离与第二次分离存在诸多重要差异,可见第一次分离与第二次分离的政策依据肯定不同,第一次分离政策依据的是什么理论?第二次分离政策依据的又是什么理论?同样,土地经营权再流转又依据的是什么理论?

（二）农村土地“三权分置（离）”之二次分离是否成立的质疑

由上述农村土地“三权分置（离）”存在的众多疑点可知，农村土地“三权分置（离）”政策不周延。同时，我们认为，农村土地“三权分置（离）”中第一次分离与第二次分离之本身都不符合科学法理与良法之法律规则。

1. 农村土村集体承包地产权第一次分离质疑与科学解读

学界（特别是经济学界）普遍认为，通过农村土地家庭承包发生土地承包经营权从土地所有权中分离出来，使“一权”（土地所有权）变为“两权”（土地所有权和土地承包经营权）。

笔者认为：（1）土地所有权不是权利束〔1〕（权利束是由一组权利组成），而是一项具体民事权利，且是独立的物权（属于物权中的自物权，这里以有形财产所有权分析为主），是民事财产权体系中的一项重要权利。（2）农村集体承包地所有权不是由“权利”构成，且该土地所有权中不存在“土地承包经营权”，而通常应由各项权能构成。法国学者泰雷和森勒尔认为，所有权由相互联系的三项权能构成，分别为使用权能、收益权能和处分权能，用益权表现为所有权中的使用权能和收益权能。〔2〕日本学者近江幸治指出，所有权拥有使用、收益、处分的全部权能，地上权、永佃权和地役权只有使用权能和收益权能，而抵押权是以处分权能为本质内容的物权。〔3〕《民法通则》第71条规定：“财产所有权是指所有人依法对自己的财产享有占有、使用、收益和处分的权利”；《物权法》第39条规定，“所有权人对自己的不动产或者动产，依法享有占有、使用、收益和处分的权利”，即所有权权能结构包括占有、使用、收益和处分四项基本权能，国内民法学界对这“四位一体”的四项权能的认识基本一致。（3）“土地承包经营权”从土地所有权中分离出来并无理论依据，而各项权能可以与所有权暂时分离，其所有权仍存在，并产生新的各种性质权利。德国学者拉伦茨指出，所有权人可以将某种权能在一定的时间内从所有权中单分出来，并转让给他人，从而使他人享有所谓限制物权，如用益权。〔4〕德国学者鲍尔和施蒂尔纳也认为，可分离性是所有权的一个特点，当然该种分离并不是任意性的，而只能选择立法许可的权利类型，这就是限制物权。〔5〕我国所有权是占有、使用、收益和处分四项基本权能的有机结合，构成一个完整的权利。每一种权能都具有相对独立性和可分性，四项权能中的某一项或某几项暂时脱离所有人，所有人并不丧失对该项财产的所有权。这就是所有权权能的分离和恢复，它是所有权人行使所有权的具体表现，也是实现所有权价值的手段，当然，分离出去的权能也对所有权的全面支配性构成一定限制。随着社会经济生活内容的逐步复杂化，权能分离的形式越来越多，产生了各种新的权利，如国有土地租赁，国有土地所有权仍归国家，但产生新的权利，即债权性质的土地租赁权；又如，国有土地出让，国有土地所有权仍归国家，但产生新的权利，即物权性质的建设用地使

〔1〕“农村土地集体所有权是一组权利束，包括了占有、使用、收益、处分等权利”，参见杨继瑞、薛晓：《农地“三权分离”：经济上实现形式的思考及对策》，载《农村经济》2015年第10期。

〔2〕参见［法］泰雷、森勒尔：《法国财产法》，罗结珍译，中国法制出版社2008年版，第186页。

〔3〕参见［日］近江幸治：《民法讲义－Ⅱ－物权法》，王茵译，北京大学出版社2006年版，第4～5页。

〔4〕参见［德］卡尔·拉伦茨：《德国民法通论》（上册），王晓晔等译，法律出版社2003年版，第263页。

〔5〕参见［德］鲍尔、施蒂尔纳：《德国物权法》（上册），申卫星、王洪亮译，法律出版社2004年版，第32页。

用权。(4)所有权转移不产生权能与所有权分离,也不产生新的权利,所有权转移实质上是所有权主体的变更,例如,农民集体甲土地被征收后,变农民集体土地为国有土地,国家取得该甲的土地所有权,农民集体丧失该甲土地所有权,土地所有权仍存在;又如,商品(动产)买卖,买方取得商品所有权,卖方丧失商品所有权,商品所有权仍存在。

根据以上分析之常理(法理和立法体例)和法律逻辑之思路,“农村集体土地产权发生第一次分离”,不是“土地承包经营权”从土地所有权(土地所有权中不含有“土地承包经营权”)中分离出来,实指土地所有权之中部分权能发生分离,农村土地家庭承包(产生第一次分离)后的结果是转移部分土地所有权权能(目前转移土地所有权中的占有权能、使用权能、收益权能,不转移土地所有权中的处分权能),而新创设土地承包经营权,实现“一权”(土地所有权)变“两权”(土地所有权、土地承包经营权),这里农村集体土地所有权仍归农民集体,农户依法取得用益物权性质的土地承包经营权。

2. 农村集体承包地产权第二次分离质疑与科学解读

在农地“三权分置(离)”构架下流转(指初次流转,下同),其前提条件为:①土地承包经营权中含有“土地承包权”和“土地经营权”;②土地承包经营权可被分解为“土地承包权”和“土地经营权”;③“土地经营权”可从土地承包经营权中分离出来,流转转移的是土地经营权。可见,农地流转(产生第二次分离)的结果是,原承包农户(流出方)“保留”土地承包权,流进方(经营者)取得土地经营权,使一权(土地承包经营权)变为两权(土地承包权和土地经营权)。

我们认为:(1)土地承包经营权不是权利束,而是一项具体民事权利。根据《土地管理法》《农村土地承包法》《物权法》等法律规定,土地承包经营权是一项具体民事权利,如在《物权法》规定的物权体系中,立法上规定了所有权、土地承包经营权、建设用地使用权、宅基地使用权、地役权、抵押权、质权、留置权等基本物权。同时,农业部、中央农村工作领导小组办公室、财政部、国土部、国务院法制办、国家档案局《关于认真做好农村土地承包经营权确权登记颁证工作的意见》(农经发〔2015〕2号)明确确权登记颁证的权利名称是“土地承包经营权”,也说明土地承包经营权是一项具体民事权利。(2)土地承包经营权不是由“土地承包权”和“土地经营权”构成,而是由各项权能构成。实际上,土地承包经营权中只有占有权能、使用权能、收益权能、处分权能(依法处分土地承包经营权的权能,如土地承包经营权人依法实施土地承包经营权流转;而不是土地所有权中的处分权能),而其内不存在“土地承包权”“土地经营权”。(3)土地承包经营权,无法分解为“土地承包权”和“土地经营权”。实际上,土地承包经营权是一个完整的民事权利,土地承包经营权中不存在“土地承包权”和“土地经营权”,因此,土地承包经营权无法分解为“土地承包权”和“土地经营权”。(4)土地承包经营权流转不是转移土地经营权,而是转移土地承包经营权或土地承包经营权中分离出来的部分权能移转。通常将土地承包经营权流转按流出方的物权是否丧失或是否保有,可分为物权性质的土地承包经营权让渡型流转和物权性质的土地承包经营权保留型流转。例如,①全部承包地上的物权性质的土地承包经营权让渡型流转,流出方依法将全部承包地上的物权性质的土地承包经营权转移给流进方,其结果是原土地承包经营权人的法律资格和拥有的物权性质的土地承包经营权同时丧失,流进方(经营者)移转继受取得物权性质的土地承包经营权且成为土地承包经营权人,该情形不发生物权性质的土地承包经营权权能分离。②部分承包地上的物权性质的土地承包经营权让渡型流转，也不发生物权性质的土地承包经营权权能分离。同样，转移一个完整的民事权利的物权性质的土地承包经营权，流出方依法将部分承包地上的物权性质的土地承包经营权转移给流进方，那么原土地承包经营权人仍保留未转移部分承包地上的用益物权性质的土地承包经营权，流进方依法移转继受取得部分承包地上的用益物权性质的土地承包经营权，且成为转移部分承包地上的土地承包经营权人。③物权性质的土地承包经营权保留型流转，原土地承包经营权人（流出方）在保留物权性质的土地承包经营权的前提下，物权性质的土地承包经营权权能发生分离（转移土地承包经营权中的占有权能、使用权能、部分收益权能，不转移土地承包经营权中的处分权能），即从物权性质的土地承包经营权中分离出来的部分权能移转给流进方，流进方创设继受取得非物权性质的农村承包地的权利（不同的权能构成不同的权利），如农村承包地租赁权。综合上述三种具体流转类型分析，只有物权性质的土地承包经营权保留型流转才会产生部分权能从该土地承包经营权分离出来的情形，而全部承包地上的物权性质的土地承包经营权让渡型流转和部分承包地上的物权性质的土地承包经营权让渡型流转，均不发生该土地承包经营权权能分离情形。可见，土地承包经营权流转存在转移土地承包经营权和土地承包经营权中分离出来的部分权能移转两种：一种转移土地承包经营权，属于物权变动，发生土地承包经营权主体变化，具有物权法上的效果；另一种部分权能移转创设债权（新权利），具有债法上的效果。该土地承包经营权流转的结果符合法律逻辑，产权关系清晰。

显然，在农村土地“三权分置（离）”构架下，流转（产生第二次分离）使一权（土地承包经营权）变为两权（土地承包权和土地经营权）更不符合法理和法律规则。

七、农村土地流转应依赖之路径分析与路径选择

（一）农村土地流转应依赖之路径分析

依照通说，民事权利是指民事主体享受特定利益之法律上之力。通常在法律世界中，民事权利可以分为财产权（物权、债权）、社员权、知识产权、人格权、亲属权等，因此，应在物权与债权之二元财产权体系中确定我国农村土地的权利结构。按照民法理论，为了对土地使用价值进行利用而从农用土地所有权中分离出来的享用权能（它一般包括占有、使用、收益三大权能）——产生“农用土地利用权”，可以表现为两种不同性质的财产权制度和两种不同性质的财产权利：一种为物权制度，其财产权利包括国外的永佃权、用益权和现代的具有中国本土化特色之“土地承包经营权”等用益物权。另一种为债权制度，其财产权利包括农用土地租赁权等债权。同时，按法律逻辑分析，通常用益物权可以依法发生该权利转移，即可发生用益物权移转继受取得，此情形属于物权（这里指用益物权）的变动；也可以依法设立债权，如用益物权上设定租赁权；用益物权（如我国建设用地使用权等）作为抵押权的客体，即用益物权上可以依法设立抵押权；我国土地承包经营权、建设用地使用权、宅基地使用权等用益物权也可以依法设立地役权。“土地所有权人通过限制自身的权能在自有物上为他人设定用益物权，使用益物权人能够享有占有、使用、收益、处分四项权能。同一物上‘所有权—用益物权’的结构安排，实际上已经实现了物的归属和利用的分离。用益物权人再将土地转由他人使用、经营时，既可转让该用益物权，又可通过设

定租赁权这一债权性质的利用权，实现土地之上的三层级结构。”[1]“只有物权性质土地承包经营权让渡型流转，属于土地承包经营权的变动；而物权性质土地承包经营权保留型流转，不属于土地承包经营权的变动。”[2]即物权性质土地承包经营权让渡型流转中转让、互换等流转方式发生土地承包经营权移转，不产生新的权利，属于土地承包经营权（用益物权）的变动；而物权性质土地承包经营权保留型流转中出租、转包等流转方式不发生土地承包经营权（用益物权）移转，可通过创设农村承包地租赁权等债权性质的利用权。可见，通过依法实施土地承包经营权（用益物权）移转或创设债权性质的利用权，这就是农地流转应依赖之科学路径。

（二）农村土地流转应依赖之路径选择

农村土地流转其路径选择——土地承包经营权流转。根据以上“农地‘三权分置（离）’之二次分离是否成立的质疑”中“农村集体承包地产权第二次分离质疑与科学解读”分析，并结合中外法理和立法体例，得出农地流转的路径选择不是土地经营权流转，[3]而是土地承包经营权流转。其理由如下：

（1）农村土地承包取得权利名称应是土地承包经营权。农村土地承包取得权利名称不是农户承包土地经营权[4]（或土地承包使用权，或承包权，或农地使用权，或农用权，或耕作权等[5]），而应是土地承包经营权。其主要理由如下：①土地承包经营权是法律规定的名称且是物权法定之法定名称，《民法通则》《土地管理法》《农村土地承包法》《物权法》等重要法律都规定土地承包经营权这一名称；②《不动产登记暂行条例》第5条，规定办理登记的不动产权利名称之一是土地承包经营权；③农业部、中央农村工作领导小组办公室、财政部、国土部、国务院法制办、国家档案局《关于认真做好农村土地承包经营权确权登记颁证工作的意见》（农经发〔2015〕2号）明确确权登记颁证的权利名称是“土地承包经营权”；④实践中认可农村土地承包取得权利名称是土地承包经营权，例如，“‘土地承包经营权’这个法律概念，从20世纪80年代到现在已经存在和使用30多年了，不但是从国家到地方、政策和法律普遍采用的概念，而且这个概念一直得到农民的拥护”。[6]

（2）土地承包经营权属于法定用益物权，且属于不可分割的完整用益物权。土地承包经营权不是权利束，而是一项具体民事权利；土地承包经营权不由“土地承包权”和“土地经营权”构成，而是由占有、使用、收益、处分等权能构成；土地承包经营权无法分解为“土地承包权”和“土

---

〔1〕 陈小君：《我国农村土地法律制度变革的思路与框架——十八届三中全会〈决定〉相关内容解读》，载《法学研究》2014年第4期。

〔2〕 丁关良、李贤红：《土地承包经营权流转内涵界定研究》，载《浙江大学学报》（人文社会科学版）2008年第6期。

〔3〕 中共中央办公厅、国务院办公厅《印发〈关于引导农村土地经营权有序流转发展农业适度规模经营的意见〉的通知》（中办发〔2014〕61号）指出，“引导土地经营权有序流转”。

〔4〕 国务院办公厅《关于引导农村产权流转交易市场健康发展的意见》（国办发〔2014〕71号）指出，“农户承包土地经营权，是指以家庭承包方式承包的耕地、草地、养殖水面等经营权”“集体林地经营权”“‘四荒’使用权”。

〔5〕 参见丁关良、田华：《论农用地物权制度的选择——关于“土地承包经营权”名称的存废》，载《中国农村经济》2002年第2期。

〔6〕 孙宪忠：《推进农地三权分置经营模式的立法研究》，载《中国社会科学》2016年第7期。

地经营权”。

(3)农村土地流转不产生转移土地经营权这一情形(因农村土地承包取得的权利不是土地经营权),而是发生土地承包经营权(因农村土地承包取得权利名称是土地承包经营权)移转或创设农村承包地租赁权等债权性质的利用权。

(4)农村土地流转不产生流进方取得之权利名称是“土地经营权”。国务院《关于开展农村承包土地的经营权和农民住房财产权抵押贷款试点的指导意见》(国发〔2015〕45号,2015年8月10日)指出:“探索对通过流转取得的农村承包土地的经营权进行确权登记颁证”“支持以各种合法方式流转的农村承包土地的经营权用于抵押”。但这里将各种合法方式流转取得的权利称为“土地经营权”并不科学。具体分析如下:①转让。用益物权转让的性质应属于一次性权利“买断”,且用益物权转让属物权变动形式之一,其发生用益物权的转移的效力,即受让方从转让方中移转继受取得完整的具有物权性质的土地承包经营权。受让方享有权利的名称是土地承包经营权,而不是“土地经营权”。②互换。甲承包方A地与乙承包方B地互换,互换发生两个物权性质的土地承包经营权相互让渡,其结果是甲承包方丧失A地上原物权性质的土地承包经营权(A),同时从乙承包方中取得B地上物权性质的土地承包经营权(B)。反之,乙承包方丧失B地上原物权性质的土地承包经营权(B),而同时从甲承包方中取得A地上物权性质的土地承包经营权(A)。即甲承包方享有权利的名称是土地承包经营权(B),同样乙承包方享有权利的名称是土地承包经营权(A),而都不是“土地经营权”。③转包。受转包方也无法移转继受取得物权性质的土地承包经营权,而取得的是从物权性质的土地承包经营权中分离出来的部分权能,即只享有债权性质的土地承包经营权。受转包方享有权利的名称是土地承包经营权(债权性质),而不是“土地经营权”。④出租。承租方取得的是从物权性质的土地承包经营权中分离出来的部分权能,即享有债权性质的农村承包地租赁权。承租方享有权利的名称是农村承包地租赁权,而不是“土地经营权”。⑤入股。如入股公司,则结果是公司取得土地承包经营权,而不是“土地经营权”。⑥抵押。实现抵押权时,债权人(抵押权人)依法拍卖、变卖物权性质的土地承包经营权的价款中优先受偿或以物权性质的土地承包经营权折价受偿,其土地承包经营权人发生改变。可见,实现抵押权其结果,流进方移转继受取得土地承包经营权,而不是“土地经营权”。从上述各种合法方式流转的结果来看,流进方都不取得或无法取得“土地经营权”。

(5)以各种方式流转的土地承包经营权不会消灭。物权性质的土地承包经营权让渡型流转中,流进方(新土地承包经营权人)依法移转继受取得部分或者全部承包地上的物权性质的土地承包经营权;而物权性质的土地承包经营权保留型流转中,原土地承包经营权人(流出方)仍保留物权性质的土地承包经营权。可见,不管以何种方式(或形式)实施土地承包经营权流转,其结果都是物权性质的土地承包经营权仍然有效存在。

(6)土地经营权流转作为农村土地流转的名称无法作出法律规定(按物权法理形成物权种类和物权法定中不可能产生“土地经营权”这一物权名称)。

(7)土地承包经营权流转已是法律上提法,如《农村土地承包法》第二章“家庭承包”第五节“土地承包经营权的流转”。又如,《物权法》第128条规定:“土地承包经营权人依照农村土地承包法的规定,有权将土地承包经营权采取转包、互换、转让等方式流转。”综上所述,可见,农地流转的路径选择应是土地承包经营权流转。

现行土地承包经营权流转法律制度确实存在较多缺陷，如无法可依、有法难依、法律规范定性不科学、土地承包与流转之法律规范相冲突、流转法律规范内容设计不科学、“土地承包经营权流转”法律结构不科学、流转法律规范内容不一致等。[1] 实际上，要真正实现土地承包经营权依法有序流转，更好地发展农业适度规模经营，其重要前提是有健全、良好的土地承包经营权流转法律制度，使土地承包经营权流转有法可依、有法能依，且可依之法是良法。因此，通过依法赋予土地承包经营权更全面、更合理和更完善的权能，特别是对转让、抵押、入股等法律制度在良法背景下进行顶层科学设计来完善土地承包经营权流转法律制度也已成为当务之急（另文研究）。

八、研究结论

我们认为，每项重要之农村改革必须要有科学理论作为依据，虽然理论可以创新，但创新的理论应得到充分论证，且必须是科学的，否则伪理论（不科学理论）不仅不能指导农村改革实践，而且会造成对现行农村制度的极大破坏和危害。同样，良法才是法治所要求之法，中共中央《关于全面推进依法治国若干重大问题的决定》也明确指出，“法律是治国之重器，良法是善治之前提”，可见良法才能促进社会发展和保护人们权益，而恶法不仅破坏社会程序，还会造成对人们权益的践踏。

上述研究表明存在农村集体土地产权“三权分置（离）”之政策的权利内涵和产生之关系的周延性与科学性的困惑，研究结论的最好路径不是采取“变法”（重构）来制定与“三权分置（离）”政策制度相吻合的“土地经营权”流转法律制度，而是依据科学法理和良法才是法治所要求之法来注重通过现行农村土地承包法律制度和土地承包经营权流转法律制度的协调整体修法予以完善，[2] 使之走上依据良法引导土地承包经营权有序流转，更好地保障农民之土地权益和发展农业适度规模经营的善治之路。

---

〔1〕 丁关良：《土地承包经营权流转制度法律问题研究》，载《农业经济问题》2011 年第 3 期。

〔2〕 “虽然土地承包经营权流转以农村土地承包为前提，但土地承包经营权流转法律关系不同于农村土地承包法律关系。”参见丁关良：《土地承包经营权流转法律制度研究》，中国人民大学出版社 2011 年版，第 262 页。

贵州自然资源资产管理机制完善研究

曹务坤* 吴大华**

目　次

一、调研情况

(一)调研对象和调研方法

1. 调研对象

本文调研对象,为贵州省国土资源厅、贵州省水利厅、贵州省林业厅等主管自然资源监管的处室负责人和工作人员、遵义市绥阳县、六盘水市钟山区、毕节市金沙县、安顺市平坝区、贵阳市白云区等县(区)等自然资源监管部门的负责人和工作人员。将以上单位作为调研对象的缘由有三:一是贵州省国土资源厅、贵州省水利厅、贵州省林业厅等的主管自然资源监管处室是自然资源监管的宏观调控者和自然资源监管制度设计者。二是县(区)自然资源主管部门是自然资源监管制度执行的关键点。三是以上这些县(区)既有自然资源资产制度改革试点区和生态文明试点改革县(区),也有不动产统一登记改革试点的县(区)。

2. 调研方法

调研方法有三:一是举行座谈会。课题组先后举行了8次座谈会,50多人次参加座谈会。二是访谈。课题组访谈了40多人次。三是收集第一手资料。课题组收集了自然资源监管方面的第一手资料40多份。

(二)调研内容

调研内容有五:一是土地资源资产的现状、存在的问题及其建议。二是水资源资产管理的现

* 贵州财经大学文法学院法学教授,法学博士。
** 贵州省社会科学院院长,博士研究生导师,二级研究员,博士后。

基金项目:2014年度国家社科基金项目“民族村寨旅游扶贫的制度瓶颈与破解研究”(批准号:14BMZ070)、2014年全国文化名家暨“四个一批”理论人才资助项目[中宣办发(2015)49号]阶段性成果。

状和存在的问题。三是林业资源资产管理的现状和存在的问题。四是自然资源资产产权制度改革的现状和存在的问题。五是不动产统一登记试点的现状和存在的问题。确定以上调研内容的缘由有五：一是土地资源、水资源和林业资源是重要的自然资源。二是贵州省是自然资源资产产权制度和自然资源用途制度改革试点省份。三是贵州省正在推行不动产统一登记。四是贵州正在大力推进生态文明建设。五是贵州自然资源管理体制改革的情况及存在的问题需要予以重视。

(三)调研过程

2015年5月至6月，课题组收集资料，为拟定调研提纲提供依据；7月中旬，课题组拟定了调研提纲，并进行了预调研；7月下旬，修订调研提纲。8月至9月，课题组先后到遵义市绥阳县、六盘水市钟山区、安顺市平坝县、贵阳市白云区等县(区)的土地资源、水资源、林业资源等自然资源的主管部门进行调研。这些县(区)的相关单位非常重视课题组的调研活动，牵头召集各有关部门的负责人、工作人员参与课题座谈会，认真而耐心地接受课题组的访谈，并提供了书面材料。9月下旬，先后到省国土厅、省水利厅和省林业厅的自然资源监管处室调研，这些厅的自然资源监管处室也很重视课题组的调研活动，他们不但积极参加座谈会，而且提供了比较详细的书面材料。不过，有些单位因诸多原因而未提供书面材料，导致调研所获取的资料并不全面。10月22日下午，课题组参加中央编委在贵州省政府公共服务中心举办的“自然资源管理改革体制改革”的座谈会。2016年4月至6月，课题组先后到遵义市绥阳县、六盘水市钟山区、安顺市平坝县、贵阳市白云区等县(区)进行补充调研。

二、贵州自然资源资产管理体制存在的问题

(一)自然资源资产产权不清

自然资源资产产权不清，表现为以下几个方面：一是农民集体所有的自然资源资产产权主体虚化。由于农民集体组织的虚化，导致农民集体所有的自然资源产权主体化，其结果乃是农民集体所有的自然资源所有权登记难以落实，农民集体所有的自然资源权利也难以实现。二是全民所有自然资源资产权利登记不明确。由于现行法律对国有自然资源权利登记主体规定不明确，导致国有自然资源权利登记不明确，这是国有资源管理的一个“瓶颈”。三是一些地方的自然资源资产是属于国有还是属于农民集体组织所有，并没有确定，尤其是一些农用土地和林木地是属于国有，还是属于农民集体组织所有，仍然存在争议。

(二)自然资源资产多头管理，管理职责交叉

自然资源资产多头管理，管理职责交叉表现为以下几个方面：一是水利部门、农业部门对一些水利资源资产进行管理，对林业用地进行管理。二是农业部门、林业部门等部门对农村土地进行管理。三是农业部门、林业部门对国有农场、国有林场进行管理。四是水利部门、农业部门、林业部门、住建部门及旅游部门对旅游景区的自然资源资产进行管理。

(三)不少旅游景区的自然资源资产管理缺位

虽说水利部门、农业部门、林业部门、住建部门及旅游部门对旅游景区的自然资源资产进行

管理，但实际上，不少旅游景区的自然资源资产管理缺位，表现在三个方面：一是一些地方的旅游景区的自然资源资产并未进行登记。二是一些地方的旅游景区的自然资源资产用途改变缺乏规制。三是一些地方的旅游景区的自然资源资产流失。

（四）自然资源资产管理制度改革配套制度缺位

课题组对遵义市绥阳县、六盘水市钟山区、毕节市金沙县、安顺市平坝县、贵阳市白云区等县（区）等自然资源资产监管部门调研时发现，一些自然资源资产监管管理制度改革或者没有启动，或者效果欠佳。据他们反映，根本原因是自然资源资产监督管理制度改革配套制度缺位。无论是自然资源资产产权制度改革，还是水务一体化管理体制改革和不动产统一登记试点改革，都是一个系统工程，涉及相应的配套制度，自然资源资产监督管理制度改革配套制度缺位势必影响自然资源资产监督管理制度改革进程和效果。

（五）基层自然资源资产监督管理机关分散或缺失

有些县级水行政主管部门还未设置独立的水资源资产管理机构，其水资源管理和水政监察、水土保持等为一个科室，有的县级存在水资源管理和水政监察，“一套人马，两块牌子”，职责分工不明确。各级均存在编制及专职人员不足，特别是县级水资源管理部门的编制和人员严重不足，存在水资源管理职能无法分工和落实。水务一体化、水资源管理体制改革、水权制度建设、生态补偿机制等重点难点领域，是水利改革的深水区和“硬骨头”。乡镇水资源管理机构体制不顺，有的水利（水务）站在行政上属于当地乡镇政府领导，导致管理体制不顺，不够健全，管理不够规范。

钟山区水资源管理站在编人数3名，实际工作人员为1名，并兼职其他站室工作。金沙县从事水资源管理的人员少，涉水企业多，管理不到位，特别是专业技术人员缺乏，业务水平不高。平坝区森林防火指挥部领导小组办公室是区人民政府常设机构，却没有编制。没有林业规划设计单位，开展各项林业资源调查、规划设计、林木采伐设计等都要有资质的单位进行，给群众办事带来困难，甚至无法办理采伐等工作。国营大坡林场现为事业差额管理单位，不利于林场森林资源管理职能的发挥。笔者建议，从国营大坡林场和国营苗圃调3个编制到林政资源管理站，解决森林资源监管力量不足问题。平坝区村无管理员，其待遇与村干部相同，负责林业资源的管理工作；赋以乡（镇、街道办）打击破坏林业资源违法行为的职能，以更好地发挥其在林业资源管理中的作用。人员变动很大，从业人数减少，非专业人员增多。乡镇林业站归并到乡镇管理以后，单位工作范围扩大，人员减少，每乡镇仅有1～2人从事林业工作，而且各站的工作还要服务于乡镇中心工作。森林资源保护与发展上，重造轻管，致使森林资源增长缓慢。造林要取得成效的原理是“三分造，七分管”，可在有些地方是“七分造，三分管，甚至没有管”。集体林权制度改革的深入推进，森林资源经营主体向多元化、分散化发展，增加了森林资源保护的难度。县（区）水利部门执法权限不清，经费没有制度化。水务一体化改革进行中，排污标准与环保部门的排污标注不一致。水费分级管理，90%以上归入省财政，通过项目下拨经费，执法推行属地管辖原则。项目违法政府的项目采取挂牌督促，执法人员变动大，工作职能不到位。

由于分级管理，钟山区级水利部门只能管理很少一部分且用水量不是很大的取用水企业。钟山区调整农作物种植结构，发展高效节水农业，如大河镇大桥村节水灌溉项目，共投入资金

270 万元,建立了水池、泵站、管网等设施,解决了大河镇大桥村 1600 亩蔬菜的灌溉问题。2014 年进行维修,投入资金 15 万元。水价偏低,市场水价机制未形成。除工业生产和城镇居民生活用水收取水资源费外,农业灌溉和农村居民用水也收取水资源费。加大水源点工程建设力度,在有条件的地方兴建一批骨干蓄水工程,增加蓄水量,抓好“五小”工程建设;对灌区渠道进行防渗改造,减少输水损耗,提高渠系水利用系数。理顺管理体制机制。理顺省、市、县的水资源管理体制,确保与基层水资源管理体系的有机衔接。进一步提高水资源管理和决策透明度,公开水资源开发利用、节约、保护等相关政策、监督方式和考核制度,强化社会监督,在全社会形成共识与合力,齐抓共管。

作为经济理性人,村组组织、社会组织、企业和个人总试图追求经济利益最大化,只是需要相应的规则规范制约和调适他们追求经济利益取向和社会利益取向。现行自然资源监督管理体制机制只注重行政部门监管功能,忽视了村组组织、社会组织、企业和个人在自然资源监管管理的作用,尤其是轻视村组组织、社会组织、企业和个人在自然资源监管管理中的经济利益诉求,从而严重影响了村组组织、社会组织、企业和个人参与自然资源监督管理的动机。

(六)公益林保护和管理动力不足

公益林保护和管理动力不足有二:一是在不少地方,公益林保护只是采取粗放型的保护方式,不管是地方政府、基层政府还是公益林区属主体,对公益林保护的热情都不高,他们只是采取消极的应对方法。二是对自然保护区的申报和管理热情不高。5 个省级自然保护区机构不健全,3 个省级自然保护区没有设置机构,尤其是县级保护区,基层政府不愿意申报自然保护区。107 个市州、县自然保护区中 64.1% 没有专门机构,没有边界,只有文件。一些地方政府主动申请撤销自然保护区。作为经济理性人,村组组织、社会组织、企业和个人总试图追求经济利益最大化,只是需要相应的规则规范制约和调适他们追求经济利益取向和社会利益取向。现行自然资源监督管理体制机制只注重行政部门监管功能,忽视了村组组织、社会组织、企业和个人在自然资源监管管理中的作用,尤其是轻视村组组织、社会组织、企业和个人在自然资源监管管理中的经济利益诉求,从而严重影响了村组组织、社会组织、企业和个人参与自然资源监督管理的动机。

(七)贵州自然资源资产执法力量整合不力

课题组到贵州省国土资源厅、贵州省水利厅、贵州省林业厅的主管自然资源资产监管的处室负责人和工作人员、遵义市绥阳县、六盘水市钟山区、毕节市金沙县、安顺市平坝县、贵阳市白云区等县(区)等自然资源资产监管部门调研时,调研对象一致反映一个问题:自然资源执法人员不足是自然资源资产执法效果不佳的根本原因。例如,贵州省国土资源执法在编人员只有 954 名,但是实际在编在岗人员只有 50% 左右。招录人员存在制度上障碍:执法人员以编制拟聘,人社部门认为不符合实际,应为行政执法人员,然而以行政执法人员招聘,单位性质又不符合人社部门要求。贵州省全省县级以上执法人员有 70% 属于事业编制,不参照公务员制度进行管理。

自然资源执法力量整合不力和有的基层政府违法开发和利用自然资源资产,是自然资源资产执法效果不佳的主要原因,尤其是有的基层政府违法用地已成常态。主要集中在国家或省重点工程、路网等基础设施建设、工业园区、科教文卫等工程项目。违法占用坝区优质耕地仍未得到有效遏制。据监测,2005 年以来,原有的 47 个万亩坝区优质耕地面积减少近 12 万亩。绥阳洋川、兴义丰都、拦山河等万亩坝区优质耕地局部已被分割和破坏。二是新增耕地质量较差,耕作层剥离再利用制度不完善。新增耕地指标中旱地占 98%,且大多是中低等耕地,落实数量相等、质量相当的占补平衡要求难度较大。贵州省也仅采用行政手段来推进,虽将耕作层剥离再利用纳入政府目标,但不是政绩考核主要指标。耕作层剥离和运输所需费用无明确出处,资金保障不力,工作推进难度大,耕作层剥离再利用实施比例只有 40%。三是高标准农田建设资金不足,项目有待完善。“十三五”建成高标准农田 1035 万亩,比“十二五”588 万亩建设任务几乎增加一倍,年均需建设 200 多万亩,年需投资约 50 亿元。

三、完善贵州自然资源资产管理机制的对策

(一)贵州自然资源资产管理改革措施

1. 完善全民所有自然资源资产管理机构

(1)设立全民所有自然资产管理机构,其依据有三:一是浙江、河南、山东等省份正在探讨“全民所有自然资源资产管理管理”的设立、组织机构及职责等问题。二是自然资源资产属性和特征与非自然资源资产的特征和属性不同。自然资源资产具有生态属性及特征,具有不可再生的属性及特征。三是便于落实国有自然资源资产权利登记。自然资源资产管理部门为国有自然资源所有权代理机构,各级都设立自然资源资产管理部门,便于落实各级国有自然资源所有权登记。《中华人民共和国物权法》第 45 条规定:“国有财产由国务院代表国家行使所有权;法律另有规定的,依照其规定。”“笔者主张由多个法律部门对自然资源国家所有权进行多元化和分类调整,但分类的依据不是‘客体’,而是‘功能’,即传统民法所有权理论和制度自身通过扩大解释难以保障自然资源的生态功能,可以由其他法律部门调整,但是,从节省制度创新成本的角度,如果所有权理论与制度能够提供理论解释与制度拓展适用的空间,则应当在所有权理论与制度框架内适用自然资源国家所有权制度。”[1]“虽然目前的实践是由国土资源、林业、草原和水利等行政管理部门在具体行使自然资源国家所有权,但这种做法并没有明确的法律依据,因为土地管理法、草原法、水法并没有明确赋予这些机构以这项权利。”[2]“实践中,自然资源国家所有权实际上是由各级政府或者政府的各个部门行使。这样,国家所有的自然资源的所有权由单一的主体国家或全民在实际操作中变为由国务院行使,并进一步转变为多个部门和地主主体行使。”[3]“资源性国有资产管理存在着多层委托—代理关系,因此,运用委托—代理关系将顺自然资源管理中的委托——代理链条,是创新管理体制的关键。”[4]

(2)明确全民所有自然资源资产管理机构的职责。全民所有自然资源资产管理机构由全民所有自然资源管理领导小组、全民所有自然资源资产管理体制改革委员会、全民所有自然资源资

[1] 刘超:《自然资源国家所有权的制度省思与权能重构》,载《中国地质大学学报》(社会科学版)2014 年第 2 期。
[2] 程雪阳:《中国宪法上国家所有的规范含义》,载《法学研究》2015 年第 4 期。
[3] 黄锡生、蒲俊丞:《我国自然资源物权制度的总体构想》,载《江西社会科学》2008 年第 1 期。
[4] 廖红伟、乔莹莹:《产权视角下中国资源性国有资产管理体制创新》,载《理论学刊》2015 年第 2 期。

产管理部门等部门构成。全民所有自然资源资产管理部门的职责是对省全民所有自然资源资产所有权行使处分权利,即把分别由水务部门、林业部门、农业部门及国土部门对贵州省全民所有自然资源资产所有权的处分职责集中授权给全民所有自然资源资产管理部门。

2. 调整现有自然资产管理部门的职责

(1)明确国土部门为自然资源用途监管部门,其依据有三:一是国土部门是不动产统一登记部门。二是土地与其他自然资源的关系是主物与从物的关系,而国土部门是土地用途监管部门。三是国土部门已具备监管自然资源用途的条件。

(2)根据不同性质的自然资源,明确自然资源资产开发、交易管理部门。把水务部门、林业部门、农业部门等部门的职能界定为不同自然资源资产开发、交易监管部门,同时,结合生态文明建设局的设立,推动自然资源资产开发、交易监管部门。

3. 推行自然资源资产管理机构改革试点

沿着从"下"到"上"的改革思路,推行自然资源资产管理机构改革试点。即首先选择一些县(区、县级市)进行自然资源资产管理改革试点,其次选择一些市(州)进行自然资源资产管理改革试点,最后对省级自然资源资产管理进行改革。

4. 完善贵州自然资源资产管理配套制度

完善贵州自然资源资产管理配套制度涉及的内容较多,归纳起来,主要是完善自然资源资产管理配套制度,如完善贵州自然资源资产产权登记制度、自然资源资产用途管理制度、水务一体化管理改革制度等。

(1)完善自然资源资产产权制度。从以下几个方面完善自然资源资产产权制度:一是完善农民集体所有的自然资源产权主体。二是明确国有自然资源资产登记。三是完善自然资源资产统一登记机关职能对接制度。由于对自然资源资产统一登记机关职能对接的规定不尽具体而全面,所以导致一些县(区)自然资源资产统一登记不顺利。四是完善自然资源资产管理部门人员编制制度。虽然国家和贵州省对不动产统一登记机关编制作了规定,但对于编制人员不足、不动产统一登记相关部门编制转化等方面仍然规定得不具体、不全面。

(2)完善基层自然资源资产管理机关制度。完善基层自然资源资产管理机关制度要遵循以下几个原则:一是遵循"因地制宜"原则。"因地制宜"原则,是指应该根据贵州各地农村不同的情况,变动建立相应的基层自然资源资产管理机关制度。二是"资源整合"原则。"资源整合"原则是指整合基层有关监管自然资源资产。完善基层自然资源资产管理机关制度的要点是整合基层自然资源资产管理机关。基层自然资源资产管理机关各自为政,从而使基层自然资源资产管理机关薄弱的监管力量更是雪上加霜。因此,应该尽快整合基层自然资源资产管理机关,增强基层自然资源资产管理机关的力量。

(3)完善村组组织、社会组织、企业和个人参与自然资源资产管理制度。完善村组组织、社会组织、企业和个人参与自然资源资产管理制度要遵循"多元参与监管"原则。多元参与监管原则是指促使村组组织、社会组织、企业和个人参与自然资源资产管理。完善村组组织、社会组织、企业和个人参与自然资源资产管理制度的要点是完善村组组织参与自然资源资产管理制度。完善村组组织参与自然资源资产管理制度包含了三个方面的内容:一是明确村组组织参与自然资源资产管理职能和职责，二是明确村、组织参与自然资源资产管理方式，三是明确村组组织参与自然资源资产管理的处罚和激励规则。

(二)贵州自然资源资产监管改革措施

1. 完善自然资源资产监管机制

完善自然资源资产监管机制的具体措施有六：一是完善自然资源资产监管机构。二是进一步推行和落实自然资源资产监管“七统一”，即统一信息管理，统一登记监测，统一用途管制，统一保护修复，统一利用监管，统一重点自然资源资产管护，统一行政督察。三是对不同类型的全民所有自然资源资产进行差别化监管。四是对全民所有自然资源资产和集体组织所有自然资源资产进行差别化监管。五是推行自然资源资产监管改革试点。六是完善自然资源资产监管责任追究工作。

2. 完善自然资源资产监管机构的职责

完善自然资源资产监管机构职责的措施有三：一是把水务部门、林业部门、农业部门等部门的职能界定为不同自然资源资产使用、经营监管部门。二是结合生态文明建设局的设立，调整自然资源资产使用、经营监管部门。三是完善国土部门监管土地资产监管职责。

3. 完善自然资源资产监管制度

(1)完善不同部门链接监管水资源制度。完善不同部门链接监管水资源制度包含了两个方面的内容：一是协调不同部门监管水资源的冲突，二是明确水资源用途监管部门和监管职能与职责。完善不同部门链接监管水资源监管制度应该遵循“监管链接”原则和“评价标准统一”原则。“监管链接”原则，是指水资源管理部门之间调适对水资源监管职能和职责。“评价标准统一”原则，是指对水质监测标准实行统一评价标准。

(2)完善社会组织自然资源资产监管制度。完善社会组织自然资源资产监管制度包括了三个方面的内容：一是充分发挥民间组织监管功能，二是明确民间组织监管职责和方式，三是规范民间组织监管的处罚和激励。

(3)完善企业和个人参与自然资源资产监管制度。完善企业和个人参与自然资源资产监管制度包括了三个方面的内容：一是充分发挥自然资源资产开发经营企业协会自律功能，二是充分发挥个人在自然资源资产监管作用，三是制定企业和个人自然资源资产的激励制度。

(三)贵州自然资源资产执法改革措施

1. 整合基层自然资源资产执法力量，加强基层自然资源资产执法队伍建设

整合基层自然资源资产执法力量，加强基层自然资源资产执法队伍建设的措施有三：一是增加基层自然资源资产执法人员编制；二是成立基层自然资源资产综合执法部门；三是对基层自然资源资产执法人员进行定期法制和技能培训。

2. 加大对基层政府违法使用、经营自然资源资产执法力度

加大对基层政府违法使用、经营自然资源资产执法力度的措施有三：一是加大对基层政府违法使用和经营自然资源资产追责力度，二是推行基层政府违法使用、经营自然资源资产公示制度，三是完善基层政府使用、经营自然资源资产考核制度。

3. 推行自然资源资产执法职业化

推行自然资源资产执法职业化措施有二:一是推行自然资源资产执法职业化的方法。推行自然资源资产执法职业化的方法是改变自然资源资产执法人员的身份,是改革现行自然资源资产执法机构设置。二是推行自然资源资产执法职业化的路径。推行自然资源资产执法职业化的路径是:首先是整合同一类型的自然资源资产执法队伍,对其试点改革,其次是把不同类型的自然资源资产执法队伍整合同一的自然资源资产执法队伍,对其试点改革,最后再逐步推广。推行自然资源资产执法职业化可以分“两步走”:第一步是在同一类型自然资源资产监管部门内部整合执法资源,加强执法队伍建设,确认执法人员的身份,建立执法人员激励机制。第二步是整合不同类型自然资源资产监管部门的执法资源,加强执法队伍建设。

基于身份转换的农村产权改造

邓　纲*

目　次

一、前言

所有的职业除了技能和资质门槛外，都应当向全社会人群开放，只有中国的农民却几乎完全由出身决定。随着工业化和城市化进程的加快，尽管还存在所谓“农民工”的身份符号，但至少农民可以通过读书、打工等方式改变身份，而一个城里人想成为农民几无可能。在农民身份转换的单向性和农村产权制度的共同作用下，农民身份封闭和农村产权身份化的特征被固化。我国物权法、土地管理法确立了城乡二元化的产权体制，这种产权体制的基础是城市土地归国家所有，农村土地归集体所有。农村产权的委托代理链条更短，中间环节更少，按理其所有权主体虚置问题更少，权利流转应更顺畅，流转的法律风险相应也更低，然而现实情况刚好相反，农村产权的流转难度远超城市，直接原因是农村产权不明晰，而不明晰的关键在于农村产权的身份性特征。

农村产权身份性，是指一些农村重要的财产权利和农民身份形成紧密的专属关系，[1]不具备农民身份的人很难享有这些权利。这里的农民身份不仅仅体现为一种职业，其更重要的表现

---

* 金融创新与法制研究中心研究员、西南政法大学农村经济法制创新研究中心研究员，西南政法大学教授，法学博士。

〔1〕 本文探讨的农村产权主要是指对农民而言极其重要的以土地房屋等不动产为代表的具有经营价值的财产权利。

是农村集体经济组织成员资格。农村重要的财产权利主要包括土地承包权、[1]宅基地使用权、宅基地上房屋所有权、分配集体收益请求权等。上述权利只能由作为集体经济组织成员的农民享有。当前农民进城务工或者向其他职业转移的障碍越来越小，而其他职业转换为农民的法律政策并未放开，形成农民身份转换的单向性。在农村产权身份性与农民身份转换单向性的共同作用下，农村产权对外流转存在固有缺陷，流转性缺陷给农村产权融资以及经济价值造成直接的负面效应，已经成为改造农村社会和实现农业现代化的主要"瓶颈"。"三权分置"改革通过设置没有身份制约的土地经营权，在一定程度上缓释了农村产权身份性造成的困境，但要真正解决农村产权流转难、融资难的问题，还需要进一步深化改革开放，在农村产权身份性上继续做文章。

二、农村产权身份性的影响因素

归结起来，农村产权身份性的产生主要来自以下三个因素。

（一）农民身份的取得途径

农村产权和农民身份紧密相关，而农民身份在很长一段时期内都与户籍有关，其初始取得来自于家庭出身。在城乡户籍二元化背景下，如果子女出生时父母是农村户口，那么子女就取得农村户口，长大后自然也被视为农民。一个父母均为城市居民的家庭，无论其子女在农村或者城市出生，都不能获得农民身份。所以农民身份主要由家庭和户籍决定，农村家庭的孩子出生后可以上农业户口，获得农民身份。近年来，在户籍统一登记制度改革中，农业户口和非农业户口的界限逐渐淡化，一些地方将其统一为居民户口，但改革思路只是在城镇化背景下着眼于解决农业人口向城市转移的身份问题，几乎没有考虑农民身份的开放，即城市向农村的人口反向转移和农村人口内部的流动。除了婚姻、收养或移民等特殊原因外，没有通过市场交易行为形成可转换为农民身份的渠道。相当一部分农民选择在城市买房、工作、生活，却把户口留在农村，继续做名不符实的农民。农民进城落户意愿低是一个比较普遍的现象，如果没有渠道让农民的身份和产权转换为财产性收入，农民一般不会退出农村户口，从而真正成为城市居民，以做到身份、户籍和职业名实相符，这反映出身份化的农村产权暗含不菲的经济利益，农民身份的逆转换具有潜在的市场价值，以市场化的渠道转换农民身份在经济上存在可行性。

（二）集体经济组织的封闭

目前，许多探讨农民身份职业化的学术研究，大多将农民职业化解读为只要在农村从事农业生产经营，即可在身份上界定为农民，[2]却没有从权利角度触及农民身份的关键。如果一个人只是在农村务农，却不能拥有农地上的房屋，不能加入村里的社会经济组织，其权利就只能依附于农民和集体，其地位近似于连续工作时间更长一些的麦客。[3] 当前农村实际状况表明，农民

---

〔1〕 依据《中华人民共和国农村土地承包法》的规定，用于农业的耕地、林地、草地等农村土地，采取以家庭为单位的承包方式，其权利主体是农户而非农民个人，但由于该法第5条规定只有集体经济组织成员才有承包的资格，而有集体经济组织成员的农民家庭才能获得农户身份，两者之间的兼容关系使在本文的讨论中无须刻意区分农户和农民个人。

〔2〕 何李花、李明贤：《农民职业化的内涵、困境和出路》，载《农业经济》2016年第4期。

〔3〕 麦客是陕、甘、宁一带曾经流行的农民外出打工方式，即在麦熟季节农民外出，走乡串户帮人收割麦子。

身份的核心在于农村集体经济组织成员资格，因为集体经济组织成员资格是获取诸多农村经济和政治权利的基础。当前农村集体经济组织成员资格，主要有初始取得、法定取得和申请取得三种途径，初始取得一般以出身为标准，法定取得目前基本只能通过婚姻、收养和特殊政策方能实现，婚姻和收养本来就和身份有关，政策性原因主要是移民迁入等特殊情况，不可能长期广泛适用。因此，留给向农民身份转换的路径只剩下申请取得这一条，程序上需当事人先自愿提出书面申请，再由村委会、村小组、一定人数以上的村民代表按民主议事程序表决同意，再由当地派出所、县局户政科签字同意。原来就是当地农村居民的，返回原籍或许还只是程序问题，但新增外来的组织成员会稀释现有可分配的经济利益，自然很难获得多数集体成员同意，外来人员加入集体经济组织的可能性变得微乎其微。可见即使农民身份依据职业判定，但由于集体经济组织的封闭性，到农村生活并从事农业生产的外来人员想获得集体组织成员资格存在很大的障碍，农民身份转换的单向性并没有因为职业开放而发生实质性改变。即便是外来人口因生活在农村并从事农业生产而获得农民身份，这种身份的社会和经济意义都因集体经济组织成员权的缺位而大打折扣。

（三）农村产权的无偿性

农村产权身份性与一些农村产权的保障功能有关。[1] 中华人民共和国成立较长一段时期，由于未能建立起农民的社会保障机制，农村产权对农民的生活发挥了重要的社会保障功能。然而，如果深入一点地思考，农村产权保障功能的前提是产权人基于农民身份可以无偿取得产权，例如，宅基地使用权需以户口和集体经济组织成员身份为基础，满足子女结婚需分居立户等规定条件，通过申请、审核、实地踏勘、审批、公示等多个法定程序后无偿取得。在城市里，无论一级市场的土地使用权还是二级市场的土地使用权和房屋所有权，正常情况下都是有偿的市场化转让，要想获得财产权利必须支付由市场确定的对价，所以向进城购房的农民开放城市居民身份不会引发多少争议，也不会担心城市居民因出售房屋而冲击社会保障机制，毕竟土地和房屋产权的获得都是在平等有偿的基础上建立的。而农村宅基地使用权、耕地承包权等一些产权是基于身份无偿分配的，这使向城市居民出售宅基地及地上房屋，给人以农民获得不当利益和放弃社会保障的联想，也与集体经济组织的利益存在冲突。然而，农村土地集体所有制本身即已经暗含终极权利归属农民之意，何况农民因身份被长期捆绑在乡村土地而给其造成的综合损失，可能已远超转让宅基地使用权和房屋的收益。[2]

三、农村产权身份性的不利影响

农村产权的身份性曾把农民群体牢牢地附在农村土地上，虽然历史上发挥出一定的社会保障功能，但也对农村产权的流转能力和经济价值产生了不可忽视的负面影响，增大了受让农村产

---

〔1〕 李爱荣：《集体经济组织成员权中的身份问题探析》，载《南京农业大学学报》2016 年第 4 期。

〔2〕 因为农民的耕地承包权和宅基地使用权都是用分配的方式无偿获得的，所以对农村土地征收时的补偿标准和城市相比也要低很多，然而这种观念忽视了农民被捆绑在土地上的机会成本，造成对农民利益补偿不足，很长一段时间是中国的一个重要的社会矛盾。

权的成本和风险，给农村产权的自由流转和抵押融资，甚至对未来我国农业发展都产生了不利的影响，这些影响随着中国社会经济的变迁体现得越发明显。

（一）农业生产模式退化

中国改革开放后的经济发展以城市化和工业化为主导，这种模式决定了人口流动方向必然是农村人口向城市转移、中小城市人口向大城市转移，这是中国社会发展不可逆的基本趋势。据保守估计，如果今后只需保留10%的农民从事农业生产，那么将大约有55%的户籍农民要进入城市生活和工作。当前的农村产权和农民身份状况一旦长期固化，意味着未来农村的土地承包权和宅基地使用权等重要财产权利将掌握在55%的新增城镇居民手里，占人口总数10%的真正意义上的农民不得不向前者缴纳地租和房租，[1]农村地区的“地主”将主要是实现了“农转非”的城市人。在农村的许多农业生产者只有次级层次的经营权，而第一层次的、基础性的用益物权被新的城里人掌握，农业生产类似于历史上的佃农模式，这种变迁恐怕难以称为时代的进步，反而更像是农业生产模式的退化，问题的根源是农村产权变迁和身份转换未能同步，在农民身份转换后，农村产权的身份性阻碍了对应的权利转移和价值实现。

（二）产权转让成本增加

权利的界定是市场交易的前提。[2] 产权越明晰，交易成本越低，财产权流转应该也越容易。[3] 农村集体经济组织相比国家更加具体明确，因而土地的集体所有权相对国家所有权更加明晰，本应有助于权利的流转。然而，在所有权人有干预使用权人的意愿时，所有权越是具体而准确，所有权人直接干预的能力就越强，对使用权人的权利流转反而不利。如果集体经济组织之外的成员希望受让农村产权，有时不仅要与农民个人，而且还要与村委会或集体经济组织协商，和农民个人与集体经济组织都达成一致意见后，方能实现产权的转让。农民和集体经济组织成员的身份固化使在城镇已经落户的人并未退出其成员资格和财产权利，进一步加大了农村产权合法流转的操作难度。即便项目规模不大，但由于农户和集体经济组织或者村委会利益关注点不同，好不容易和农户协商好的项目，也可能因为村委会或集体经济组织不同意而失败，反之亦然。农村产权流转中与众多当事人谈判以及相关法律关系的处理是非常棘手和繁杂的事情，交易成本的增加削弱了投资农村产权的意愿。因此，受让方常常采取和村委会或集体经济组织先进行“一对一”谈判，然后由村委会或集体经济组织出面与农民再协商，把矛盾和成本向农民、村委会或集体经济组织转移。

（三）农村财产抵押融资受阻

当前，我国关于农村产权抵押融资的法律政策存在明显冲突。担保法规定，耕地、宅基地、自

---

〔1〕 参见《土改纲领正式出台，三权分置加快放活经营权》，载证券市场红周刊：http://news.hongzhoukan.com/16/1031/mayanli095833.html，最后访问日期：2018年1月31日。

〔2〕 参见李俊慧：《科斯定理的三个版本与权利界定》，载《学术研究》2015年第9期。

〔3〕 著名的科斯定理认为，只要产权明晰，并且交易成本为零或者可以忽略，无论把产权赋予给谁，通过市场都能达成均衡的状态。农村产权的身份性对产权明晰和交易成本带来不可忽略的影响，因此产权难以通过市场交易实现流转。

留地、自留山等集体所有的土地使用权不得抵押，农村产权能够抵押的只有荒山、荒沟、荒丘、荒滩等荒地的土地使用权和一些集体建设用地及其上的房屋，土地承包法却允许通过招标、拍卖、公开协商等方式承包的农村土地在取得权利证书基础上借助抵押等方式依法流转，而全国又有232个县(市、区)开展承包土地的经营权和农民住房财产权的两权抵押试点，这三项法律政策规定相互之间并不一致，但发展趋势无疑是保障农村产权的抵押融资功能的实现。因为抵押物未来的处理后果可能是权利发生流转，如果农村产权的身份属性限制了权利的流转，自然也会影响抵押权人实现抵押权的预期，抑制抵押物的经济价值，进而对农村产权抵押融资产生阻碍作用。

(四)新型农业经营主体受抑

伴随中国社会的工业化和城市化进程逐渐深入，现行农村产权制度已经表现出不适应形成和发展新型农业经营主体的要求。土地的集体所有制和农村产权的身份属性，要求把土地房屋等资源汇聚到集体经济组织，采取按人口均分权利的规则进行资源配置，如果没有市场流转把资源分配到更能有效使用资源者的手里，这种配置模式在人多地少的国情下，就会限制规模经营和新型农业经营主体的产生，[1]使农业生产始终无法改变低效状态。对比法国的农业开发公司、美国和德国的家庭农场等发达经济体的情况，我国现行的以农户为代表的农业经营主体，无疑显得生产分散、规模小、实力弱，亟须新型农业经营主体成为提高农业经济效率的主力军。如果不对农村产权的身份性加以改造，增强农村产权的流动性，提升其经济价值，新型农业主体可能永远都是无源之水、无本之木，与新型农业经营主体相关联的现代农业技术和生产方式难以真正进入农村。

四、农村产权身份性的改造路径

农村产权价值实现的困难，主要来自农村产权具有较强的身份属性以及农民身份转换的单向性，两者分别从静态和动态、财产和主体的不同侧面抑制了农村产权的流动能力和经济价值。对此相应存在直接和间接两条改造路径。直接的改造路径是将农村产权与农民身份彻底切割，农村产权除了坚持集体所有权以及初始取得采取无偿分配形式归农民(户)外，其后原则上无限制地向全社会开放流转。间接的改造路径是不急于对农村产权本身进行彻底的制度变革，而是从开放农民身份，给予社会其他群体通过市场化的权利受让合法转换为农村居民以及集体经济组织成员的可能性，使财产权利和成员身份相互匹配，确保权利人充分和安全地享有与其投入相配的回报。当前直接改造农村产权身份性难度和社会影响可能过大，实际效果却又未必更好，鉴于户籍制度改革、农村财产确权等先期改革成果，先从农民身份转换的路径着手更可行。因为即使基本保留农村产权身份属性，但只要允许用市场化的方式获得身份，同样可以在一定程度上消弭产权身份性造成的弊端。

(一)将产权流转作为获得农民身份的市场渠道

当前获得与农民身份匹配的农村产权，主要依靠出生、婚姻、收养、移民政策等十分有限的渠道，现实情况是即使符合这些渠道的条件要求，也常常因为没有多余土地等剩余财产以供分配，

---

[1] 参见蒋占峰:《我国农地产权制度创新与城镇化绩效研究》，载《贵州社会科学》2009年第1期。

无法充分满足新入户农民的财产分配要求。由于出生、婚姻、收养等主要渠道本身就与身份有着不可割裂的关系，如果仅仅保留而不增加新的渠道，农村产权身份性的改造难以取得明显的效果，也不太可能从根本上促进农村产权流转和农村金融的发展。因此，在城乡户籍统一登记等配套改革基本完成后，将通过市场取得的农村产权与农民身份进行必要的匹配，即把重要农村产权作为取得农民身份的重要渠道，可以起到改造农村产权身份性的作用，方便农民实现财产流转和融资需求。由此中国农民阶层才可以实现从革命化小农向社会化和市场化小农的身份转换，真正回归其市场主体的地位。[1]

（二）借鉴股份（合作）制重塑集体经济组织成员权

农民从身份到职业的转换不能仅仅局限在称谓上，还需要在权利资格上进行同步改革。集体经济组织成员和社区成员是两项不同性质的农民身份权利，但往往被混为一谈。前者享有获得集体经济收益的权利，后者主要是以身份可以享受平等公共服务的权利。[2] 如果没有经济性的集体经济组织成员资格的开放，则农村产权的流转很难有全新的面貌，放开农民身份的意义就会大打折扣。想象一下未来中国社会的情景：在农村受让农村产权且从事农业生产的农民，必须向进城打工且已定居城市的农民缴纳租金，真正的权利没有掌握在新型农民而是新型地主手里，这种社会权利关系因身份转换的刚性而被固化，似乎显得有点荒诞不稽。因此，需要开放集体经济组织成员权，允许农村集体经济组织成员资格通过市场交易的形式，随着经济权利的转移对外有条件转让。这种转让可以借鉴股份制或股份合作制的规则，现行农村土地承包法中本集体经济组织成员在农村土地承包经营权流转中的优先权，就是对有限责任公司股东的股份优先受偿权的借鉴，这种借鉴有利于把集体经济组织成员资格重塑为一种非固化的、开放的、具有经济价值的身份权利。

（三）合理设置农民身份转换的条件

农民身份开放是一项影响深远的城乡社会经济制度改革，为了确保社会安全和稳定，应当选择渐进和稳妥的改革方案。由于农民身份和集体经济组织成员权的丧失，与农民进城暂时务工的情况不同，这是根本意义上的农民身份转换，所以对农民身份的放弃和取得有必要规定一些基本条件。譬如，在改革初期将在城市已经购置房屋、取得比较稳定的工作、家庭成员均已在城市定居等，作为对外转移农民和集体经济组织成员身份的前提条件。对拟在农村地区取得农村产权者，应综合考虑其目的和能力，以选择在农村生活和从事农业生产作为获得农民身份和农村集体经济组织成员资格的条件。鉴于改革的重大性和经验欠缺的实际情况，可以在一些适合农业规模化生产、公共服务和基础设施较完备、现有农民对土地依赖度不高的地区现行试点，以判断哪些条件有利于农民身份转换改革稳妥实施，同时又不会对社会稳定造成显著的不利影响。

（四）消除对失地农民问题的过度忧虑

农民身份双向转换使原来的农民彻底与农村土地失去联系，失地农民的出现可能增大社会

---

〔1〕 参见高军峰：《农民身份与农民产权：方法和理论阐释》，载《中南民族大学学报》（人文社会科学版）2016年第3期。

〔2〕 参见党国英：《农村产权改革：认知冲突与操作难题》，载《学术月刊》2014年第8期。

安全隐患，因为学界和政界的传统观念认为，中国历史上大的政治动荡主要源自“土地兼并—失地农民—农民起义—改朝换代”的关系发展链。这种历史教训和现实矛盾，造成政府决策处于两难境地：一方面，从农业社会发展到现代工业甚至后工业化社会，要求农民数量大幅减少和从事其他职业的技能提升；另一方面，又对农民放弃与农村土地的联系带来显性失业等社会问题充满忧虑。这种担心固然有一定道理，但在今天没有必要过度担心，学者的严谨分析表明，中国历史上的农民起义直接诱因是天灾，客观原因是苛捐杂税，主观原因是起义领导者最大化自己收益的经济人理性。[1] 当前失地农民的大量出现是城市化和工业化发展不可避免的结果，农村人口的减少大多是农民自己主动选择的结果，是社会进步而非退步的表现，失地农民的社会影响取决于城市社会经济的发展，建设一个更加开放的农村不会对失地农民增长构成根本影响，反而有利于填补农村的空心化状态，提高农村人口素质和资源利用效率，因此应当破除对开放农民身份造成失地农民的过度忧虑。

（五）加快城乡基础设施和公共服务均等化建设

实现基础设施和基本公共服务均等化，是城乡居民身份转换的一项重要辅助条件。不可否认，城乡的基本公共服务和设施还存在较大差距，只有有效缩小城乡之间的这种差距，才能提高农村和农业的对外吸引力。一些发达国家小镇生活舒适温馨，离不开其基础设施和公共服务与城市相差无几的便利性，这是选择乡村工作和生活的基本条件，因此要在提高农村土地生产力和社会就业能力、加快城乡物资交流和信息沟通建设等方面做出努力。[2] 另外，城市要为失地农民提供合适的就业机会、公租房、廉租房等工作和生活保障，给予公平和统一的社会福利待遇，降低其生活成本和心理压力。只有在城乡两方面的公共领域都做好准备，才能积极稳妥地放开农民身份的双向转换限制，确保社会不发生大的动荡。

五、结语

农村产权的身份属性，是其流转和价值实现的主要障碍。农民的财产权利一般是集体经济组织按人口无偿分配的，对权利人而言具有生活保障功能，故自诞生之日起就带有浓厚的身份色彩，[3] 却给其在不同主体之间的流转造成不便。随着农村产权的政治性向经济性的转移，亟须提升农村产权的流动性和经济价值，这就必然要求削弱乃至消除农村产权的身份属性。在直接修改农村产权身份属性规则面临意识形态和法律冲突等困难的情况下，为了兼顾社会安全和产权效率双重目标，开放农民身份转换可谓相对稳妥的选择，既避免了意识形态突破可能引起的思想混乱，又能满足当今社会对个人迁徙和劳动自由的期待。将农民与城市居民的身份转换向社会开放，以渐进式的改革思维保障这种身份逆向转换的稳妥实施，便不会产生显著的社会动荡。即便如此，这项改革仍然需要立法者的勇气和智慧，也需要全社会对职业自由选择的尊重和认可

〔1〕 参见刘正山：《土地兼并的历史检视》，载《经济学》2007年第2期。

〔2〕 参见李燕凌、刘远风：《城乡差距的内生机制：基于公共服务资本化的一个分析框架》，载《农业经济问题》2013年第4期。

〔3〕 参见戴孟勇：《身份的衰落——中国民商法三十年》，载《政治与法律》2008年第7期。

以及对从身份社会向契约社会演变的路径认同。

中国社会具有十分突出的城乡二元化特征，农村土地房屋制度在中国农民和农村土地之间形成的身份依附关系即为典型例证。计划经济时期，为了工业优先发展战略、保障城市居民就业和食品供应，农村人口很难向城市转移。改革开放以后，农民填补了城市化引发的大量劳动力需求，农村人口不仅可以进城务工，而且在收入增加、社会保障和户籍制度逐步统一后，在城市定居已不再困难，反而是逆向的人口转移始终缺少开放、合理的制度安排。身份化的农村土地住房法律政策把农民变成了一个相对封闭的、只能出不能进的群体，这种封闭化管理体系和改革开放的宏观环境形成强烈的反差。开放农民身份的市场化准入是满足少数人从事农业生产和成为农民的正常意愿，实现社会各种职业和劳动力自由转移的合理要求的必经之路。未来中国农村的基本土地房屋制度应该逐步减弱身份属性，通过开放农民身份转换，将制度目标从管人转向管地，通过土地用途、抛荒逾期收回等制度防范土地权利人滥用权利，提高土地利用效率，[1]而不是赋予农村产权显著的人身属性，再对农民身份实施封闭管理。

---

〔1〕 我国土地管理法和城市房地产管理法都规定有非农业建设占用耕地和以出让方式获得土地使用权，超过1年或2年未动工建设的，可以收取闲置费甚至无偿收回土地使用权。农民长期在外务工并已在城市定居，甚至有的人已经获得城市户口，导致耕地长期抛荒，可以规定相应的土地收回制度，以在社会保障和资源效率之间达到合理的平衡。

道路自信

——“塘约经验”与启示

魏　霞*

目　次

一、基本情况

塘约村位于贵州安顺市平坝区西南部，全村占地面积 5.7 平方公里，有 11 个村民组，921 户 3393 人，耕地面积 4881 亩，是一个典型的山区村庄。2014 年塘约村还是一个人均年收入不足 4000 元的省级二类贫困村，村里很多人不堪这里的贫穷，纷纷外出务工，土地撂荒率在 30% 以上，是一个名副其实的“空心村”。2014 年 6 月一场百年不遇的洪水突袭塘约村，村里农田和道路多数被冲坏，大部分房屋倒塌，粮食、衣物、电器全部被冲毁，许多村民一夜之间变得一无所有。大灾之后，在各级党委、政府的领导和支持下，塘约村党总支通过加强基层党组织建设，充分发挥党组织的战斗堡垒作用和党员的先锋模范作用，切实探索出了一条“党建引领、村社一体、合股联营”的抓党建、促脱贫攻坚新路子，通过近两年的实践，农民人均纯收入由 2013 年的 3786 元提升到 2016 年的 10，030 元，村集体经济从 2013 年的 3.8 万元提高到 2016 年的 202.45 万元。截至 2016 年年底，塘约村共计产生效益 132.61 万元，带动 30 余户贫困户脱贫致富，90% 的外出务工人员返乡就业创业。家家户户住上了新屋，过上了小康生活，实现了整村脱贫和从国家级二类贫困村到小康示范村的华丽转身。一个空壳村一举成为“产业兴、人心聚、村民富”的小康示范村，变成了充满希望的明星村，为农村脱贫打造出了“塘约样板”，也为中国西部地区精准脱贫积累了经验。2016 年 11 月塘约村从贵州省 107 个参评乡村中脱颖而出，荣获“贵州省农业产业结构调整模范乡村”称号。同年 12 月塘约村被授予中宣部《党建》杂志社联系点。2017 年 5 月 8 日，

* 贵州省社会科学院区域经济研究所研究员。

塘约村党总支书记左文学在中央组织部主办的“提高做好基层党建工作水平培训班”上做了以“加强基层党建,深化农村综合改革”为题的报告,这在自2014年以来中央组织部为加强基层组织建设,适应新时期城乡社会特点先后举办的19期“提升基层组工干部专业化能力培训班”中邀请贫困地区村党支部书记介绍农村基层组织建设成功经验尚属首次。2017年全国“两会”期间,时任中共中央政治局常委、全国政协主席俞正声参加贵州代表团审议,对贵州省安顺市平坝区乐平镇塘约村通过发挥基层党组织的战斗堡垒作用、带领群众发展集体经济的“塘约经验”给予了充分肯定。这一成功经验在著名学者、作家王宏甲著,人民出版社2017年1月出版的《塘约道路》中作了详细介绍。有的学者还把“塘约经验”提升到与小岗模式、华西模式同样的高度。小岗村、华西村都曾是中国农村改革的缩影,特别是以小岗村为代表的家庭联产承包制,深刻推进了农村土地产权改革,丰富了农村土地产权制度内涵,激发了农村土地活力,解放了农业农产力,进而带来了改革开放时期农村的发展与繁荣。而塘约村的实践之路是新时期农村改革,特别是土地产权改革实践的缩影,是十八大以来农村改革促小康在基层的探索实践,“为农村的脱贫致富闯出了一条新路和‘样本’,也为中国西部地区精准脱贫积累了经验”。[1]

二、主要经验

(一)建立以村党支部为引领、村集体所有的新型合作社

建立以村党支部为引领、村集体所有的“金土地”合作社,将土地集中起来,由村集体进行规模化、集约化、专业化经营,鼓励村民将土地经营权通过流转参与村集体合股联营,全村人共同参与。

一是建立合理的利益联结机制。村民不仅可以优先到合作社务工,除领取工资增加家庭收入外,合作社还帮助村民解决在种植过程中遇到的资金、技术、销售等困难,推动合作社从传统的包地种向作为土地经营主体带领农户增收致富的新型市场主体转变,使村民总收入由“土地收入 = 流转收入”变成“土地收入 = 股份分成 + 工资收入”。此外,塘约村还成立了种植农民专业合作社,按照“稻鱼共生、休闲观光、科技示范”的发展规划,采取“合作社 + 基地 + 农户”“公司 + 合作社 + 农户 + 市场”等模式,鼓励村民用自己的土地经营权参社入股,根据产量对每亩土地按300 ~ 700元分级估价、折算股份,种植农民专业合作社与农户签订土地入股或其他形式的合作协议后,按照合作社和村民各占40%、村集体占20%进行利润分成,以此来增加村民的收入。

二是健全和完善经营管理机制。突破合作社专门从事农业生产的常规运营模式,在村级合作社下设劳务输出公司、建筑公司、运输公司、妇女创业联合会、老年协会等组织,有效整合村级劳动力资源,解决了农村青年、妇女及贫困户的就近就业问题,让农民既当股东又领工资,拓宽了增收致富渠道。同时,根据村民拥有的不同技能,按不同劳动要素入股合作社。在塘约村,很多村民以土地入股,以技艺创业,从农民变成了股东。而通过“村社一体,合股经营”的方式,也为当地的贫困户、返乡农民工等提供了更多就业和创业的机会。近两年来,塘约村外出务工人员从

---

〔1〕 潘建:《政协委员话贵州:着力打通三权转换梗阻 加快推进三变改革步伐》,载环球网国内新闻:http://china.huanqiu.com/hot/2017-06/10905142.html,最后访问日期:2018年1月28日。

860人减少到了50多人，外出务工人员返乡率达70%。

三是引进资本，借力外脑。塘约村引进贵州中瑞阳光运营管理公司，双方在分析评估的基础上找准定位，共同制定规划图，把塘约村5.7平方公里的土地细分为各具特色的“稻香梯田农业示范区”“荷塘月色游览区”“佛法农禅耕读体验区”“漫步山野乡村体验区”等多个小区进行开发。此外，塘约村还吸引外来公司入股帮扶。2016年山东省寿光市龙耀食品（集团）有限公司对口帮扶塘约村，为塘约村无偿提供了700万元的帮扶资金，并以470万元作为技术入股塘约村的农业产业园建设。目前，占地300多亩的农业产业园已初具规模，其中新建成的育苗中心区、高科技展示区、采摘体验区和示范种植高产高效区，每年可产生近600万元的经济效益。

（二）深化农村产权制度改革，增强农村发展的“内生动力”

塘约村抓关键、牵住农村改革这个“牛鼻子”不放松，将全体村民组织起来，建成“村社一体”的合作社，让村民自愿把承包地确权流转到村成立的合作社，进而做到农村土地承包经营权、林权、集体土地所有权、集体建设用地使用权、房屋所有权、小型水利工程产权、农地集体财产权“七权同确”。“七权同确”厘清了个人与个人、个人与集体的财产界限，实现了土地所有权、承包权和经营权“三权”分裂，巩固了村集体所有制，为农村产权交易打下了基础，促进了城乡生产要素的自由流动和农村资源的优化配置，推动了土地适度规模经营，巩固了集体所有制，把改革的成果更多、更公平地惠及到了塘约村全体村民，为农村改革寻找到了一条新的路径。

一是“七权”叠加确权登记，明晰农村产权“身份证”。对全村林地、土地、宅基地进行测绘，确权颁证，开展农村土地确权试点工作。对农村土地经营承包权、集体土地所有权、林权、集体建设用地使用权、房屋所有权、小型水利工程产权、农村集体财产权“七权”进行确权登记，让土地有了通行证，作为资本流通，实现流转使用权、入股经营权、放开管理权的“三权分离”，明晰了农村产权“身份证”，形成“土地所有权、承包权、经营权”三权分置。改革推动，“死资源变活资本”，土地经营权参社入股后，按照合作社占30%、村集体占30%、村民占40%的收益分配模式进行利润分成。“七权”叠加确权登记，为产权交易打下了基础，促进了城乡生产要素自由流动和农村资源优化配置，推动了土地适度规模经营，加快了“三产”融合发展的步伐，增强了农村发展的“内生动力”。全村共流转土地745户2860亩，入库农村耕地确权面积4155.39亩（集体耕地98.23亩），林地2097.92亩（集体林地1252.38亩），房屋482宗，集体水利工程15宗。全村921户农户中，有876户加入金土地合作社，入股土地3843亩，为农业生产集约化、标准化、规模化发展创造了条件。[1]

二是率先在安顺市建立土地流转中心、股份合作中心、金融服务中心、营销信息中心、综合培训中心和权益保障中心“六个中心”。建立土地流转中心，引导农民自愿流转土地，把千家万户从单打独斗的生产方式转变为连片开发、机械化耕作、规模化经营模式，实现流转使用权、入股经营权、放开管理权的“三权分离”，使“实产”变“实权”，“实权”变“实钱”。建立监督运营中心，一方面，对土地用途与流转规模进行监督，防止土地兼并，过分集中，防止土地变相为私有化；另一

[1] 参见孙远桃、李宇：《平坝区塘约村：“七权同确”跑出小康“加速度”》，载人民网：http://gz.people.com.cn/n2/2017/0305/c222152-29804090，最后访问日期：2018年1月5日。

方面，强化合作社集体资金收益、分红落实、合作社基础性建设、村级公益事业集体资金使用等跟踪监督，让群众清楚合作社赢利情况，知晓村集体资金使用情况，尊重群众的知情权，保障村民的合法权益。建立股份合作中心，搭建融资众筹平台，拓宽增收致富渠道。建立金融服务中心，为股份合作社提供金融支持，为农民贷款提供高效便捷服务，突破资金发展"瓶颈"。建立营销信息中心，搜集市场信息，搭建市场平台，健全物流，为合作社提供农产品供求、价格、市场信息、品牌打造、策划营销方案等，实行订单生产销售，有效应对市场风险，确保山货出村，稳定收益。建立综合培训中心，建立导师库与实践基地，依托"政策下乡""科技下乡"等活动的开展，提高农民素质和合作社管理水平。塘约村探索实施并形成的"1+6""村社一体、合股联营"发展模式，通过实行一套完备的产业经营体系，抵御了规模化经营中存的管理风险、市场风险、金融风险、流通风险、成败周期率风险，为农村脱贫探索出了一条有保障的新路子。

三是探索"三权"促"三变"的路径。在推进精准脱贫过程中，塘约村深化"资源变股权、资金变股金、农民变股东"的"三变"发展模式，引导农民通过土地承包经营权、林权和房屋抵押担保贷款，打造"三变"资金保障平台，为合作社提供金融支持。"合股联营，小农户变成大股东"，为解决农业发展风险及资金不足问题，塘约村引进农村信用社金融服务入驻本村，引导农民通过土地承包经营权、林权和房屋抵押担保贷款，积极搭建农村产权流转管理中心+评估、担保、贷款"一中心三机构"平台，将抵押、担保、入股等交易品种放入平台交易，打造"三变"资金保障平台，巩固"三变"成果，为合作社提供金融支持，为农民贷款提供高效便捷服务，突破了资金发展"瓶颈"。同时，引导社员和合作社参与农业保险，降低农业生产面临的自然灾害、市场变动等风险。2016年以来，合作社累计为农户提供金融担保贷款金额900多万元，种植熟脆红李、核桃、软籽石榴等经济作物2850余亩。将15宗水利工程评估价值为800余万元，以塘约村金土地合作社作为贷款主体向农村信用社贷款320余万元。[1]

（三）创新群众工作机制，推进村民自治自律

塘约村创新群众工作机制，不断完善群众自治和法治建设，帮助群众分清并找到依法解决问题的途径，村民参与村级管理和村寨建设的积极性及自我约束能力明显增强，促进了社会矛盾的化解，维护了社会的和谐稳定，助推了全面小康新农村建设。

一是通过村支"两委"和村民代表大会，研究制定规范村民行为的"红九条"，[2] 实行村民自治。"村民自治，小条约治理大难题"，率先组建村民议事会、红白理事会和老年协会"三会"，推行酒席申报备案制度，除婚丧嫁娶外，不得操办其他任何酒席，还明确了红喜八菜一汤无大菜，白喜盆盆菜不发整包烟、不发纪念品。九条规定由村民相互监督，自我约束，如有违反，以户为单位，村支"两委"经组委会核实后，一律纳入"黑名单"管理，考察期为3个月。考察期间，不享受

---

〔1〕 参见胡丽华：《安顺市平坝区塘约村改革发展经验引起广泛关注》，载《贵州日报》2016年12月9日，第1版。

〔2〕 塘约村"红九条"明确规定了违反以下"九条规定"的村民，一律纳入"黑名单"，一是不参加公共事业建设者；二是不交卫生管理费者（每月每人2元，外出务工人员不计）；三是乱办酒席铺张浪费者；四是贷款不守信用者；五是房屋乱搭乱建、不按规划者；六是配合组委会工作不积极者；七是不执行村支"两委"重大决策者；八是不孝敬父母、不赡养父母者；九是不管教未成年子女者。

村里的任何服务和国家任何优惠政策，期满考评合格后，“黑名单”自动解除。自2015年7月实施“红九条”以来，村民参与村级管理和村寨建设的积极性及自我约束能力明显增强，乱搭乱建行为得到有效控制，村容村貌焕然一新，好人好事层出不穷，文明新风遍及全村。[1]

二是通过村民选举产生监督委员会，一方面，代表村民对村集体资金的使用、集体土地的用途与流转、合作社股份收益、基础设施建设、公益事业建设进行监督，确保村集体经济收支来得清、用得明；另一方面，强化对合作社集体资金收益、分红落实、合作社基础性建设、村级公益事业集体资金使用等的跟踪监督，让群众明白合作社赢利情况，清楚村集体资使用情况，尊重群众的知情权，保障村民的合法权益。通过村民选举产生合作社监督委员会，对土地用途与流转规模等进行监督。

三是积极创新法治和群众工作“四个一、四促进”模式，[2]不断完善法治建设和群众自治，助推全面小康新农村建设。搭建村级公共法律服务和群众工作室，依法制定村规民约，坚持“四民主、两公开”，充分发扬民主。对于重大事项及热点、难点问题，首先召开党员大会进行通报，广泛征求意见及解决办法，然后再召开村民组长、村民代表以上会议，广泛听取意见，通过会议表决的形式确定最终处理办法。构筑村“三级调解网络”，成立了由村支部书记任主任，村委主任和专职调解员任副主任，村民代表和各村民小组组长为成员的村人民调解委员会。在人民村调解委员会的指导下，组建了有较高威望的寨长、家族长者、退休人员、志愿者组成的矛盾纠纷协调会（老协组委会）。村里各个村民小组成立了由小组长、相邻住户组成的村民组调解小组。村民如产生矛盾或发生纠纷，按照所属村民小组、矛盾纠纷协调会（老协会）、村人民调解委员会逐层调解；聘请法律顾问为村民服务，通过律师参与信访、开展法律咨询、提供法律宣传等服务，积极为村民信访案件的处理提出切实可行的法律意见，推动依法解决信访问题，提升信访工作法治化水平，帮助群众分清并找到依法解决问题的途径，促进了社会矛盾的化解，维护了社会的和谐稳定。创新开展法治和群众工作“四个一、四促进”模式后，塘约村呈现出打架斗殴、游手好闲、聚众赌博的少了，阻工堵路、聚众闹事的少了，村民的负担少了；发家致富奔小康的多了，发生纠纷后依法调处的多了，村集体公益事业建设呈现出“三多三少”的良好景象，促进了村级各项事业的健康发展。

三、启示

塘约村用2年多的时间，从一个贫困村变成“产业兴、人心聚、村民富”的小康示范村，在决胜脱贫攻坚、同步全面小康实践中作出了表率。塘约村之变，根本原因在于有一个好的基层党组织，关键在于选对了路子。塘约村在进一步深化农村改革，加强和创建农村基层工作，特别是基层党建工作方面做了有益的探索。对于我国当前进一步深化农村改革，加强“三农”工作具有重

---

〔1〕参见杨启祥：《平坝县乐平镇塘约村“红九条”规范农村管理》，载贵州基层党建网：http://www.gzjcdj.gov.cn/detailnew.jsp?NewsID=234491，最后访问日期：2018年1月6日。

〔2〕“四个一、四促进”模式：一个经济实体组织，促进增收致富；一支调解稳控队伍，促进乡村和谐；一名联村服务律师，促进依法治村；一套自治管理机制，促进自治民主。

要启发作用。

(一)坚持中国特色社会主义道路

塘约村之路,是不断发展壮大集体经济,努力增强自身“造血功能”之路。塘约村的奇迹,不是出了多少富翁,而是在极短时间内实现了对贫困户的逐户销号,让每个村民用自己的生动实践诠释了小康梦、中国梦。塘约村党支部推行包括全体村民在内的“强弱联合”合作社,丰富和完善“统分结合”的双层经营体制,推动多要素联动,着力“带动”农民而不是“代替”农民、“融入”农民而不是“挤出”农民,把改革的成果更多更公平地惠及全体村民。塘约人因此对自己的路子有了更多的发展自信、文化自信、制度自信。塘约村发展之路的成功正是因为激发了广大群众的内生动力,运用再造集体经济产生的凝聚力,重构乡村治理体系产生的向心力,根治当下的“三农”病,解决决战贫困、同步小康阶段扶贫帮弱的问题,体现了基层组织更牢固、抱团发展路更宽、帮弱扶贫不走样的发展自信。农村的问题,根本上还是要靠农村和农民的内生动力的激发,所有的帮扶都是外因,关键是要靠内因起作用。依靠这一新型的农业经营主体,塘约村实行集体所有制,将村民重新组织起来,全村抱团走上了集约化发展路子,取得了显著成效。塘约村坚持道路自信,抓关键、牵住农村改革这个“牛鼻子”不放松,通过发挥基层党组织的战斗堡垒作用,带领群众发展集体经济的“塘约道路”与中央关于农村土地制度改革的最新意见非常相符,为农村的脱贫致富闯出了一条新路和“样本”,也为中国西部地区精准脱贫积累了经验。

(二)坚持中国共产党领导

塘约村之变,关键在改革,根本在好的基层党组织。“党建引领,让小支部发挥大作用。”塘约村仅用 2 年多的时间就从贫困村变成小康村,根本原因就在于坚持党的领导,有一个好的基层党组织。塘约村之变,关键在党,关键在人。塘约村是靠村支部引领改革发展,通过体制创新激发内生动力,使全村具有了强劲的生命力和成长性。首先,对党员干部实行“积分制”和“驾照式”管理,对拉帮结派、作风不良、党性原则不强的党员,劝其退出党组织,切实提升了基层组织的战斗力和执行力。其次,鼓励有大局意识、办事公道、作风正派、致富能力强的有志青年加入党组织,为党组织注入新鲜“血液”,为基层党组织培养“接班人”。再次,建强农村基层组织,走改革之路,通过整合农村资源,走产业化经营,实现要素统一,通过“村支、村委 + 合作社”这一有效形式,带领村民一同创业、共同致富。最后,为适应农村发展,塘约村设立总支委员会,把支部建在村民组与村民组之间,在每个村民组成立党小组,把零星的“散兵游勇”党员组织起来,除了党小组,还把村民代表重新组织起来,每 15 户选取 1 名能够代表村民合法权益和合理诉求的。选出来后,在召开村民代表大会的时候进行民主决策和民主监督。塘约村坚持党的领导,通过抓治理、全面推进农村社会治理结构调整,有效推进了乡风民俗的改变和改善,推动了“三农”工作的开展。

(三)坚持社会建设与经济建设协同发展

单纯的经济性扶贫难以形成持久的造血功能,没有社会建设的经济行为一定会失败,若没有有效的社会建设,则其后果只能是贫富的两极分化。塘约村的成功经验证明:社会建设与经济建设必须相互依存、协同发展,只有坚持社会建设与经济建设有机统一,在维护社会发展的过程中才能有真正经济的发展。塘约村在坚持和完善农村基本经营制度的前提下，深化农村产权制度改革，落实农村土地“三权分置”，激活农村沉睡的资源、资产、资本，对全村土地经营权、林权、集体土地所有权、集体建设用地使用权、房屋所有权、小型水利工程产权和农村集体财产权“七权”进行登记备案、确权颁证、评估认定，通过产业和股份把农业企业、村集体、合作社、农民的利益联结起来，让分散的资源聚集化、模糊的产权清晰化、集体的资产市场化，再造双层经营“统”的功能，探索推进农民由“分”到更高层次的“合”；以产权制度改革助推村级发展，通过把全村土地集中起来，对资源和要素进行整合，让分散的资源聚集化、模糊的产权清晰化、集体的资产市场化，再造双层经营“统”的功能，达到了“1 + 1 > 2”的效果。塘约村因地制宜建立村办企业，将农产品从土地上生产出来进行深加工，延伸其产业链，做到将第二产业和第三产业融合在一起，不断壮大村办企业，壮大了村级集体经济，增加了农民收入，同时也增强了村级党组织的凝聚力和战斗力，走出了一条西部贫困地区农村集体产权制度的改革新路。塘约村向改革要动力，充分激活农村内生动力，形成推动发展的簇新力量，促进了农村集体经济组织再造和乡村治理模式重构，实现了强农业、富农村、惠农民，开创了“三农”工作新局面。塘约村的实践与中共中央办公厅、国务院办公厅《关于完善农村土地所有权承包权经营权分置办法的意见》和《关于加快构建政策体系培育新型农业经营主体的意见》的精神非常相符，体现出重要的现实意义。在新的历史条件下，创新农村集体经济和土地制度，实现乡村社会建设与经济建设必须相互依存、协同发展，这是构建乡村主体性的基础，是充分发挥今天中国土地集体所有制优越性的结果，也是中国社会主义市场经济的重要意涵。这样，中国的乡村发展必将出现新的局面。

普定“村企合一”：解决农村发展中“空心”“空巢”“空壳”的有效途径

高守应*

农村发展的目标是什么？是让所有的村民从身有所栖到心有所寄，让生态美、百姓富。欲达到这个目标，需要我们在解决农村“空心”、农民“空巢”、农业“空壳”等问题上下功夫。而农村普遍面临的问题是，长期由“留守老人、留守妇女、留守儿童”驻守，最凸显的问题是“谁来种地，怎么种地”这一难题。

安顺市普定县的化处镇水井村、化新村分别率先从2015年起，村支“两委”决定借鉴龙场乡秀水村实施的“五股——人头股、土地股、效益股、孝亲股、发展股”扶贫发展新模式，成立村级企业，开展农业公司开展规模化运营。例如，水井村成立了村级公司——莲花产业发展公司。该村结合当地的实际，进行改革创新，设置“人头股、土地股、管理股、发展股和公益股”，股份分红的比例结合广大村民的意见和建议做了相应的调整，并写进公司章程固定下来。化新村组建的公司在把原来的私营农业企业整体转为村级企业进行运营，增加土地经营权流转的量，科学规划，进行扩大生产。同样设置“人头股、土地股、管理股、发展股和公益股”，股份分红的比例同样通过召开村民大会，结合村民的合理化意见和建议做相应的调整，并写进公司章程认真落实。按照制定的公司章程，进行规范运作。村支“两委”成员交叉任职，如果村委会主任任公司总经理（法人），则村支书任公司监事长，监督公司的发展，反之亦然。公司总经理的职责主要是抓公司的建设发展。公司监事长除监督公司发展外，还要重点抓好村级发展规划的编制实施，处理好日常党务和村级事务，发挥党支部的战斗堡垒作用和党员的先锋模范作用，依法带领村民按照村民委员会组织法开展村民自治管理。

以水井村为例，该村连片种植的600多亩小红葱，每天平均解决50多位60岁以上老人到里面做工，每人每天收入至少60元。种植的1100多亩莲藕，除了花期观赏外，莲藕产品还进行深加工而生产高附加值的莲藕产品，莲子、莲蓬等加工成莲子茶和艺术品，废料解决村养殖场的猪饲料，养殖场的粪便产生的沼气用于照明等，发酵后的粪便成为最好的农家肥，用于该村小红葱、朵贝茶种植的生态农家肥，推动循环生态农业经济的发展。山上利用原有数百年的朵贝古茶资源，繁殖扩大朵贝茶种植面积，经营好朵贝茶品牌。在村域进行“茶山荷海”山地现代高效农业

---

* 贵州省安顺市社科联（院）党组书记、常务副主席（副院长）。

工程实施，既打造了特色莲藕农产品系列品牌，又巩固提升了朵贝茶的品质和品牌，实现了农旅一体化立体发展。

实施“村企合一”以来，村支“两委”每年要从公益股中拿出10余万元进行公共文化服务等设施的建设。村里先后修建了各村民组的公共厕所、文化活动场，有效推进“四寨农家　美丽乡村”建设；为大坡组修通联组公路，解决大坡组农产品“进出难”的问题；支持嘎打布依族村民组建设布依族文化传承保护设施，并支持其每年举办“六月六”节日文化活动；开展助学教育帮扶，对村民考上高中和大学的子女进行奖励，对贫困户子女上学进行支持；村内所有“五保户”死亡后全部由村委会负责安葬。

2016年公司按照“茶山荷海”山地现代高效农业工程规划，在荷花盛开的季节，先后邀请安顺市文艺界的艺术家到水井村采风，以“茶山荷海”为素材进行书法、美术、文学、摄影灯创作宣传，邀请社科界的相关专家到水井村实地考察调研，给公司的发展“把脉”，给公司的发展出谋划策。在此基础上，2016年村支“两委”和公司策划在连片建设成功的1100多亩“荷海”中举办首届“普定县水井村荷花文化节”，成功推介了水井村的观赏荷花旅游产品，每天吸引上千游客到水井村观赏荷花，到农家乐品尝特色莲藕食品。在驻村“第一书记”王泽勇的指导和引导下，邀请相关专家到“荷海”实地考察，充分利用莲藕、莲子和莲蓬，创意设计开发出了生态养生莲藕系列食品、莲子茶、莲蓬浮雕艺术品、荷珠手链、挂件等文化旅游商品。

村支“两委”和公司还认真实施“精准扶贫”，每户贫困户贷的5万元“特惠贷”，交给公司运作发展，公司每年给“特惠贷”贫困户发放3000元红利。通过对“特惠贷”的应用，公司先后在村内建设了养殖场和莲藕加工厂。

水井村实施的“村企合一”有如下两个改革创新。

第一个改革创新是村民手里的承包土地全部流转到公司，流转费用：地，每年每亩460～600元；田，每年每亩600～800元。由公司一次性支付给村民。年底从公司利润中拿出5%按照流转土地的多少分红给村民。人头股按照公司利润的20%分红，管理股占利润的30%，主要解决公司管理人员的薪酬。

第二个改革创新是25%的利润用于公司的滚动发展，为发展股，作为公司的积累留存公司，壮大公司的实力；20%的利润为公益股，用于村里的公益事业，如文化基础设施建设、文化遗产的传承保护等，其中的3%专项用于对贫困户的扶持。

化处镇通过总结提炼，进行科学规范后，党委政府行文按照水井村、化新村的模式在该镇条件成熟的水母、朵贝等村进行推广实施，取得了初步成效。

普定县针对这一创新模式，对全县有条件实施“村企合一”的村进行有序的推广实施，由县人民政府向每个成立村级企业开展“村企合一”的村，给予成立的公司注资100万元，明确由乡镇政府组织实施，100万元产权归村所有，开展“村企合一”运营。

马官镇则由镇政府组建镇级“普定天玉扶贫开发有限公司”，负责制订全镇实施“村企合一”村成立公司的资源规划，指导成立公司后的村级企业科学健康运营发展，同时解决村级企业缺乏有资质的财务管理人员的困难，由镇公司统一对实施“村企合一”的村级企业进行“一村（公司）一账”管理，有效监督村级企业的发展，推进村级财务向村民公开，接受村民监督。第一批推广实施的马堡社区、金荷村、马官村等,结合村内的资源优势,在镇公司的指导下,准确定位好村企业的主营业务,从而实现“一村一特色”“一村一产品”的扶贫发展新格局,引领贫困户提高自我发展的能力,增强造血功能,从而壮大集体实力,甩掉“空壳村”的帽子。

补郎乡本杰村农业发展公司,以山地现代高效农业为抓手,依托该村山地资源,集中流转土地栽种精品水果,在水果未挂果之前,在水果树下进行辣椒、大豆、花豆、洋芋等蔬菜栽种,以短养长,同时利用县政府注资的100万元发展养殖业和烤酒业,走循环经济发展之路,取得了初步成效。

猴场乡率先在猴场村实施“村企合一”,重点开展“仙马土牛”养殖,打造地地道道的“仙马土牛”品牌。在大地村发展优质肉兔养殖,第一批已经出栏。

坪上镇在沙锅村推广实施“村企合一”,开展“硝洞土鸡”养殖,畅销县内外,供不应求。

“村企合一”正在普定县的12个乡镇办事处条件成熟的村健康有序的推广,有力推动农村发展的改革创新,加快同步全面小康建设步伐。

通过走访调研,普定实施的“村企合一”农村发展扶贫创新模式,有效解决了农村发展中“谁来种地,怎么种地”这道难题。真正把分散经营的土地资源在自愿有偿的原则下进行了有效集中,打破土地集中中各自为政这个主要“瓶颈”。通过准确的确权方式,对村民承包的土地的经营权进行流转,提升了土地规模经营水平,有效带动村民开展连片种植,养殖业实现规模化。农业生产和服务由公司专业提供,有效提升现代农业的经营和服务水平,促进农民增收致富。

第一,“村企合一”解决村民就地当“工人”实现就近就地就业,“空心”的农村变实了,“空巢”的农民回家了,集中村民承包的土地等资源开展规模化、集约化经营,由村支“两委”和公司共同创建培育农产品品牌,统一开发农产品市场,增加农产品的特色,提高农产品的附加值,增加村民收入。

第二,“村企合一”让村支“两委”与公司发展形成民惠民富民共同体,进而实现资源、资金、技术的优化配置,管理统一、信息共享;真正发挥村党支部的战斗堡垒作用,抓好党员的教育和培养,发挥党员的先锋模范作用,抓好村级公务公开工作,接受村民的监督,公益事业统筹安排落实,“生态美、百姓富”同步建设实施,通过实践凝聚人心,形成合力,从而探索出了一条“强党建、兴产业、聚民心、促发展”村企共建、共谋发展的农村改革发展新路径。

第三,“村企合一”让村级集体积累由“空壳”变为实体,让村支“两委”有权管理村级事务的同时,有钱为村民办好事、实事,在推进公益性事业发展中,进一步夯实农村党支部和村委会的根基,凝聚村支“两委”的工作合力,凝聚民心,抱团发展,促进农村的健康发展。

第四,“村企合一”让农村产权确权、赋权、易权“三权”真正落到实处,让农民对村支“两委”和公司的工作放心,自愿主动参与村的建设管理,村支“两委”和公司让村民拥有的特色资源成为村民共同建设发展的股权,投入进去的资金成为分红的股金,农民自己成为公司真正的股东,年底还能分到红利。有效让村民所有的产权通过有效的确权、赋权、易权这“三权”的处理,促进资源变股权、资金变股金、农民变股东,通过“三变”释放村民产权的内在活力,推动村民积极主动参与村级事务的处理和公司发展的谋划,激发村民想发展、谋发展的内生动力,让生态美、百姓富,让所有的村民从身有所栖到心有所寄。

在调研过程中,我们看到推广实施当中仍存在的一些不利因素:

部分推广实施“村企合一”的村还存在“两张皮”的问题,即村支“两委”与公司是分开的,与“村企合一”相悖。

很多推广实施“村企合一”的村对化处镇水井村、化新村“村企合一”模式的了解存在较大的差异,村支“两委”班子在公司的发展上全心全意,对村级规划、组织建设、村民自治管理等方面的发展有所忽视。

一些人把县政府注资村级公司的100万元看作“唐僧肉”,都想分一点,甚至有些村支“两委”干部能力相对弱的地方,一些人打算以成立村级公司名头,行自己的私利。另外,“特惠贷”只有3年的时间,很多人没有看到这短短的机遇。

很多村支“两委”对所领导和管理的村域内的资源缺乏认识,搞不清楚有哪些优质资源,有哪些劣势,有什么特色,向何方发展;加上对公司运营的陌生,对市场风险存在恐惧。因此,对成立村级公司实施“村企合一”没有底气和信心,村支“两委”主要领导对实施“村企合一”缺乏自信。

针对以上存在的困难和问题,要让“村企合一”得到有效的推广实施,笔者认为,“村企合一”必须首先在有条件的村开展,并在推广实施中不断地总结,进行科学规范、引导和有效的指导,特别是市场的开拓,即只能循序渐进逐步推开,绝不能为追求政绩盲目推进。如果盲目推进,可能会造成资金的沉淀和浪费,挫伤村支“两委”干部的工作积极性,出现“一朝被蛇咬,十年怕井绳”的困境,甚至让村民的资产“打水漂”后,村民对村支“两委”不信任,再重新组建公司就非常困难。允许出错,但绝不允许出现重大失误,给“村企合一”推广实施带来负面效应。因此提出如下建议:

第一,以乡镇为单位进行科学规划。“村企合一”要按照“一村一特色”“一村一产品”“一村一主业”“一村一生活”“一村一境界”等来实施,这既是推广的目标,也是路径。这样可以避免过多同质化雷同发展,让“村企合一”推广实施,真正做到特色鲜明、产品适销对路、村民积极参与、村支“两委”活力四射,实现一个乡镇一个大特色,一村一个好精品,村支“两委”与公司真正成为“为民、惠民、富民”的共同体。通过公共文化服务实施的建设管理,民族民间文化的传承弘扬,让实施“村企合一”的每一个村有一个与众不同,传承良好家风家教的感人动人的民族民间文化故事,全村实现生态美、村寨靓,成为老百姓充分享受的“物质花园”;实现百姓富,文化活动丰富精彩,又是老百姓充分感受的“精神家园”,让“全面同步小康”的目标由梦想变为现实,让看得见山,望得见水,记得住乡愁在美丽的农村呈现。

第二,不能追求政绩而急功近利“一刀切”,要选择在村支“两委”班子团结、齐心协力干事,村干部中有公司经营理念和农产品市场开拓的人的村进行,让这些村在推广中带头做示范、做引领,激发和调动相邻村实施“村企合一”的积极性和主动性。

第三,乡镇一级要采取切实有效措施,帮助村支“两委”搞清楚村内的资源禀赋和特色,让组建的公司利用好有效的资源禀赋和特色,支撑村级企业的发展,开拓好产品广阔的市场。同时,也要引导用好仅有3年时间的“特惠贷”,解决公司发展壮大融资难的困难和问题。

第四,乡镇要认真抓好“村企合一”的监督管理,特别是对村级公司的财务监督和管理,既要发挥村支“两委”在组织建设、村民自治管理的“领头羊”作用,在公益性事业方面有所作为,同时要在公司的发展上尽心尽力,壮大村级集体实力,用好村级集体积累,为村民多做好事实事,赢得民心,聚力发展。

“秀水五股”:安顺兴伟集团对口帮扶普定县秀水村,集团董事长王伟通过与乡亲们共同商量,承诺“集团的投资全部送给村民,企业(兴伟集团)一份股份都不留,一分效益都不要”。对所有产业项目的经营效益的分配,实行人头股、土地股、效益股、孝亲股、发展股等“五股”持有,按照“五股”的红利比例进行年终分红,从而形成在推进“三权”促“三变”(对农村各类产权进行确权、赋权、易权,促进资源变资产、资金变股金、农民变股东)农村精准脱贫攻坚探索的一种创新模式——“秀水五股”模式。具体内容如下:

人头股占10%:秀水村村民,人人有股。土地股占30%:每分土地为一股,入了几分算几股。项目建设期间,秀水村每户每亩每年入股土地分红达不到500元时,5年内由兴伟集团补足500元土地分红股金,如超过500元土地分红,土地入股村民优先每亩分红500元后,再享受土地入股分红政策。效益股占30%:一分劳动一份股,参与劳动才有股。在建设期间,以投工投劳方式参与项目建设的秀水村村民,按每日出工统计工分,并按照投工投劳相关考核制度进行考核,经过村民代表大会讨论通过,计入劳动总工分;在文化旅游产业未产生效益期间,兴伟集团给予每户每亩土地1000元保底补助金;项目建成后,各项目参与管理和经营的村民享有工资收入。孝亲股占5%:百善孝为先,孝亲在当前,65岁以上老人享有养老金。发展股占25%:对秀水村考取大学、大中专院校的贫困学子给予在校期间学费、生活费资助;对秀水村遇到重特大自然灾害、患重病的贫困农户给予救助。[1]

---

〔1〕 参见高守应等:《普定县“秀水五股”产业脱贫模式的调查与思考》,载贵州省社会科学界联合会编:《2016年首届哲学社会科学智库名家·贵州省学术年会论文集》。

贵州农村"三变"改革困与变

——以六盘水市为例

管毓和*

目　次

一、贵州农村"三变"改革具体做法

(一)资源变股权,让沉睡的资源活起来

农村可盘活的资源具体可以分为两大类:第一类是自然性资产,主要包括集体土地、森林、草地、荒山、滩涂、水域、风景名胜、古树名木等资产;第二类是可经营性资产,主要包括房屋、建设用地(物)、基础设施等资产的使用权,以及农民的土地承包经营权、房屋产权等资产。以这些资源入股经营主体,对于聚集发展要素,激活发展要素,推进农村加速发展具有重要作用。具体做法主要包括以下几个方面。

第一,清资核产、确权颁证。加快推进农村土地承包经营权、集体建设用地、集体林权、宅基地等农村产权的清查、核实并到相关机构确权登记。对资源、资产的底数和存量做到心中有数,构建权属明晰、流转顺畅的现代农村产权体系,这是"三变"顺利开展的前提。

第二,集体资产入股。经村集体经济组织全体成员同意,对农村集体土地、林地、草地、荒地、滩涂、水面、房屋、建筑物等资源和资产评估入股。玉舍海坪村把351亩集体荒山荒坡入股野玉海国家山地旅游度假区彝族风情街项目,村集体占股30%,村集体再将集体分红中的50%再分配给780名村民,其余用于支持村集体经济发展和贫困户救济,充分发挥了闲置资源的利用效率。

* 贵州省社科院农村发展研究所副研究员。

第三，农民个人资产入股。在坚持“三条底线”的前提下，即坚持公有制性质不能改变，坚持耕地红线不能破，坚持农民权益不能受损“三条底线”。积极引导农民将已确权登记的土地承包经营权入股，农民亦可将自有房屋、林权、水权等折价入股变为股权。盘县妥乐村把古银杏树入股到旅游公司，农民从公司门票中获利的同时通过出售银杏果增收，最大限度地盘活了该村1451棵古银杏树这一独特资源，真正把银杏树变成“摇钱树”。

（二）资金变股金，让分散的资金聚起来

各级财政投入农村的财政资金存在着资金分散、利用效率不高的现实问题，政府通过积极引导，将这些资金整合并量化为村集体或农民持有的资金，通过合同或协议方式投入优选产业，变为村集体或农民持有的股权，为助力“三变”提供资金支持。

（三）农民变股民，让增收的渠道多起来

第一，一般股东的保底分红和红利分红。农民以自己的资源、资产入股并持有相当份额的股权，在经营主体盈利之前只获得相对固定的保底分红，盈利之后按持有股份获取红利分红，如六枝特区月亮河乡的“1∶1∶8”分红模式、“1∶3∶6”分红模式和基本红利模式。

第二，企业员工的劳动收入。大多数企业会优先聘用当地农民为企业员工，参与园区的生产管理，并发放劳动报酬。水城县米箩镇建设了万亩猕猴桃产业园，公司优先雇用入股农民在基地务工，月工资2000～3000元，季节性用工平均每天50元左右，为农村闲置劳动力提供了就业岗位和增收渠道。

第三，政府主导的异地置产收益。政府帮助不具备脱贫的“两无”人员（农村无业可扶、无力脱贫）异地选准优势产业，把财政扶贫资金入股转化为“两无”人员持有的股份，从而获得收益并顺利脱贫。钟山区政府将整合的财政资金5140万元在中心城区购置100㎡商铺，产权由44个村的村集体所有，区物管公司对其进行统一经营管理，将所得收益分配给村集体和贫困户，预计每年每村可分红10万元以上。

第四，鼓励农村“能人”返乡创业增收。鼓励农民在“三变”改革中创业就业，支持返乡大学生、外出务工人员、乡土能人等回乡创业就业，在参与“三变”中转变思想观念，提升农民群众的素质和致富能力。

二、贵州农村“三变”改革特点

（一）推行面广速快

比如，六盘水市“三变”改革，已实现乡镇、行政村、农业园区全覆盖。除此之外，还覆盖了城乡结合部的17个社区、街道。农村资产确权颁证工作开展顺利，截至2016年第一季度，六盘水土地承包经营权权属调查面积232.09万亩，占应确权面积的50%；集体土地所有权发证面积1416万亩，已全部完成；宅基地使用权、集体建设用地使用权、集体林权等确权登记工作也在加速完成。资源、资产入股面积不断扩大，六盘水全市共有106.75万亩承包地、45.28万亩集体土地、8.48万亩集体林地、67.65万平方米水域水面、5.43万平方米房屋、2.52万亩集体草地、24.34万亩“四荒地”入股经营主体。资金整合力度大，六盘水市共整合财政资金6.5亿元，撬动其他各类资金43.55亿元。农民以及各类经营主体参与“三变”程度高,六盘水全市共有35.26万户,116.53万名农民通过“三变”入股变为股东,占六盘水全市农村人口的45.82%;共有614个经营主体参与“三变”改革,经营主体主要包括企业、合作社、家庭农场等。

(二)“三变+”渐成趋势

在“三变”的大格局下,各地经营模式更加灵活。例如,水城玉舍镇在“三变”的基础上又创造了富有特色的“水城路径”:“三变”+特色小镇+异地扶贫搬迁+山地旅游+特色产业+民族文化,真正实现了“三变”改革“百花齐放,百家争鸣”的良好局面。特色山地农业发展趋势良好,多种形式的承接载体蓄势待发。六盘水市按照“三线六带”规划布局,依托农业园区、产业基地优势,着力培育涉及农旅融合、易地置业、电子商务等“三变”改革承接载体383个,为改革的后续发展和纵深发展提供了后发动力。

(三)“三变”效益显著

比如,六盘水“三变”改革中,贫困户获取股权收益1.12亿元,股权收益脱贫6.59万人,脱贫率为23.1%。可见,“三变”改革效益非常显著。当然,除了“看得见”的经济效益外,其他效益诸如社会效益、生态效益也较明显。

三、贵州农村“三变”改革存在问题

“三变”改革作为壮大贵州农村集体经济、助推农民增收路径的创新之举,通过近几年的探索和实践虽取得了一定成效,但在深化“三变”改革过程中也面临着诸多问题和潜在风险。

(一)对“三变”政策认识不足

一方面,农民群众对“三变”政策了解不够。受小农思想的长期影响,农民参与现代农业经营的意识淡薄,积极性不高。部分农民对“三变”改革理解不够,出现了农民犹豫观望,对政策稳定性心存怀疑,害怕失地的顾虑等现象,甚至部分农民对政府、企业改变土地种植内容和方式有抵触情绪。另一方面,基层实施者推动“三变”改革的执行力不强。部分基层工作人员业务水平不高,对“三变”改革开展具体工作的方式方法研究不透,导致在可变资源摸排过程中,情况掌握不清,可变资源摸排不精准,改革推进慢。在具体实施过程中,专业合作社如何成立,成立后如何运转,如何协商确定股权比例,如何将资源、资金、农民有效整合,对基层实施者来说存在很大的困难,清楚何为“三变”,但“如何变”是难题,实际操作中缺乏专业技术指导部门。

(二)资源变资产基础薄弱

第一,确权基础薄弱。由于受财政收入水平限制,各地农村权籍调查投入严重不足。贵州全省都存在农村权籍调查历史欠账多,农村土地确权不精细,标准不统一等问题。村村之间、村组之间权属界限不够清晰、面积不够准确,也就不能精准确定资产。自然资源确权进展缓慢。

第二,确权颁证登记进展缓慢。由于存在集体产权归属不清晰、权责不明确、产权保护不严格等问题,部分村村之间、村民之间、集体与村民之间产权归属存在较多纠纷,确权颁证登记工作进展缓慢。

(三)资产变股权运行机制不完善

第一,基础配套机制不健全。“三变”股权交易随意化,股权的后续交易和退出机制不成熟。

“两权”抵押贷款，尚未出台相应具体实施细则等政策文件，农村资产评估体系和产权交易平台尚未建立，对未来资产交易处置缺少关键的框架基础，目前六盘水市只有水城县建立了农村产权交易中心，盘县拟建农村产权流转交易中心，未组建全市系统性的农村产权交易中心，农村产权要素流动、资源优化配置受限。

第二，农村股份合作中存在许多边缘性的法律问题。集体建设用地和宅基地“入市”没有法律支撑。土地的集体所有权没有土地的国家所有权那样完整，集体所有权受到一定限制，集体所有并已用于非农业使用的工商业用地、农民住宅用地（宅基地）等，进入市场增值时受到法律限制。

第三，资金、资源整合难。各级财政投入农村的项目资金，多属专款专用，具有相应管理使用程序，在资金使用性质不变、用途不变的前提下，资金整合和可变难度大，在“三变”改革中到位率低，影响经营主体积极性。扶贫资金变为股金要有上级层面的政策支持，财政资金能变为股金的资金有限，而且在目前资金管理严格的形势下，县级层面资金整合比较困难。有些资源相似、相邻的村，本可以整合资源，采取入股的方式盘活村集体资源，做大村集体经济，但由于小农思想的影响，各村分期发展，重复建设，制约了村集体做大做强。

第四，金融发展环境不够优化。“三变”改革的发展需要依托特色产业，如何发挥六盘水山地特色高效农业优势，将生态资源转化为持续经济收入来源，需要金融的介入，通过运用金融工具，加速资本聚集，推动实现资源的资产化。然而，在“三变”前期工作推动中，金融介入少，使政、金、企三方沟通不够充分，加之农村金融基础设施建设不够完善，信用体系建设不够深入，项目与资金的对接没有形成常态化的工作，经营主体金融知识普及程度还需要加强，农村产权抵押贷款难，金融机构积极性普遍不高。

（四）农民变股民利益保障难

第一，确股规则尚未完全形成。确权之后，如何确股，非常重要，在资源变资产的过程中，如何做到既维护入股农户的财产收益权，又确保企业生产经营的长期稳定是难点。由于农户主要依靠田土坎、水沟、田间道等自然地物作为承包地界线，适度集中经营可能需要归并原有田土坎、水沟、田间道等自然地物，平整成为集中连片、机械作业的耕地；为提高农业生产效益，可能还需要修建水利工程、机耕道等基础设施，改变部分原有地类，打破原有土地界线；也可能涉及分散居民点拆并集中，宅基地复垦。另外，承包土地经营权期限过短，农业经营主体不敢大量投资改造农业基础设施；期限较长，增产增效后，入股农民权益能否得到充分保障。如何平衡集体、农户、企业利益，保障入股农户权益，让农户接受土地平整、基础设施建设、居民点迁建的规则尚未完全形成。农村资源性资产还没有确股到户，资源集中，节约集约高效利用的新机制尚未建立。

第二，风险防控机制不够健全，农民利益保障难。现阶段，经营主体成立时间短，尚在起步阶段，金融介入少，还未经历经济周期和行业周期波动影响，风险爆发可能性相对较小，政府和经营主体风险意识还比较薄弱。随着“三变”改革工作的深入推进，在面对复杂多变的经济环境时，如何保障农民的利益不受损害，需要有一套科学合理的经济环境，如何保障农民的利益不受损害，需要一套科学合理的风险防控机制去帮助经营主体抵御风险。同时，如何选择符合当地绿色生态发展要求，具备发展潜力的行业，具备良好经营管理能力和先进技术的经营主体，帮助农民获得稳定收益走上致富道路，需要用科学发展的眼光对经营主体和行业的选择进行严格把关，排除潜在风险，进一步保障农民利益。

四、助促贵州农村“三变”改革科学发展的对策建议

当前“三变”改革在贵州农村大力推进，在促进农民增收、优化产业结构、提高农村经济发展质量等方面发挥了重要作用，其改革的成功经验值得借鉴学习。同时，其在改革过程中所出现的问题也值得我们深思。基于此，笔者提出以下几点政策建议，希望有助于进一步推动“三变”改革的顺利进行，促进农村集体经济制度的深化改革。

（一）加强对“三变”的宣传力度，充分调动农民群众参与改革的积极性

针对当前农民群众对“三变”改革认识不足而出现的犹豫观望，对政策心存怀疑的现象，政府应加大宣传力度，通过聘请专业人员进行详细讲解、新媒体宣传、发放宣传小册子等方式加深农民群众对“三变”改革的认识，解决农民的疑惑和后顾之忧，让农民能放心、大胆、积极地参与改革。与此同时，还要提高宣传工作人员对宣讲的认知程度、宣讲能力，改变宣传方式，要以农民喜闻乐见、机动灵活且易于接受的方式进行宣传。

（二）积极培育市场经营主体

市场主体，是“三变”改革的重要参与者和引导者。目前，参与推动“三变”的市场主体大多是中小型企业和农民专业合作社，资产规模小，经营项目单一，信用等级不高，管理不规范，抗风险的能力、依托科技进步的能力不强，带动群众参与“三变”、带动产业发展的作用发挥得还不够。为此应积极培育市场主体，对现有经营主体进行分类指导、扶强扶壮。同时，培育引进一批新经营主体，要借助外力，向上争取支持、向外引进要素、加大招商引资，培育和引进一批规模大、实力强、前景好的农业龙头企业参与“三变”改革。

（三）增强农业专业合作社的服务功能

当前，“三变”改革中的农业专业合作社的发起人，大多是农村致富带头人或者乡镇干部。这部分人有技术和管理能力，对于合作社的建立十分有帮助，但如果政社不分，则会产生行政过多地干预甚至控制合作社运作的问题，从而违背合作社的民主管理原则。因而，合作社应更加注重专业性，更好发挥合作社为农户提供技术支持、销售指导以及帮助农户获取市场信息的服务功能，以增强农户的自主发展能力。另外，农业专业合作社应注意防止资本力量对合作社组织的异化作用，防止其异化成以追求利润最大化为根本目的的公司或企业，在分配制度确立时应严格遵守资本报酬有限原则。

（四）建立健全基层组织保障

当前，确权颁证进度缓慢，清产核资工作跟不上。确权、量权工作量巨大，需要强大的人力物力支撑以及强有力的组织保障。然而，当前村级组织存在干部普遍年龄大、文化程度低、能力较弱等问题，导致改革缺乏有力的组织保障。针对当前村集体经济组织缺乏人才的现状，可通过上级政府向贫困村选派第一书记和驻村工作队、改革村级事业编制吸引知识青年回村就业、适当提高基层工作人员工资待遇等方式为基层组织输入更多新鲜血液，壮大基层组织。

（五）完善政策配套措施

当前，在村集体资产管理、壮大村集体经济、鼓励经营主体发展、激励农民创业等方面的配套政策还不完善，农村产权、股权交易政策还不匹配，股权交易平台、交易中心还未建立。应进一步建立并完善政策配套措施。着力打造产权交易平台、金融服务平台和信息服务平台，拓宽资金来源和产品销售渠道。加快农村产权交易平台、交易中心建设，引导土地流转双方入市交易，提高农村要素资源配置和利用效率；推进农村金融改革创新，推行集体产权抵押贷款、惠农直补资金抵押贷款、信用互助合作等模式，创新农村信贷产品，拓宽融资渠道；重视农村电子商务发展，有效利用“互联网＋”开拓农村产品销售市场。

（六）提高风险防范意识，完善风险防控机制

目前尚未建立资源变资产、资金变股金的风险防范体制机制，完全由市场决定的资金运营模式存在很大的市场风险，再加上农业自身的高风险性使农户的长期收益得不到切实保障，甚至可能加剧农户贫困。通过宣传引导“三变”改革参与主体提高风险防范意识；加强对“三变”改革的监督管理，包括加强经营主体管理，强化专项资金监管；建立风险准备金，扩大政策性农业保险覆盖范围，以增强风险防控能力。

（七）加强法律制度建设，确保农民权益有法可依

“三变”改革是农村集体经济体制的又一次创新，在探索改革的过程中，法律制度的缺失将会造成很多的不确定性，在出现利益纠纷时农民的合法权益难以得到有效保障。“三变”改革的土地确权工作以及农户以其资产入股合作社或企业等组织形式后的利益分配等方面都存在法律缺失的现象。农村集体用地的产权性质得不到法律保障，目前土地确权只是一种行政层面上的行为，难以在法律层面上找到强有力的依据。这使确权与量权的结果事实上并没有法律效力，如果产生纠纷，当事人的利益将难以得到保障。有关农户入股农业经济组织后的保底分红的法律冲突也不断出现。因而，加强法律制度建设对于推动农村集体经济体制改革至关重要。同时，在改革过程中，应努力规范农村土地流转合同的签订、登记等工作，使各个程序都符合法律的规定。

农村集体经济组织法人立法的现实基础与宏观思路

管洪彦*

目　次

一、前言

中共中央、国务院《关于稳步推进农村集体产权制度改革的意见》(2016年12月16日)中指出:"农村集体经济组织是集体资产管理的主体,是特殊的经济组织,可以称为经济合作社,也可以称为股份经济合作社。发挥好农村集体经济组织在管理集体资产、开发集体资源、发展集体经济、服务集体成员等方面的功能作用。"中共中央、国务院《关于加强和完善城乡社区治理的意见》(2017年6月13日)指出,"增强农村集体经济组织支持农村社区建设能力"。故为切实实现深化农村改革"激活主体"的要求,推进农村集体产权改革,加强和完善农村社区治理,为推进农业现代化提供法治保障,我国应该充分重视农村集体经济组织法人立法,因地制宜地赋予农村集体经济组织法人地位。《中华人民共和国民法总则》(以下简称《民法总则》)第99条,对农村集体经济组织法人的地位和法律适用进行了明确规定,标志着农民集体经济组织法人立法已经得到了民事基本法的确认。为更好地推动农民集体经济组织法人立法进程,促进农村集体经济组织法人发展,需要在农村集体经济组织法人立法的现有基础上对未来立法的宏观思路进行宏观设计。本文拟围绕农村集体经济组织的历史演变与发展现状,赋予农村集体经济组织法人地位的必要性与可行性,农村集体经济组织法人立法的未来思路三个方面的问题展开探讨,以期实现

* 山东政法学院民商法学院副教授,中国人民大学农业与农村发展学院博士后,山东省高校人文社科研究基地(民商事法律与民生)涉农法律与民生方向学术带头人、研究员,法学博士。

抛砖引玉之目的。

二、农村集体经济组织的历史演变与发展现状

(一)中华人民共和国成立后的历史演变过程

第一,中华人民共和国成立前,中国几千年来都是实行土地私有制,个人拥有土地产权,但是清晰的产权不仅没有带来高的经济效率,反而形成了封闭稳定的小农经济结构,导致经济进入了低水平陷阱。[1] 除了落后的生产力水平外,农业生产经营主体规模小、低效率应该是导致上述结果的重要原因之一。中华人民共和国成立后,为了提升农业生产效率,实现农业现代化和工业化的目标,党和政府在农业生产经营组织制度方面展开了一系列探索。1950 年通过的《中华人民共和国土地改革法》废除了地主阶级封建剥削的土地所有制,实行农民的土地所有制。为了解决劳动力、农机具、农田水利和田间道路设施等其他生产资料的不足问题,农业生产的互助合作被提上了日程。1953 年 2 月 15 日中共中央正式通过的《关于农业生产互助合作的决议》指出,为了克服农民在分散经营的困难,必须发展农民互助合作。互助组、初级社在保持生产资料私有的基础上,利用分工协作机制加强了生产合作,提高了生产效率,但是该阶段仍保留了生产资料的私有制,仍属于私有制下的农民互助合作组织的性质。1955 年 11 月 9 日通过的《农业生产合作社示范章程》第 1 条开章明义地规定:“农业生产合作社是劳动农民的集体经济组织。”1956 年 6 月 30 日通过的《高级农业生产合作社示范章程》,进一步明确了农业生产合作社(高级农业生产合作社)的社会主义的集体经济组织性质。该阶段的农业生产合作社已经属于社会主义性质的集体经济组织,已经成为社会主义公有制背景下农民集体所有制的实现形式。但是,受到社会政治背景的影响,当时的农村集体经济组织本质上还是实现政治目标的手段,而不可能是按照市场经济规律建构的独立市场经济主体。

第二,人民公社时期“政社合一”的阶段。该阶段典型的特征是“政社合一”,实行高度集中的“组织军事化、行动战斗化、生活集体化”的管理模式,结果导致人民公社掌控了辖区内所有的政治经济资源、生产活动和农民生活,强制推行“三化”,在农村大刮“强制命令风”“瞎指挥风”“干部特殊化风”,使农业生产和农民生活陷入了空前的混乱和危机。[2] 面对人民公社初期出现的一系列问题,中央进行了一系列的政策调整。1961 年 3 月通过了《农村人民公社工作条例草案》。1962 年 9 月党的第八届中央委员会第十次全体会议通过《农村人民公社工作条例修正草案》,该修正草案第 1 条明确规定,农村人民公社是政社合一的组织,是我国社会主义社会在农村中的基层单位,又是我国社会主义政权在农村中的基层单位。即明确了人民公社实行“政社合一”的体制。第 2 条规定:“农村人民公社一般地分为公社、生产大队和生产队三级。以生产大队的集体所有制为基础的三级集体所有制,是现阶段人民公社的根本制度。公社在经济上,是各生产大队的联合组织。生产大队是基本核算单位。生产队是直接组织生产和组织集体福利事业的

---

〔1〕 参见程瑶瑶、孔祥智:《一号文件与农民组织化——新世纪以来农民合作社发展的过程、问题与走向》,载《农村金融研究》2013 年第 6 期。

〔2〕 参见辛逸:《“农业六十条”的修订与人民公社的制度变迁》,载《中共党史研究》2002 年第 7 期。

单位。”即明确了人民公社“三级所有,队为基础”的根本制度。在该阶段,“政社合一”“三级所有、队为基础”是该阶段农村集体经济组织的核心特点,公社、生产大队和生产队这三级组织的集体经济组织功能被政治功能淹没,一味强调政治力量而忽视经济规律,决定了人民公社背景下独立的农村集体经济组织不可能存在。人民公社低效率的组织制度安排以及其与当时的政治环境约束是导致其最终走向失败的根源所在。正如有学者所言:“政治力量构成的制度环境约束与政府的强制性制度安排及其所隐含的逆向激励结构,应是人民公社低效率和失败的最基本的根源。”[1]可见,人民公社体制下,高度集中的“政社合一”制度决定了农村集体经济组织必然是政治组织的附庸,注定了农村集体经济组织不可能成为独立的市场经济主体。

第三,“政社分设”“家庭承包经营为基础,统分结合的双层经营体制”阶段。为了克服人民公社制度上的各种弊端,1978年开始,中国进行了广泛、深入的农村改革。主要体现在两个方面:一方面是在农业经营模式方面实行“包产到户”“包干到户”为主的家庭承包经营为主的农业生产责任制,打破了“三级所有,队为基础”的统一经营模式。另一方面是实行政社分设,重新建立乡、民族乡人民政府作为政权的基层单位。1983年10月发布的中共中央、国务院《关于实行政社分开建立乡政府的通知》提出要改革农村政社合一的体制,建立政社分开的体制。该通知要求根据生产需要和群众的意愿逐步建立经济组织。但是考虑到当时实际情况,该通知同时规定:“以自然村为单位建立了农业合作社等经济组织的地方,当地群众愿意实行两个机构一套班子,兼行经济组织和村民委员会的职能,也可以同意试行。”可见,当时我国确实是按照“政社分设”的原则开展改革的,但是由于当时客观情况的局限和群众意愿的选择,导致很多集体经济组织和村民自治组织实际上没有分开。结果,由于长期实行的计划经济体制以及各地经济发展不平衡等多种原因,直到现在我国多数地区并未建立起独立于乡镇政府和村民自治组织的农村集体经济组织,导致农村集体经济组织的职能一直由村民自治组织代为行使。结果导致长期以来的,我国的农村集体经济组织建设很不健全,多数地区的村民委员会和农村集体经济组织实行“一套班子,两块牌子”。故在这样的背景下,赋予农村集体经济组织以法人地位的社会环境尚不成熟。

(二)农村集体经济组织近年来的发展现状

进入20世纪90年代,随着中国农村集体经济的发展,很多地区的集体资产不断增加,特别是东部沿海地区表现尤为突出,为了实现集体资产的规模效益,构建归属清晰、权能完整、流转顺畅、保护严格的农村集体产权制度,有必要开展农村集体经济组织产权制度改革。农村集体经济组织产权改革过程中各地面临的一个共同难题是农村集体经济组织法律地位不明确、治理结构不健全、成员范围不清晰、管理不规范。为了克服农村集体经济组织制度的制度缺陷,各地对农村集体经济组织的法人实现形式展开广泛的探索,并积累了一定经验,具体实践模式主要有以下几种。

1. 合作社法人的形式。浙江温州推行的以推进城乡一体化为主要目标,以“三分三改”为主要内容的集体资产改革,新成立的村集体经济合作社下分设土地合作社和村集体经济股份合作

---

[1]　罗必良:《人民公社失败的制度经济学解理——一个分析框架及其应用》,载《华南农业大学学报》(社会科学版)2002年第1期。

社，即对农村集体经济组织进行合作社法人改造。山东省允许社区股份合作社取得农民专业合作社法人资格。山东省工商局印发的《农村经济（社区）股份合作社办理工商登记有关问题意见》规定："农村经济（社区）股份合作社依法登记，领取农民专业合作社法人营业执照，取得农民专业合作社法人资格。"《都江堰市农村集体经济组织管理办法》中的农村集体经济组织包括乡（镇）集体资产管理委员会、农业合作联社、农业合作社，即农村集体经济组织可以采取采取合作社法人的形式。相应地，法人证书分三类，分别针对乡（镇）、村（涉农社区）及村民小组三级集体经济组织。该种实践模式将农村集体经济组织注册为合作社法人乃现行法律制度中缺乏农村集体经济组织法人明确立法之不得已选择。

2. 公司法人形式。北京市部分地区对农村集体经济组织登记为公司制法人。对那些集体经济发展较好、市场化程度较高的直接改制为公司，按照股份有限公司或有限责任公司的形式在工商部门注册登记。这种形式主要集中在近郊部分乡村，以通州区和丰台区居多。[1] 对一些集体资产体量大，实力较强的村，一些集体经济组织改之后成立了以集体成员为股东的公司。为了规避股份有限公司需要对外公开募集资本的限制，一般的集体经济组织都改制成为有限责任公司。但是为了解决有限责任公司股东数量 50 人的限制，上海市闵行区先后尝试了不同的模式：一种是股东代持股份的方式；另一种是先成立社区股份合作社，再由社区股份合作社出资成立公司。[2] 广州市对于"城中村"社区集体经济组织的改革后来出现了向股份制公司的转变；深圳市对于农村社区集体经济组织的改革定位是建立股份合作公司。[3] 我国中西部地区也有将农村集体经济组织改制为公司法人的，例如，宁夏回族自治区银川市各个不同行政村采取了不同的组织形式，金凤区的保伏桥村、景湖村和银丰村分别成立了投资管理有限公司，按照公司法的有关规定注册为公司法人。[4] 这一做法实际上存在一定的问题，农村集体经济组织与公司法人事实上是存在较大区别的，结果导致公司法人的很多制度无法适用于农村集体经济组织。

3. 股份合作制法人形式。股份合作制法人是我国很多地区农村集体经济组织广泛采纳的改革模式，一般采取社区合作社法人形式。比较早开展社区股份合作制法人改革试点的是广州市天河区，该改革模式被称为"天河模式"。据悉，广东省目前全省颁发农村集体经济组织证明书的农村集体经济组织 239,416 个，占应发数的 99.8%，其中经济联合社（含股份合作经济联合社）22,275 个，经济合作社（含股份合作经济社）217,141 个。[5] 除了典型实践模式的影响外，地方立法的引导与保障也对农村集体经济组织法人起到了极大的推动作用。为了满足社会关系对法律调整的需求，20 世纪 90 年代初，广东省就颁布了《广东省农村社区合作经济组织登记办

---

〔1〕 参见李光熙：《北京市农村集体经济组织产权制度改革模式与政策建议》，载《北京市经济管理干部学院学报》2008 年第 4 期。

〔2〕 参见国务院发展研究中心农村经济研究部：《集体所有制下的产权重构》，中国发展出版社 2015 年版，第 246 页。

〔3〕 参见农业部课题组：《推进农村集体经济组织产权制度改革》，载《中国发展观察》2006 年第 12 期。

〔4〕 参见《股权改革让村集体资产"活"起来》，载《银川日报》2015 年 12 月 20 日，第 1 版。

〔5〕 参见国务院发展研究中心农村经济研究部：《集体所有制下的产权重构》，中国发展出版社 2015 年版，第 291 页。

法》。上海市宝山区也采纳该模式，将自愿申请入股的村民组织起来成立社区股份合作社，并给予工商登记，赋予法人地位，颁发《上海市农村社区经济合作社证明书》。浙江省专门颁布了《浙江省村经济合作社组织条例》，规定社区性农村集体经济组织可以向工商行政管理部门申请登记注册，取得法人营业执照。

三、赋予农村集体经济组织法人地位的必要性与可能性

（一）赋予农村集体经济组织法人地位的必要性

农村集体经济组织法人地位客观上亟待明确。目前，农村集体经济组织的关键问题，是缺乏具体形式和市场主体地位。[1] 首先，农村集体经济组织法律地位不明确。从现行法律法规分析，农村集体经济组织是农民集体资产的代表主体和行使主体，但是在我国多数农村地区，农村集体经济组织与村民自治组织混同，结果导致政经不分，农村集体经济组织的法律地位一直处于混沌状态。其次，农村集体经济组织缺乏法人地位导致其无法作为一个独立的民商事主体参与市场交易活动。在市场经济环境下，主体是交易的参与者和权利义务承受者，一个组织体要想在市场经济环境下参与交易活动，必须取得独立的市场主体地位。民法总则立法之前，农村集体经济组织无法归属于民法通则中的任何一种民事主体形态，这导致为数众多的农村集体经济组织无法在银行开户，无法与其他市场主体展开顺畅的交易，影响了交易的安全，阻碍了农村集体经济的发展。在自然人、法人、非法人组织的民事主体三元论的总体框架下，如何界定其民事主体地位关乎农村集体经济发展壮大和农村基本经营制度的完善。随着城镇化的快速推进，农村集体资产归属不清晰、权责不明确、保护不力等问题日益突出。有法律地位、没法人地位已经严重制约农村集体经济组织的发展。因此，农村集体经济组织独立法律地位的客观重要性与现行制度中地位的模糊性形成了鲜明对比，为适应深化农村改革的发展需要，完善农村集体经济的实现形式和运行机制，推进农业现代化，加快农村集体经济发展和保护集体经济组织成员权益，非常有必要赋予农村集体经济组织独立的法人地位。此外，我国不少地方开展的农村集体经济组织产权改革已经开始尝试赋予农村集体经济组织法人地位，甚至有些地方还制定了专门性地方性法规。但是，各地在实践过程中也遇到了一些难题，以致影响到了改革进程。主要是由于农村集体经济组织不同于我国现行立法中法人类型，现行的法人制度没有体现农村集体经济组织法人的个性。农村集体经济组织在改制为公司法人、合作社法人、股份合作社法人等法人形式的过程中均遇到过法律制度障碍，这进一步印证了对农村集体经济组织法人专门立法的现实必要性。

现行农村集体经济组织法人统一立法存在缺失。在我国宪法、民法通则、物权法等法律法规中，农村集体经济组织的概念频频出现。在行政法规、部门规章以及地方性立法中，农村集体经济组织更是频繁出现。甚至有些省市针对农村集体经济组织制定了专门的地方性法规，比如，《广东省农村集体经济组织管理规定》《湖北省农村集体经济组织管理办法》《都江堰市农村集体经济组织管理办法》等。虽然我国现行立法中频频出现农村集体经济组织，但是相关立法明显滞

---

〔1〕 参见张云华：《关于制定〈农村集体经济组织法〉的思考》，载《农业经济问题》2010 年第 5 期。

后。从宏观视角观察,目前涉及农村集体经济组织的法律、法规、规章、政策性文件等数量众多,但尚未形成完善的关于农村集体经济组织的法律框架体系。[1] 据中央农村工作领导小组办公室副主任韩俊介绍,目前我国集体经济组织的法律设计出现三个严重缺失:集体经济管理主体法律缺失、集体经济组织成员权管理法律缺失和集体经济组织法人地位法律缺失。[2] 从微观视角观察,首先,农村集体集体经济组织的概念和功能比较模糊。目前国家层面立法中对农村集体经济组织的概念缺乏明确界定,农业法将其定位为农业生产经营组织,也赋予了农村集体经济组织生产经营服务、社会化服务和公益服务等多种职能,但是却没有提供一个清晰的农村集体经济组织的概念。其次,专门性立法的层次较低。目前专门性立法仅存在于地方性法规层次,例如,广东省、湖北省均对制定了规范农村集体经济组织的专门性地方性法规。最后,现行立法中对农村集体经济组织与相关主体关系定位不清。目前,土地管理法、物权法等多部法律的表述中均将集体经济组织与村民委员会置于同样的地位,多次使用"集体经济组织或者村民委员会""集体经济组织或者村民委员会、村民小组"的法律表达,这实际上是对农村集体经济组织和村民自治组织的定位模糊体现,也是农村集体经济组织建设薄弱的客观体现。正如有学者指出的,迫切需要开展立法调研,明确农村集体经济组织的特殊法人地位,重点明确集体经济组织的设立、权利和运行方式,保障其依法公平参与市场竞争,并设计出一套的特殊的法律制度与政策支持体系。[3] 这进一步说明了加强农村集体经济组织专门立法的迫切性。

(二)赋予农村集体经济组织法人地位的可行性

1. 中央及国家政策已经做好了宏观的顶层设计。相对于立法方面的欠缺,中央及国家政策已经对农村集体经济组织法人制度做好了宏观的顶层设计,主要体现在近年来的中央一号文件和重要涉农改革政策中。中共中央、国务院《关于加大改革创新力度加快农业现代化建设的若干意见》(2015 年中央一号文件)指出"抓紧研究起草农村集体经济组织条例",该表述实际上已经旗帜鲜明地表明要制定农村集体经济组织的专门性立法。《深化农村改革综合性实施方案》指出,"明确集体经济组织市场主体地位""研究明确村党组织、村民委员会、村务监督机构、农村集体经济组织的职能定位及相互关系。在进行农村集体产权制度改革、组建农村股份合作经济组织的地区,探索剥离村'两委'对集体资产经营管理的职能,开展实行'政经分开'试验,完善农村基层党组织领导的村民自治组织和集体经济组织运行机制"。该文件中更加清晰地表明要赋予农村集体经济组织独立的市场主体地位,并且实现"政经分开",完善集体经济组织的运行机制,这为农村集体经济组织的改革提供了更为清晰的宏观政策指引。中共中央、国务院《关于稳步推进农村集体产权制度改革的意见》(2016 年 12 月 26 日)中进一步明确了农村集体经济组织成员集体和农村集体经济组织的关系。前者是所有权主体;后者是集体所有权的代表行使主体,要求有集体统一经营资产的村(组),特别是城中村、城郊村、经济发达村等,应建立健全农村集体经

---

〔1〕 参见杜国明:《农村集体经济组织的法律地位辨析》,载《生态经济》2011 年第 3 期。

〔2〕 参见《民法总则应给农村集体组织一张"通行证"》,载《法制日报》2016 年 10 月 25 日,第 10 版。

〔3〕 参见孔祥智、高强:《改革开放以来我国农村集体经济的变迁与当前亟需解决的问题》,载《理论探索》2017 年第 1 期。

济组织。并且再一次旗帜鲜明地指出要“明确农村集体经济组织市场主体地位”“抓紧研究制定农村集体经济组织方面的法律,赋予农村集体经济组织法人资格”。中共中央、国务院《关于深入推进农业供给侧结构性改革加快培育农业农村发展新动能的若干意见》(2017 年中央一号文件)再次指出,“抓紧研究制定农村集体经济组织相关法律,赋予农村集体经济组织法人资格”。上述两个文件更加明确地提出要通过立法形式赋予农村集体经济组织法人资格。

2. 相关理论研究已经为农村集体经济组织法人立法奠定了理论基础。除了官方政策文件的宏观设计外,农经学界、法学界的专家学者也围绕农村集体经济组织法人立法展开了理论探讨。农业部高度重视农村集体经济组织法人的立法工作。《十二届全国人大三次会议第 7821 号建议答复摘要》指出:“农业部正在积极开展农村集体经济组织立法课题研究,重点对农村集体经济组织法人地位、内部治理机制,以及与村民自治组织的关系等内容进行研究,为明确农村集体经济组织的法人地位奠定理论基础。”相关领域的学者围绕农村集体经济组织法人立法,也展开了较为系统的研究,主要体现在以下几个方面:(1)农村集体经济组织的现状与功能。村委会与村集体经济组织职能交叉,其功能与村级党组织、村民委员会截然不同(张晓山,2016 年)。法律法规中自始至终没有对农村集体经济组织给予定位(孔祥智、刘同山,2013 年)。集体经济组织法人地位缺失导致内部运行机制和外部政策环境恶化(张云华,2010 年)。设置农村集体经济组织法人有利于其更好地参与民事生活,有利于保护其成员和相对人合法权益(李适时,2016 年)。(2)农村集体经济组织的法律地位。在民法总则中应明确集体经济组织的特殊法人地位(韩俊,2016 年)。地位不清、概念模糊、功能混乱等立法缺陷导致农村集体经济组织在发展过程中缺乏有效法律支撑和保障(吴道闻,2014 年)。有法律地位而无法人地位,导致农村集体经济组织问题始终困扰着农村集体经济组织产权制度改革(方志权,2015 年)。(3)农村集体经济组织成员资格的确定。明确了集体成员资格就明确了集体所有权的主体(韩松,2011 年)。应坚持集体资源分配的公平性以及保障和经营的双重职能,构建层次分明的成员身份消灭制度(戴威,2016 年)。目前集体经济组织成员身份的认定无法可依,受当地乡规民约、传统观念和历史习惯等因素影响较大,乡土色彩较浓(方志权,2014 年)。集体成员的身份应该在集体财产所有权的前提下,结合成员的自治机制加以确定(任丹丽,2008 年)。(4)农村集体经济组织的改革方向与路径。应在立法上明确农村集体经济组织特殊法人的民事主体地位(赵万一、张长建,2012 年)。当前在民法上给予农村集体经济组织法人地位,符合实际,时机成熟(孙宪忠,2016 年)。应以国务院名义尽快出台农村集体经济组织条例(张晓山,2016 年)。应明确其有限参与市场竞争的特殊法人地位,为其设计特殊的法律保护制度与政策支持体系(孔祥智、高强,2017 年)。需要制定出台农村集体经济组织法(张云华,2010 年)。农村集体经济组织的重建,必须建立在现代经济组织法的基本规则之上(杨一介,2015 年)。符合条件的农村集体经济组织作为特定法人(韩俊,2016 年)。需从法学视角提出农村集体经济组织改革的全局性方案(谭桂华,2013 年)。《民法总则(草案)(三审稿)》关于农村集体经济组织法人的规定符合农村实际(刘振伟,2016 年)。上述研究为农村集体经济组织法人立法的进一步推进奠定了理论基础。

四、农村集体经济组织法人立法的宏观思路

(一)《民法总则》中农村集体经济组织法人的确认

《民法总则》最终确认了农村集体经济组织法人这种特殊法人形态。《民法总则(草案)(一审稿)》中设法人专章,分为一般规定、营利性法人和非营利性法人三节,但是并无任何农村集体经济组织法人可依法取得法人地位的规定。《民法总则(草案)(二审稿)》中延续了一审稿中的体系,但是在法人的"一般规定"中规定:"农村集体经济组织具备法人条件的,依法取得法人资格。据说其理由在于一些地方和部门提出,根据物权法等法律规定,农村集体经济组织是农村集体资产经营管理的主体,依法代表农民集体行使农村集体资产所有权,承担经营管理事务,明确其民事主体地位有利于其从事民事活动,增强农村集体经济发展活动。"(第76条)[1]《民法总则(草案)(三审稿)》对法人专章的体系和内容都做了比较大的变动。

从体系上,该章设置第四节"特别法人"。其中规定:"农村集体经济组织依法取得法人资格。法律、行政法规对农村集体经济组织有规定的,依照其规定。"(第98条)《民法总则》的最终通过稿延续了三审稿中的体系和规定。至此,农村集体经济组织法人在民事基本法中取得了独立地位。时任全国人民代表大会常务委员会副委员长李建国在关于《民法总则(草案)》的说明中指出:"农村集体经济组织具有鲜明的中国特色。赋予其法人地位符合党中央有关改革精神,有利于完善农村集体经济实现形式和运行机制,增强农村集体经济发展活力。"《民法总则》规定农村集体经济组织依法取得法人资格,标志着赋予农村集体经济组织法人地位的观点,已经从政策层面开始进入国家统一立法的新阶段。也有学者指出,《民法总则》中对农村集体经济组织法人地位的规定还有许多值得探讨之处,如一般性的赋予其法人资格是否具有合理性问题、财产是否独立性问题以及集体财产承担责任带来的问题、集体经济组织法人和村民自治组织法人之间的关系协调问题等。[2] 另外,值得关注的是,《民法总则》中仅仅为农村集体经济组织取得法人地位确立提供了基本法律依据和可能性,农村集体经济组织要取得法人地位更需要特别立法的支撑。笔者认为,对于农村集体经济组织法人立法,国际上并无成功经验可以借鉴,国内立法部门对该特别法人的理论和实践也存在诸多研讨空间。但是,《民法总则》能够在民事基本法中确认该法人类型,无疑对于未来立法具有重要指导意义。农村集体经济组织法人立法的完善和贯彻实施更需要以《民法总则》的这一抽象规定为基础作好宏观的制度设计,进而建构起以《民法总则》为基本依据,以特别立法为核心支撑的农村集体经济组织法人制度与规范体系。

(二)农村集体经济组织法人未来立法的宏观思路

1. 秉持打造符合市场经济发展需求的独立民商事主体的理念,对集体经济组织法人进行全面建构。我国现行农村集体经济组织制度最大的弊端就是受到计划经济体制的影响过深,没有对村民自治组织和集体经济组织的功能作出区分,过分强调了农村集体经济组织的非经济职能,导致其市场主体地位不独立、不明确。实际上,农村集体经济组织与村"两委"属于性质不同、权

---

〔1〕 张维炜:《农村集体经济组织法人如何归类?》,载《中国人大》2016年第22期。

〔2〕 参见谭启平:《中国民法典法人分类和非法人组织的立法构建》,载《现代法学》2017年第1期。

能不同的组织。村级党组织是执政党在农村的基层“党务性”组织,村民委员会是以办理公共事务为重点、为全体村民服务的基层“政务性”组织,而农村社区集体经济组织是以土地等集体所有资产为纽带承担土地承包、资源开发、资本积累、资产增值一系列集体资产经营管理服务等经济事务、由集体经济组织成员所组成的“经济性”组织,其功能与村级党组织、村民委员会截然不同。[1] 故农村集体经济组织法人立法首先要回归农村集体经济组织法人的本性,即农村集体经济组织本质上应为经济组织。农村集体经济组织法人的建构必须要超越传统的理念,要秉持打造符合市场经济发展需求的独立民商事主体的理念对集体经济组织法人进行全面建构。正如有学者指出的,重建农村集体经济组织的逻辑起点是经济组织与自治组织的区分或分离以及对传统的超越。农村集体经济组织的重建,必须建立在现代经济组织法的基本规则上。农村集体经济组织的命运,最终要接受市场竞争和科学法理的检验。[2] 在未来的立法中,要按照打造符合市场经济发展需求的独立民商事主体的基本理念建构农村集体经济组织法人制度。具体思路是随政府职能的逐步到位,适时分离转制后集体经济组织的两种功能,转移其承担的社会管理和公共产品提供职能,使改革后的集体经济组织能够成为真正市场主体。[3] 值得欣慰的是,《深化农村改革综合性实施方案》、中共中央、国务院《关于稳步推进农村集体产权制度改革的意见》等政策文件中已经开始贯彻上述基本理念,这将为有关法律法规的起草提供宏观理念指引。总之,科学立法,理念先行,理念的转变是至关重要的。

2. 应该建构起“一般立法 + 特别立法”的农村集体经济组织法人制度体系。《民法总则》针对农村集体经济组织法人仅仅设置了一条法律规范,仅依靠该规范对全国各地纷繁复杂的农村集体经济组织实现调整显然是不够的。《民法总则》立法过程中显然已经充分认识到这一点,第99 条第 2 款专门设计了一个转介条款,即“法律、行政法规对农村集体经济组织有规定的,依照其规定”,这就为未来的特别立法埋下了铺垫。而且不仅要采取“一般立法 + 特别立法”的模式建构农村集体经济组织法人的规范体系,还要对“一般立法”和“特别立法”内部的立法权限和规范事项做好科学分工。“一般立法”应该通过民事基本法律以及民事一般法律实现,主要规范最基本、最一般的事项。“特别立法”应该通过民事一般法律、行政法规实现,主要规范比较具体的问题。例如,在《民法总则》过程中有些单位提出《民法总则》应该对集体经济组织成员资格的认定标准作出规定。笔者认为,虽然农村集体经济组织成员资格认定是一个极其重要的问题,但是却不宜由《民法总则》加以规定。一方面,《民法总则》作为民事基本法律不宜对这么具体的事项作出规定,否则将造成《民法总则》的体系过于庞大。另一方面,农村集体经济组织成员资格的认定十分复杂:各地有各地不同的标准,既有地方性法规中的法定标准,又有集体经济组织内部的自治标准;既有集体经济组织成员资格认定的一般标准,还有特殊情形下的特别标准,对于如

---

〔1〕 参见中国社会科学院农村发展研究所“农村集体产权制度改革研究”课题组:《关于农村集体产权制度改革的几个理论与政策问题》,载《中国农村经济》2015 年第 2 期。

〔2〕 参见杨一介:《我们需要什么样的农村集体经济组织?》,载《中国农村观察》2015 年第 5 期。

〔3〕 参见农业部经管司课题组:《应正确把握三大关系——农村集体经济组织产权制度改革探讨之一》,载《农村工作通讯》2009 年第 16 期。

此复杂的问题，不宜由作为民事基本法律的《民法总则》作出规定，而应该由民事一般法律，甚至由行政法规等作出规定。在立法过程中，也有单位指出集体经济组织成员资格有集体经济组织自己讨论决定的方式是最好的。总之，农村集体经济组织法人的复杂性以及农村集体经济组织发展的不平衡性、集体经济组织成员资格认定的复杂性等因素，决定了农村集体经济组织法人的立法模式。未来立法表达模式应该采纳"一般立法 + 特别立法"的立法表达模式，而且特别立法将起到更加重要的作用。

3. 要做好农村集体经济组织法人"特别性"的制度与规范设计。《民法总则》将农村集体经济组织法人归类为特别法人，这表明农村集体经济组织法人具有不同于一般营利法人和非营利法人的特点，这就要求在未来立法过程中应该做好反映农村集体经济组织法人"特别性"的制度设计和规则设计。以法人治理结构为例，科学的法人治理结构是一个法人健康运转的基础和前提，是实现法人成员权益的保障。但是，实践中由于农村集体经济组织法人形式的特殊性、集体产权的特殊性、组织机构设计的特殊性、集体成员的复杂性等因素造成了农村集体经济组织法人的治理结构必然呈现出不同于公司法人等营利法人形态的特别性。正如有学者所指出的："无论采取何种组织形式来主导农村集体经济发展，都应注重内部治理结构之建立健全与优化完善。"[1]从农村集体经济组织产权改革的实践情况来看，改制后新型集体经济组织的内部治理机制尚不健全，资产运营水平不高，经营活力不足。[2] 中共中央、国务院《关于稳步推进农村集体产权制度改革的意见》中指出："改革后农村集体经济组织要完善治理机制，制定组织章程，涉及成员利益的重大事项实行民主决策，防止少数人操控。"农村集体经济组织法人作为特别法人之一种类型，其治理机构区别于一般法人。故应该在汲取国外法人立法和全国各地农村集体经济组织法人地方立法经验的基础上，结合农村集体经济组织法人的个性建构起适合其特点的法人治理结构。故，《民法总则》颁布后，更关键的是要做好农村集体经济组织法人"特别性"的研究和规则设计。至少应该围绕农村集体经济组织法人的章程与登记制度、产权制度、治理结构制度、成员资格认定与成员权制度、收益分配与责任承担制度、合并、分离、解散制度、外部监控与促进制度等方面展开全面的研究。

4. 农村集体经济组织法人的形式有多种选择。农村集体经济的实现形式具有多样性，农村集体经济组织法人属于农村集体经济的实现形式之一。"中国是一个情况十分复杂的大国，集体经济的有效实现形式将是一个多层次多形式多类型的体系。"[3]从我国的地方性立法和实践经验来看，农村集体经济组织登记的过程中比较倾向于采用合作社法人的形式。例如，《广东省农村社区集体经济组织条例》中规定可以采用经济合作社、专业合作社，也可以采用股份合作经济社。当然，也有采用公司制的，已如上文所述。中共中央、国务院《关于稳步推进农村集体产权制

---

〔1〕 陈小君等：《我国农村集体经济有效实现法律制度的实证考察——来自 12 个省的调研报告》，载《法商研究》2012 年第 6 期。

〔2〕 参见黄延信等：《对农村集体产权制度改革若干问题的思考》，载《农业经济问题》2014 年第 4 期。

〔3〕 徐勇：《创新集体：对集体经济有效实现形式的探索》，载《华中师范大学学报》（人文社会科学版）》2015 年第 1 期。

度改革的意见》中指出:“农村集体经济组织是集体资产管理的主体,是特殊的经济组织,可以称为经济合作社,也可以称为股份经济合作社。”这表明政策层面也倾向于采纳合作社法人的形式。这主要是因为相较于其他法人形态,合作社法人形态的制度设计与社会主义公有制背景下的农村集体经济组织的特点存在颇多的契合。当然,应该指出的是:首先,农民集体经济组织并非绝对要采用法人形式。我国地域广阔,各地的经济发展水平严重不平衡,农村集体经济组织短期内不可能都采用法人形式,甚至很多地方的农村集体经济组织和村民自治组织还要继续较长时期的混同下去。故对农村集体经济组织进行“一刀切”的法人制改造的做法既不可能,又不可行。其次,并非所有的农村集体经济组织都能取得法人资格。《民法总则》第 99 条规定,“农村集体经济组织依法取得法人资格”,这意味着,一方面,农村集体经济组织是否能取得法人资格还要“依法”进行,不是所有的农村集体经济组织都能取得法人资格,还需要看其是否具备取得法人资格的实体和程序要件;另一方面,农村集体经济组织法人的形式选择具有多样性,不必然采取合作社法人形式,而应该尊重人民群众的创造智慧,由特定的农村集体经济组织因地制宜地作出理性选择。对于不符合法人条件的农村集体经济组织,也不必急于将其速成为农村集体经济组织法人,关键是要看当地的农村集体经济的发展是否有这种客观必要。

五、结语

推进农业现代化,激发农村发展活力,推进农村集体产权改革,加强和完善农村社区治理,促进农村集体经济发展和保障集体成员权益迫切需要赋予农村集体经济组织法人地位。《民法总则》对农村集体经济组织法人的确认,标志着赋予农村集体经济组织法人地位已经从政策指引而进入国家统一立法的新阶段。农村集体经济组织法人的未来立法需要做好宏观制度设计,要秉持打造符合市场经济发展需求的独立民商事主体的基本理念建构农村集体经济组织法人制度。除了民事基本法外,农村集体经济组织取得法人地位更需要特别立法的支撑,进而建构起以《民法总则》为基本依据,以特别立法为核心支撑的农村集体经济组织法人制度与规范体系。而且要注意做好农村集体经济组织法人“特别性”的制度与规范设计,农村集体经济组织法人的形式以及是否进行法人制改造都要因地适宜地作出选择。

我国农村集体资产闲置的成因与对策分析

叶世清[*] 赵建飞[**]

目 次

一、我国农村集体资产管理形态的变迁

目前,由于稍有经济价值的农村集体资产(土地、农具、耕畜等)都已经被承包或者分配给了村民,剩下的集体资产大多被认为量少、质差,无论是村民还是政府,对这些资产的经营管理缺乏关注的兴趣,亦不愿为盘活这些资产进行时间、精力和资金的投入,集体资产闲置的状态严重。

(一)从集中到分化

从20世纪50年代初开始的农业合作化运动到目前的家庭承包经营和市场经济体制,我国农村集体资产的经营管理,经历了从高度集中到逐步瓦解的过程。在合作社时期,农民对"集体经济组织"(以初级社和高级社为载体)萌生了极大的期待和热情,自愿将各自所有的生产资料(土地、较大型农具、耕畜等)投入集体,形成了"集体财产",这一时期的"集体"对其经营管理的集体财产享有较强的自主性,农村集体经济组织和集体经济的发展比较正常。进入人民公社时期后,形成了以队为基础的"生产队、生产大队和公社"集体模式。这一时期强调"一大二公",〔1〕政府和公社经常无偿调用原本属于的合作社的资产(包括土地、物资和劳动力等),甚至还可以调用社员的房屋、家具;同时,那些经济条件和贫富水平不同的合作社实行社会主义的"互

---

* 西南政法大学副教授,法学博士。

** 西南政法大学2012级经济法学院硕士研究生。

〔1〕"一大二公"是1958年"大跃进运动"(人民公社化运动)的两个特点的简称,"一大"是指人民公社的规模大,就是将原来一两百户的合作社合并成四五千户乃至一两万户的人民公社;"二公"是指公有化程度高,就是将几十个甚至上百个经济条件、贫富水平不同的合作社合并,一切财产上交公社,多者不退,少者不补,在全公社的范围内统一核算、统一分配。

帮互助”,这种做法直接导致了原来有所差异的各个合作社和社员之间严重的平均主义。这种做法实际上是对农民财产的剥夺,甚至社员的自留地、家畜、果树等,亦被收归集体所有。农村集体经济组织“一平(平均)”“二调(调拨)”的行政化集中管理,不仅严重地侵害了农民的利益,造成了农民的惊恐和不安,纷纷杀猪宰羊、砍树伐木,同时也严重阻碍了农业生产力的发展,农村集体经济几近崩溃。

1978 年改革开放后,农村开始推行以家庭承包经营为基础的、统分结合的双层经营机制,集体经济组织将集体所有或国家所有归其使用的土地,以及农具、耕畜等都以“承包”的方式分配给了本集体经济组织的社员、农户、专业队(组),承包经营者对所承包的生产资料享有占有权、使用权、收益权以及国家政策和集体组织章程所允许的处分权,独立行使经营自主权,集体组织只是根据承包经营者的生产需要和实际可能进行相应的服务和协调工作。到 1984 年年底,我国基本完成由社到乡转变时,全国绝大部分农村地区以“集体”的名义从事农业生产经营活动近乎绝迹。而在乡镇和村社辖区所举办的乡镇企业和村办企业,虽然有的是以集体经济组织的名义投资,但大多数是以农民个人的名义投资,农民作为投资者依照有关法律、行政法规的规定对企业的重大事项作出决定,集体组织在这类企业中既不享有财产权,也不享有管理权。[1] 因此,随着家庭承包经营责任制的推行,人民公社时期以集体统一经营为特征的集体经济组织(乡、村和村民小组)的经济组织职能和管理职能实际上已经被分化和消解殆尽。

(二)从“关切”到漠视

农村实行家庭承包经营制后,农民对集体渐渐失去了往昔的热忱,对集体的依赖也已成过往。无论是农民还是政府,对于集体资产的经营管理都不如以往那样“上心”和“看得紧”了,甚至走向了放任和漠视。其中的缘由主要有以下两点。

其一,原来由集体统一经营管理的大型耕畜、农具、耕地等有“使用价值”的生产资料全部分配到了以家庭为单位的农户手中,集体只保留了一些不宜分配或者暂时难以分配的公共服务设施(如乡村集市、道路、办公室、晒场、水渠、灌溉设施、池塘、电站等),公益事业(如乡村卫生院、乡村学校)以及荒山荒坡、林地等资产。这些剩下的资产对于农民来说不仅没有多少使用价值,反而需要相当大的投入才能使这些资产维持或者恢复到正常的可以利用的状态。何况,维持公共设施和公益事业、治理荒山荒坡等,在法律上相当于提供公共产品,农民个人作为理性的经济人,对于这些资产缺乏投资热情是可以理解的。农民更加关注自己的“一亩三分地”,除了举报乡村干部在分配国家支农补贴、征地补偿款、池塘承包费等方面贪污、截留、挪用外,乡村干部和集体似乎都不存在了。

其二,既然政府早就注意到了农村集体经济组织在人民公社时期,集中管理和经营集体资产

[1] 《中华人民共和国乡镇企业法》第 10 条规定:“农村集体经济组织投资设立的乡镇企业,其企业财产权属于设立该企业的全体农民集体所有。农村集体经济组织与其他企业、组织或者个人共同投资设立的乡镇企业,其企业财产权按照出资份额属于投资者所有。农民合伙或者单独投资设立的乡镇企业,其企业财产权属于投资者所有。”第 13 条规定:“乡镇企业按照法律、行政法规规定的企业形式设立,投资者依照有关法律、行政法规决定企业的重大事项,建立经营管理制度,依法享有权利和承担义务。”

带来的灾难性后果而决定实行家庭承包经营制，说明政府对集体经济组织的经济职能已经不抱更多的期待。一个有趣的现象是，当集体试图将村子中的池塘承包给某人养鱼，或者将集体所有的荒山荒坡承包给某人从事养殖生产，集体可以从中收取承包费时，村民四处"告状"、举报村干部从中贪污、受贿的情况比较普遍；当集体将鱼塘闲置、将荒山荒坡照着原来的模样"搁置"在那里的时候，反而党群之间、干群之间的矛盾缓和了，不安定因素消除了，农村显得和谐了。既然没有农民来"叨扰"政府，政府自然乐得清闲，还有什么必要为此专门花费人力、物力去清理和追问集体资产闲置的事情呢？

（三）集体资产量少质差与闲置浪费并存

毋庸置疑，目前我国农村集体所管理支配的资产量少而且市场价值不高。如果说在集体资产开始被承包经营的时候，农村集体资产存在大量流失的可能，譬如，资产被贪污、挪用、拖欠、损坏、挥霍浪费，或者被随意改变权属、无偿占用，或者资产被低价承包、变卖、折股等，那么当下的农村集体已经成为了徒具虚名的一具"空壳"——空壳乡、空壳村、空壳家庭[1]等。有人认为，由于农村集体的资产越来越少，资产质量越来越差，既没有必要建立一套组织机构对其清查管理，也没有必要耗费专门的人力、物力、财力来对这些资产重新加以包装、整合、发掘，从而实现集体资产的保值、增值。

但不可忽视的是，集体资产被闲置浪费的现象也越来越严重。这些资产闲置可以大致分为两种情况：一种是有些集体资产从开始到现在一直没有得到有效利用；另一种是有些资产使用一段时间之后被闲置。

首先，村民们当初争得头破血流的土地因无人耕种而被大量撂荒，农村凋敝的状况让人心惊。[2] 有调查发现，2008 年某乡镇的拓刺塘、牛角玗二村抛荒耕地占全部耕地的比例分别为 6.67% 和 15.82%；另一个乡镇的峦岭村、老街二村抛荒耕地占全部耕地的比例分别为 4.32% 和 9.68%。其中一部分是已经承包的耕地长期长满杂草无人耕种，还有一部分是退耕还林的山地因缺乏有效管理而荒芜。[3]

其次，农村义务教育学校闲置问题突出。随着我国进城务工人员随迁子女逐年增加，农村人口出生率持续降低，农村学龄人口不断下降，各地对农村义务教育学校进行了布局调整和撤并。这些措施实行的后果是撤并导致农村义务教育学校大幅减少，原有的农村学校校舍在撤并后得不到有效的利用，闲置问题比较突出。

最后，由于新农村建设、退耕还林、乡村企业停业、道路和沟渠废弃等原因，农村出现了大量的闲置土地。另外，荒山荒坡、鱼塘等集体资产由于缺乏开发利用，也照原样一直"搁在"那里，无人管理。

---

〔1〕 参见李宝书：《浅谈"空壳村"的成因及其治理对策》，载《东南学术》1991 年第 4 期；隆阳区农村集体经济发展研究课题组、庄朝义：《隆阳区农村集体经济发展研究》，载《中共云南省委党校学报》2011 年第 6 期。

〔2〕 参见田玉军、李秀彬、马国霞、郝海广：《劳动力析出对生态脆弱区耕地撂荒的影响》，载《中国土地科学》2010 年第 7 期。

〔3〕 参见马敏敏、段建南、刘钊：《冷水滩区农用地闲置原因研究》，载《现代农业科技》2010 年第 16 期。

笔者调查发现,近年来,各地党委、民政部门、扶贫机构以及社会公益组织和爱心人士等,通过各自的渠道和方式陆续向农村拨付了一些发展资金,捐赠了大量图书、电脑,捐建了乡村办公室、"希望小学"、乡村图书馆等。可是,这些赠送给集体的资产缺乏管理,要么被无偿出借给他人或者单位没有及时收回,要么一直被束之高阁,无人问津。

二、造成我国农村集体资产闲置的制度原因

随着农民生活和发展空间的拓展,农村人口的注意力转向了城市和沿海地区,对农村集体的依赖不断减弱,集体资产自然处于无人管理、无人利用的状态,不能发挥价值。但是,从制度层面来分析,农村集体资产被闲置浪费的根源在于集体资产的产权不明晰,资产配置缺乏产权交易市场的引导,而且也缺乏激励和约束集体资产经营管理的法律机制。

(一)农村集体资产的产权不明晰

首先,除了承包的土地,政府对于农村集体其他资产的权利归属似乎有意无意地进行回避,不予正面确认。按照物权法律制度的基本原理,动产的权属以占有为依据,不动产则以登记为依据。农村集体的不动产除了土地,还有草原、森林、池塘等,动产当然包括现金、农具等。但是,不知道究竟出于何种考虑,不少集体资产的权属至今都没有得到合法承认,譬如,对于农村集体所有的林地,政府有关部门既不进行实地查勘,也不对村民集体要求颁发林权证的诉求做出积极回应,更不用说主动确认荒山荒坡、池塘等土地的权属了。显然,如果没有权属证明,这些资产既难以到银行抵押变现,也难以进入市场交易。在生态农业、旅游农业、观光农业的大背景下,如果旅行社或者普通消费者进入某些独具特色也越来越具有市场经济价值的农村从事旅游、休闲、观光等消费活动,农村集体因投资、管理、经营该景区本来可以收取一定的门票费、服务费等,但因缺乏对这些资产的确认制度而失去了权利保护的依据。

其次,农村集体资产缺乏系统的清理和登记管理。作为广大农民群众多年来劳动积累的成果,村民委员会代表广大村民对集体资产进行管理必须首先明确集体资产的范围,建立集体资产产权登记簿,详尽记录集体资产的状况,并定期予以公布。从目前来看,有些地方基层干部不能充分重视这一点,没有对集体资产进行登记,不能很好地显示集体资产的范围,很多属于集体的林地、荒山一直处于无人管理的状态,导致有些集体资产能够有效利用,而有些集体资产处于闲置的状态,对集体资产的管理产生了很大阻碍,制约了农村经济的发展。

(二)集体资产产权交易市场发展滞后

1.产权交易市场在我国的发展现状

资产的所有者将其资产所有权和经营权的全部或者一部分通过市场进行有偿转让,是实现集体资产保值增值的有效途径。如果建立起资产产权交易市场,可以在很大程度上盘活农村集体资产,使经营性资产得以充分流转和及时变现,特别是对于大宗集体资产,如土地、林地、荒山等这些具有很大潜在开发价值的资产,通过市场交易有利于实现价值最大化,从而提高农民收入,使当地农村公用设施建设和公益服务方面的资金有更多的来源,增强集体经济发展的后劲。但是,由于集体资产产权交易市场发展滞后,市场信息不对称,个别地方已经建立的市场不完善、不成熟,市场推广不力,那些有意于投资农业的经营者难以及时发现有效的信息,农村资产难以

通过市场流动实现优化配置。

由于传统农业在我国历史上延续了几千年，农民从事种植或者养殖的目的主要是自给自足，只有少量零星农产品进入集贸市场交易。即使实行家庭联产承包责任制后，农民依托农产品融入市场经济的规模和方式也显得过于落后。但是，随着农业生产集约化、土地适度规模经营以及农民专业合作社制度的推行，农村集体经济在市场中的地位再次以全新的面貌得以凸显。在这种背景下，农村集体经济呈现出多样化的发展趋势，多种经营方式应运而生。相关交易主体亟须通过规范、公开、稳定的产权交易市场平台，依法、高效地实现产权的安全流动。

我国产权交易市场大约从20世纪80年代出现，随着改革开放的浪潮席卷全国，农村集体资产的产权交易迅速发展，可以说它是市场经济改革的必然产物。近年来，集体资产的经营逐步纳入市场化轨道，各地方纷纷建立了农村产权交易中心或者交易市场，如2010年7月7日，成都农村产权交易所有限责任公司正式注册成立；2010年4月15日，北京农村产权交易所经北京市政府相关主管部门批准成立。这些交易中心和交易市场将各地农村的资产，包括农村集体的闲置资产予以有效的盘活，产权交易呈现出一片繁荣的景象。

2. 集体资产产权交易市场发展滞后的原因

截至目前，我国尚无统一的全国性农村集体资产产权交易市场，各地方的产权交易的发展也参差不齐，有的在省市一级和区县一级都有农村集体资产的交易市场，有的则深入乡镇和村一级建立了交易市场，各地的产权交易都是在摸索中向前推进。总体而言，这些市场的交易品种和交易规则丰富多样，但由于监管主体和监管权限的规定缺乏科学合理的制度安排，使交易的安全性、合法性和公平性缺乏保障，主要表现在以下三个方面。

其一，缺乏农民参与市场交易监管的制度安排。农村集体资产是全体村民共同所有，每个村民都有权参与实现集体资产的保值增值。目前来看，部分农民权利意识淡薄，认为集体资产是属于集体的，也是神圣不可碰触的东西，或者没有意识到集体资产的产权是可以进行交易的。更严重的是，农民缺乏可靠的渠道和制度保障知悉并参与到集体资产的产权交易过程中。因此，集体资产被贱卖、被侵吞的事件时有发生。

其二，政府对建设农村集体资产交易市场的投入不足。建立农村产权交易市场和相应的交易规则，理应作为一项公共产品由政府向社会公众提供。但是，由于政府重视不够，对之缺乏充分的财力、物力和人事安排，因此，全国性或者地方性的集体资产产权交易市场迟迟没有建立，即使有的地方建立了相应的市场，市场的基础设施也不够完备，市场管理人员数量和素质欠缺，缺乏配套制度，与统一、开放、竞争、有序的市场格局存在较大差距。

其三，资产评估制度尚不成熟。在产权交易过程中，资产价值评估工作是至关重要的一方面，权威、可靠的资产评估，有利于实现产权交易的规范运营和交易公平，而没有规范良好的资产评估机构和评估规则，评估结果参差不齐，交易的公平性难以令人信服，由此引起的矛盾和纠纷容易使产权交易处于不安全、不稳定状态，参与交易决策和执行的主体也容易产生心理负担，背负法律风险。

（三）集体资产经营管理缺乏保障机制

1. 集体资产的管理人才队伍力量薄弱

首先，集体资产监管决策主体素质不高。集体资产在名义上归全体集体经济组织成员所有，本来应当由全体成员公共经营、共同管理，但实际上很多地方的集体资产都是直接委托给村民委员会代为管理，并对资产交易直接作出决策。由于管理体制上出现诸多不合理现象，导致集体资产的管理较为混乱。有些农村集体资产管理决策人员素质不高，缺乏相应的管理决策能力，不能准确判断哪些是集体资产，哪些是个人资产，也不知道如何有效实现集体资产的保值增值，导致集体资产在一定程度上表现为“人人拥有，人人没有”的悬空状态，从而导致集体资产经营管理决策的低效率甚至严重失误。

其次，集体资产管理的执行机构和执行人员不落实，管理队伍不稳定。目前，农村集体资产管理的主要力量——村会计人员的素质普遍较差。他们的思想认识水平相对偏低，在日常工作中，认识不到会计工作的严肃性和重要性，因而经常出现不及时记账、随意记账、按领导意图记账等现象，从而使会计资料失真。他们的业务水平也相对偏低，不少村会计没有受过正规的会计训练，没有正规学过账务处理的原理和方法，许多账务不会处理，也导致了会计资料失真。农村会计队伍普遍存在不稳定现象。一般的是村支部书记换，村会计也跟着换。这种现象，一方面使会计人员的素质难以提高——因为业务素质的提高需要一个业务熟练过程，另一方面也容易使农村会计资料失去连续性，交接过于频繁，也容易出差错。

2. 集体资产管理的激励约束机制不健全

首先，缺乏农民参与集体资产管理的激励机制。长期分散的家庭经营使农民的集体观念，民主参与的意识淡化，人们往往偏重关注个人利益和眼前利益，较短视，对集体资产的管理漠不关心，村民费时费力参与监管不仅不能从中得到激励，反而容易受到打击报复。这也在一定程度上加剧了集体资产产权不明的状况。

其次，缺乏处置闲置浪费集体资产的约束机制。以农村集体债权为例，这些债权既有历史上积存下来的债权，也有土地承包以来新形成的债权，而且这些集体债权越积越多，催缴的难度也越来越大。一方面是因为债务人长年出走且下落不明，譬如，逃避超生罚款或外出打工经商、或者因债务人经济确有困难无力偿还等，但另一方面更多的是因为集体资产的管理人员对部分无故拖欠的单位和个人采取的措施不力，大多停留在号召、通知等形式上，未下决心和花费精力去积极追讨债权，加上有些欠款属村干部关系户欠款，村干部放人情债或者不负责任地随意放债，放债时没有认真签订借贷契约等。显然，债权增加与坏账损失的出现与增加是紧密相连的。债权越多，拖欠时间越长，出现坏账的概率就越大。依照目前的管理制度，由于没有人需要对此现象负责，闲置、浪费、侵吞集体资产的行为很难得到及时、有效的纠正和制止也就不难理解了。

三、盘活我国农村集体闲置资产的法律对策

传统农业以自给自足的自然经济为主，农村地区和农业领域缺乏商品经济的氛围。市场经济的发展和城镇的扩张，虽然也带动了农村市场化进程，但农村市场建设和农业经济活动方式还是显得相对滞后。党的十八大报告提出要“坚持和完善农村基本经营制度，依法维护农民土地承包经营权、宅基地使用权、集体收益分配权，壮大集体经济实力，发展多种形式规模经营，构建集约化、专业化、组织化、社会化相结合的新型农业经营体系”。这实际上是为加强集体资产管理、盘活集体闲置资产、转变资产经营方式和经济发展方式指明了政策制定和法制建设的方向。

(一)清晰界定农村集体资产的产权

产权界定,是指对农村集体经济组织所有的集体资产依法确认其所有权归属的法律行为。对农村集体资产进行产权界定是对集体资产进行管理的前提,明确农村集体资产的产权性质、经营主体、管理主体、产权范围等,有利于农村财务公开透明,便于农民的监督;有利于调动广大农民的积极性,参与集体资产的管理;有利于促进产权交易,盘活闲置资产,实现集体资产的保值增值,促进农村公共服务和公益事业的发展,最终维护和保障农民的切身利益。

1. 农村集体资产的产权性质与经营主体

根据学界通说,产权是指附着在资源、资产上的权利束,它不仅包括资产所有权,还包括由资产所有权派生出来的经营权、使用权、处置权、受益权等,而且这些权利可以分别由不同的主体享有。进行产权界定,就是依法划分资产所有权及经营权、使用权等产权归属,明确各类产权主体行使权利的资产范围及经营权限。如果集体资产的所有权及经营权、使用权等权利归属不清,就很容易发生争议,引起产权纠纷。

一方面,《中华人民共和国民法通则》(以下简称《民法通则》)第 74 条明确规定,劳动群众集体组织的财产属于劳动群众集体所有。集体所有的土地依照法律属于村农民集体所有。已经属于乡(镇)农民集体经济组织所有的,可以属于乡(镇)农民集体所有。《中华人民共和国物权法》(以下简称《物权法》)第 59 条第 1 款规定,"农民集体所有的不动产和动产,属于本集体成员集体所有"。可见,农村集体资产属于农村集体经济组织所有,这一点是毫无争议的。

另一方面,按照所有权与经营权分离的思路,集体组织一般不直接经营这些属于其所有的集体资产,而是通过发包、租赁、入股、合作等方式进行间接经营,以获取租金或者股权、红利等。譬如,依据农村土地承包法和物权法的相关规定,农村集体可以将其所有的土地依法承包给集体成员和符合法律条件的其他主体经营。同时,集体对于属于其所有的荒碱地、林地、滩涂、池塘、道路、广场、废弃的工厂和校舍等资产,也可以依法租赁或者作为投资进入市场交易之中。易言之,除了农村集体作为投资者和经营者利用集体资产直接参与经营活动(如农村集体投资兴办的乡镇企业)外,其他主体(包括农民个人、其他公民、企业和事业单位)也可以依据法律的规定或者合同的约定成为集体资产的使用主体和经营主体。

2. 农村集体资产的管理主体

从实质上,农村集体资产的所有者是"集体",集体组织就是农村集体资产的管理主体。目前,法律对农村集体资产管理主体的规定主要有两种:一是农村集体经济组织,1995 年国务院《关于加强农村集体资产管理工作的通知》明确指出,"集体经济组织是集体资产管理的主体"。二是村民委员会,《中华人民共和国村民委员会组织法》(以下简称《村民委员会组织法》)第 8 条第 2 款规定,"村民委员会依照法律规定,管理本村属于村农民集体所有的土地和其他财产"。《物权法》第 60 条规定,对于集体所有的土地和森林、山岭、草原、荒地、滩涂等,属于村农民集体所有的,由村集体经济组织或者村民委员会代表集体行使所有权。《中华人民共和国土地管理法》第 10 条规定,农民集体所有的土地依法属于村农民集体所有的,由村集体经济组织或者村民委员会经营、管理。

但是,农村集体组织的法律性质却并不单纯。依据相关法律规定,农村经济组织至少具有三重身份：一是属于社会主义的经济组织，这一点得到了我国宪法和法律的直接确认。二是属于民事法律主体的其他组织，具有民事权利能力和民事行为能力，因为它依法律和政策规定而建立，有自己的名称、组织机构和场所，有独立的财产和自主进行生产经营的能力，并能在一定的财产范围内（土地所有权除外）独立承担民事责任，它与法人相似，但在设立程序和条件、终止条件、生产经营方式和目的、财产（主要是土地）处分、管理职能等方面却又不同于法人。三是属于农村基层社会的自治组织。按照《村民委员会组织法》规定，农村基层社会的自治组织虽然是村民委员会和其下设的村民小组，但在当前的农村基层组织中，大多是农村集体经济组织，它与村民小组或村民委员会可以说是“一套机构、两块牌子”。因此，从法律性质来看，农村集体组织既不同于企业法人，又不同于社会团体，也不同于行政机关，而是兼有独特的政治性质和法律性质。

3. 农村集体资产的具体范围

《民法通则》第74条规定，劳动群众集体组织的财产包括：(1)法律规定为集体所有的土地和森林、山岭、草原、荒地、滩涂等；(2)集体经济组织的财产；(3)集体所有的建筑物、水库、农田水利设施和教育、科学、文化、卫生、体育等设施；(4)集体所有的其他财产。集体所有的土地依照法律属于村农民集体所有，由村农业生产合作社等农业集体经济组织或者村民委员会经营、管理。已经属于乡（镇）农民集体经济组织所有的，可以属于乡（镇）农民集体所有。《物权法》第58条规定，“集体所有的不动产和动产包括：（一）法律规定属于集体所有的土地和森林、山岭、草原、荒地、滩涂；（二）集体所有的建筑物、生产设施、农田水利设施；（三）集体所有的教育、科学、文化、卫生、体育等设施；（四）集体所有的其他不动产和动产”。

《广东省农村集体资产管理条例》对于集体资产的范围界定相对更加具体、全面。依据该条例之规定，集体资产包括以下类型：[1]

(1)法律规定属于农村集体所有的耕地、荒地、山地、森林、林木和林地、草场、水面、滩涂等自然资源，农村的宅基地、自留地、自留山的产权属于集体所有；

(2)通过公共积累、投资投劳所兴办的集体企业资产；

(3)社区合作经济组织投资投劳兴建的建筑物、构筑物，以及购置的交通运输工具、机械、机电设备等财产；

(4)社区合作经济组织控股、参股、联营的企业和与外商合资、合作经营的企业以及开展对外加工装配、补偿贸易业务的企业中，按合同及章程规定属于集体所有的资产；

(5)社区合作经济组织直接用于农、林、牧、副、渔业生产的投入及其产品；

(6)国家、经济组织、社会团体及个人对社区合作经济组织的无偿拨款、资助、补贴、捐赠的财物及其形成的资产，以及国家对社区合作经济组织及其企业减免税赋形成属于集体所有的资产；

(7)社区合作经济组织及其企业设立的专项资金，征用集体土地各项补偿费属于集体所得部分，生产经营者上缴的承包款物、租金，社员上交的集体提留、乡镇统筹费及劳动义务工（不含国家使用的义务工）、劳动积累工形成的资产；

(8)社区合作经济组织及其企业所拥有的现金、存款、有价证券；

---

〔1〕 参见1996年《广东省农村集体资产管理条例》第7条。

(9)社区合作经济组织及其企业所拥有的商标权、专利权、著作权等无形资产；

(10)依法属于集体所有的其他资产。

可见，农村集体资产范围广泛，既有经营性资产，也有非经营性资产；既有土地、森林、山岭、草原、荒地、水面、滩涂等资源性资产，也有流动资产、固定资产、长期投资、无形资产、递延资产、其他资产和农民劳务等类型的资产。总之，资金、资产、资源，即通说的“三资”，几乎构成了集体资产的全部内容。

(二)建立全国性和区域性集体资产产权交易市场

单一的传统农业模式已经无法适应经济快速发展的要求，也无法满足广大农民群众日益增长的物质需要。伴随着农村经济体制改革的不断深化，集体经济发展中急需引入新的方式对闲置资产等进行公开、公平、公正的处理。为此，必须拓宽农村发展的思路，转变经济发展的方式，改变传统的单一农业模式，引入产权交易机制，建立全国性和区域性的产权交易市场，有利于实行多种经营的方式，最大限度地盘活闲置资源，充分发挥集体资产为集体经济组织和广大人民群众服务的功效，促进农村经济的快速发展。早在党的十六届三中全会通过的《中共中央关于完善社会主义市场经济若干问题的决定》中就明确指出：“加快建设全国统一市场。强化市场的统一性，是建设现代市场体系的重要任务。”为此，政府必须加强政策引导，鼓励各个地区建立产权交易中心或者交易市场，其主要包括以下四个方面：

一是合理布局，规模适中，打破行政区划的界限，发挥各地区之间的辐射带动作用，鼓励开展合作，防止交易中心过多过滥，影响产权交易的质量，保障农民的合法权益不受侵害。

二是加大财政扶持力度，加强硬件设施及配套设施的建设，为产权交易创造良好的环境；加强软件设施的完善，建立合理的评估制度，保障评估结果的合理性。

三是统一产权交易规则。不同的交易规则制约了产权交易在不同地区的顺利进行。国家要对已经成立的产权交易所进行清理，并予以登记，征集各个交易所的交易规则，权衡利弊，慎重选择有益于大多数机构的规则，这样既有利于实现各交易所的充分平衡发展，也有利于对全国交易中心的管理。

四是建立产权交易问责机制，规范组织成员的行为，监督职责和义务的履行，追究违反交易规则成员的责任，保障交易过程的合法性，让交易过程公开透明，确保集体资产的保值增值。

(三)集体资产配套制度的建立和完善

1. 集体资产产权记录、登记与确权发证

首先，农村集体资产在全面清查核实和产权界定后，要按类别建立管理台账，及时记录增减变动情况。资产台账的内容主要包括资产的名称、类别、数量、单位、所处位置、保管人等。实行承包、租赁经营的，还应当登记承包、租赁单位(人员)名称，承包、租赁期限，承包费或租赁金以及收缴情况等。通过建立台账，使集体所有的资产存量、结构、分类和效益清清楚楚，一目了然。

其次，对于农村集体资产，要按照国家和各地方的有关规定进行产权登记，并颁发产权证书或者其他证明文件。主要内容是：(1)村组集体经济组织名称、所在地、法定代表人及资产情况；(2)占有、使用单位名称、住所、法定代表人及占有、使用集体资产情况。申领产权证时，应如实填报《农村集体资产产权(占用)登记表》，并提交相关的文件、凭证、报表等材料。已改制为农村专业合作社或者股份合作社的，特别是已经撤村建居的涉农社区，应以专业合作社或者股份合作社作为登记主体。《农村集体资产产权登记证》可以由县级以上人民政府统一印制，登记发证由各市（区）农村经营管理部门负责。通过发放产权证，使集体所有的资产身份得到明确。

2. 建立新型的集体资产财会制度

政府应当建立健全农村集体财务制度，加强对财会人员的业务培训和考核工作，提高财会人员管理水平；建立农村集体资产审计监督制度，公开集体资产，提供渠道保障农民监督权的行使；明确责任制度，依法追究责任主体的法律责任。以合作社为例，当农民专业合作社成立后，应当按照有关法律法规、政策及合作社章程的规定，建立健全合作社产权和财务监督管理等各项规章制度。全体社员是合作社这一集体组织的资产、资本的终极所有者，理事会必须定期向全体社员报告集体资产、资本的安全和运营情况，集体产权发生变更时必须经社员（代表）大会讨论通过，集体资产、资本运营收益必须依据法律的规定和章程的约定进行分配。合作社的财务可以实行代理制度，年度财务预决算和收益分配方案必须经社员（代表）大会审议通过，并报乡镇（街道）经济主管部门备案。

3. 建立农村集体资产监督管理体系

各级政府应当不断强化监管制度建设，建立和完善集体资产产权评估、离任干部及经济效益审计、集体资产年度审验、农村财务双代理、每月资产产权变动情况报告等制度。通过这些制度的实施，有利于增强农民和社会公众对于参与和发展集体经济的信心，预防和制止侵吞、损害集体资产权益的违法行为。

4. 建立集体资产产权争端解决机制

当农村集体资产产权发生争议时，各地一般适用地方性的条例、办法等予以处理。当事人往往对这种处理结果的权威性、强制性发生争议。我国可以通过全国性的农村集体资产管理法、农村集体资产纠纷调解仲裁法等，有针对性地建立起农村集体资产纠纷的调解、仲裁机制。通过村（社）建调处小组，乡镇建立调处中心；县区设立农村集体资产纠纷仲裁委员会，努力做到第一时间内介入调处、第一现场化解矛盾、第一线控制纠纷，把问题依法、有效解决在基层和萌芽状态。

（四）通过多种经营盘活闲置资产

传统农业生产经营方式与市场经济的发展是脱节的，如果不转变经济发展方式，农村集体经济的成长空间将十分有限。各地在实践中充分利用集体产权交易市场这一信息平台，通过“招拍挂”、租赁承包、股份合作、乡村旅游市场开发等方式，实施多种经营，逐渐盘活了集体闲置资产，实现了集体闲置资产的收益，巩固和壮大了集体经济的实力。

1. “招拍挂”

2004 年北京鑫新拍卖有限责任公司对北京市顺义区北小营镇前鲁各庄村闲置农用机械设备（农用铲土机、拖拉机、联合收割机）进行了拍卖，最终以 162 万元的价格成交。本次拍卖成交额虽然不大，但却让拍卖这种方式进入农村集体财产处理的视野之中，并被越来越多的人所认识和接受。[1] “招拍挂”一般实行“价高者得”规则，这有利于实现集体资产的充分保值。通过“招拍挂”将闲置资产变现所得的资金，无论是用来进行农村基础设施建设，还是用来投资建厂等，都可以更加灵活的处理。“招拍挂”还有利于农村财务公开，提升招拍挂的透明度和竞争性，可以保证集体资产的处置更加公正，在很大程度上避免“暗箱操作”。

2. 租赁承包

将闲置的集体资产租赁或者承包给需要的人有偿使用，既可以发挥闲置资产的功效，又可以从中得到部分资金收益。这部分资金收益可以购置更多的集体资产，也可以为广大村民谋取更大的利益。不过，在租赁和承包过程中，既要做好前期宣传，又要保证租赁承包的公开透明性；既要保护好集体资产，因地制宜，又要确保资产用到实处，发挥最大的功效；同时，集体既要做好登记，加强核算，保管好有关合同等材料，又要明确责任主体和惩罚机制，不致集体资产无谓流失。

3. 股份合作制

对于农村集体经济组织来说，土地是最重要的集体资产，也是闲置较严重的资产。实行土地股份合作是发展农村经济的新道路。土地股份合作实质上是在坚持农地集体所有权不变和土地家庭承包经营制度不变的前提下，将农地的占有、使用、收益和处分各项权能重新配置的制度创新。[2] 近年来，空巢老人和留守儿童构成农村人口的比例越来越大，他们没有足够的能力耕种土地，尤其是贫瘠的山地、荒山荒坡等，导致大片土地荒芜闲置。推行土地股份合作，或者通过类似方式实现土地的适度规模经营，有利于农业生产方式从传统农业向现代高效农业转变，产生规模效应；有利于发挥集体资产的最大功效，促进农民增收；有利于提高农业生产力水平，保障农民的土地财产权益。

4. 乡村旅游市场开发

随着休闲农业、旅游农业、观光农业等现代农业经济内涵的发掘，一些自然生态或者历史遗迹保存较好、交通便利、农产品独具特色的乡村开始通过商标注册、媒体广告等促销手段吸引旅行社、社会公众等加入乡村旅游休闲活动，农村集体组织收取一定的管理费、门票费、服务费等。这种创新做法既有助于农村集体持续取得收益，也大大丰富了集体资产的种类和样态。

四、结语

农村集体资产的管理事关广大农民的根本利益，在很大程度上决定着农村经济的发展以及农村社会的稳定。切实处理好农村集体资产，盘活闲置资产，有利于维护农民利益，充分实现集体资产的价值，促进农村经济又好又快发展。为此，不仅需要从宏观上了解集体资产的闲置状况，同时又需要采取相应措施扭转不利因素。对国家来说，需要财政、政策等各方面的支持；对公民来说，我们要关注农村发展，为盘活农村闲置资产献计献策。

---

〔1〕 参见王龙海：《农村集体财产拍卖的几点思考》，载《中国拍卖》2005 年第 4 期。

〔2〕 参见季建业：《农村土地产权制度的创新举措——对江苏省扬州市农村土地股份合作的调查与思考》，载《法学家》2008 年第 3 期。

商法视野下之“三权”促“三变”法治探究

肖仕刚*

目　次

一、前言

近日，贵州省委、省政府出台《关于在全省开展农村资源变资产资金变股金农民变股东改革试点工作方案（试行）》。2017 年 2 月 5 日，中共中央、国务院《关于深入推进农业供给侧结构性改革加快培育农业农村发展新动能的若干意见》（2017 年中央一号文件）将发源于贵州的“资源变资产、资金变股金、农民变股东”改革作为要点进行单列，这是加大农村改革力度，推动社会主义新农村建设取得新的进展，加快培育农业农村发展新动能的新引擎。对于农村集体经济组织、农民所积累之资源，正在大力推进“三权”促“三变”，通过“确权、赋权、易权”实现“资源变资产、资金变股金、农民变股东”。

通过“三变”加快构建新型农业经营体系，实现了土地有价值的流转，催生了新产业，出现了新经营主体，引入了新产品和新技术，带动了农村集体经济组织的再造，带来了乡村治理模式的重构，推动了城乡发展要素的双向流动，为推进农业供给侧结构性改革找到了突破口。

实践中，现阶段研讨热点是资源权属问题，探究现行国家及地方政府政策、法律中关于资源

---

* 安顺学院金融暨财税法律适用研究中心主任，法学副教授。

变资产的合法性与可行性。对于商主体基于商事营业需要所实施的商事行为,未在商法视野下予以考量,涉及之论著较鲜见。

二、农村集体经济组织、农民对股东、社员及合伙人对资格取得与丧失、权利义务之享有与承担,不但认知不足,且政府“干预”程度偏重

公司法规定,自然人、法人可作为发起人或股权受让之方式,获得公司股东身份,依法享有股东权利,履行股东义务;股东以出资额为限,承担有限责任;农民专业合作社法规定社员承担无限连带责任;合伙企业法规定普通合伙人承担无限连带责任,有限合伙人承担有限责任。

“三权”促“三变”,农村集体经济组织、农民可发起原始取得、转让继受取得,成为公司股东、合作社社员或取得合伙企业之合伙人资格,但股东、社员、合伙人之权利行使、义务履行,欠缺涉及商事基本法律知识;对商主体营业商行为之实施,存在市场风险,不但认知不足,且承担能力较低。农村集体经济组织、农民将用益物权、资源作为权利、实物出资形式,鉴于现行制度效力低下、政策与法律规定相抵触而急需修改,非地方人大、政府之立法权限所能解决。况且,农村集体经济组织、农民作为股东之出资,一旦被司法裁决存在出资不实之情况,其他股东将承担连带责任。公司资产独立于股东资产,公司营业过程中,农民股东可能涉嫌职务侵占等法律风险,认知不足。实践中,一旦农村集体经济组织、农民以资源出资而成为股东,则其认为公司就是股东自己的,未经法定程序,随意地将公司资产据为己有,涉嫌侵占现象屡见不鲜。

农村集体经济组织、农民对于合伙人身份,责任承担方式,并无准确认识。“三权”促“三变”中,农村集体经济组织、农民变股东,若其加入商事法人为农民专业合作社、合伙企业,此后因身份不同、责任承担不明确,所引发的社会风险较大,乃至不可控制。

实践中,地方政府在主导“三权”促“三变”过程中,并未有市场风险之意识,成为股东之农村集体经济组织、农民更不知晓。农村集体经济组织、农民变股东,其宗旨为希望在履行股东出资义务之情形下,则享有股东权利,但认知的为享有股东分红权。况且,农民简单认为其已将资源变资产的出资入股,无论商事营业活动中是否盈亏,每年度之固定分红必不可少,但这实际上就是资源租赁费,而非真正的投资。

地方政府为急于完成将辖区内之农民摆脱脱贫之重任,通过招商引资,成立或组建有限责任公司或股份有限公司、农民专业合作社、合伙企业等商主体,在农村实施规模化之商业之商行为,辖区内之农民取得股东、社员或合伙人资格,从而完成脱贫攻坚任务。就此而言,系地方政府之单方行为,政府“行政干预”明显,一旦农民参与之商主体因市场风险出现资不抵债,转而根据企业破产法走向重整乃至破产清算,参与之农民则出现无收入来源而返贫,政府基于社会稳定之需要,转而投入大量人力、物力解决农民的温饱问题。

三、农村集体经济组织、农民用于出资之用益物权、资源,面临出资不实、财产价值评估不能准确认定、市场交易活跃度不够等问题

农村集体经济组织、农民用于投资之权利、资源,属于物权法之用益物权、公司法之实物。凭借农村集体经济组织、农民控制之权利、资源来予以赋权、易权,作为农村集体经济组织、农民之

出资。因该用益物权、资源存在地域、市场需求等因素，政府正在大力倡导乃至创新，确权并颁发相应证照，同意易权，但作为农村集体经济组织、农民之出资权利、资源，并不合乎公司法规定之权利、资源达到进行财产价值评估、进行市场流通之法定情形。

另外，各地方政府明确，农村集体经济组织、农民用于出资之用益物权、资源，基于商主体市场营业商行为所需，可通过权利质押之方式，进行融资。但客观而言，农村集体经济组织、农民用于出资质押之用益物权、资源证照，金融机构基于权利主张实现之可能性较低，并不热衷参与。现虽有部分金融机构参与，但大部分均属于地方金融机构，包括四大银行在内的银行尚未发现大规模介入。毕竟，能够作为抵押权客体的抵押物，在我国现行法上包括不动产、动产、不动产物权以及它们的集合物。未经物权塑造的“土地经营权”，显然不在上述抵押物之列。

基于此，农村集体经济组织、农民用于出资之用益物权、资源，就涉及权利、资源变资产，能否准确进行财产价值评估并保证市场流通合法性，或者解决“有市无价”之困境，无论是面对现实还是根据法律规定，都应当给予高度重视。

四、“三权”促“三变”之营业商行为运行机制合法性不足

（一）营业商行为难以实现“三权”促“三变”之变革宗旨

商主体营业资产的保值增值，商主体之投资人实现盈利分红之总体目标，均通过营业商行为的开展来力争实现。“三权”促“三变”，确保投资入股之收益实现，且利益最大化，便是通过规模化的商业活动的实施。实践中，农村集体经济组织、农民参与投资之商主体的营业范围绝大部分雷同，科技含量程度不高，创新性不足，市场占有率低。政府通过在招商引资或新组建之商主体，持股股权比例较大之投资人，通过市场前景不明致使商主体营业亏损，农民股东市场信心不足，大股东进而通过融资手段吞并农民股权，最终占有农民之用益物权、资源，从而将农民清除商主体。

另外，商主体营业活动期内，商事营业存在市场风险，因市场等原因可能出现破产等情形，属于正常现象。但在“三权”促“三变”之商事营业活动中，对用益物权、资源开发利用，则可能造成永久性伤害而不能恢复，用益物权丧失、资源枯竭、农民则可能失去生存依赖。地方政府所倡导之“三权”促“三变”，现有政策、法律对此并未予以确认，以及制定相应的救济措施。现有论著从学术、实践之角度，均认为可用土地流转证等作为质押，通过金融机构融资。根据物权法关于权利质押之规定，该质押非权利质押之法定方式。

（二）农民股东参与之商主体，营业利润分配程序性正义性不足

商主体从事营业商行为，应当建立健全财务制度。按照人员工资发放、弥补亏损、缴纳税收、盈余比例分配之基本规则进行。若按照公司法之规定，则更严格。

实践中，由于地方政府介入，在农民将用益物权、资源等方式入股的，参与之营利法人或特别法人，形式上虽是通过协议入股，但在收益分配比例上，实质上为“租赁之租金”来代替股东之分红，确保农民股东在投资入股期间之收益固定，与法定的盈余分配规则相抵触。

（三）营业资产财务混同、人格否认，致使地方政府基于社会稳定之首要任务，为农民股东的投资行为、生存需求而先行替代

基于地方政府之脱贫工作需要，以及农民股东要求年度投资收益稳定需求，“三权”促“三变”涉及的商主体的财务混同，商主体收益、支出的财务账簿并未严格执行，农民股东知情权等基本权利得不到有效保证，且由于农民股东此前因为每年度收益租金的按期足额收取，农民股东并未给予高度重视，此后因为投资之商主体资不抵债或债权人诉讼，方才知晓。

鉴于此客观事实，一旦引发诉讼纷争，农民投资之商主体财务混同，发生人格否认，大股东或实际控制人滥用权利，却要农民股东承担连带责任。况且，由于参与农民涉及面大，可能引发农民上访群体性事件，加之农民入股系政府动员乃至主导，结合地方政府执政理念并未按照“小政府，大市场”予以施政，致使地方政府不得不先行替代。

五、“三权”促“三变”之涉事各方市场运行法律风险认识不足

首先，社会存在决定社会意识，具体而言，生产方式决定生活心态，职业心态作为生活心态的一种表现，也是由生产方式所决定的。反之，职业心态的变迁也反映了生产方式的某些变化。[1]

就农民作为投资人而言，农民变股东，但并不具有商事主体关于市场经营风险的认知，缺失对于市场经济中投资有风险，入市须谨慎的风险意识。始终认为，其用自身之用益物权、资源参与市场投资，系因相信政府引导，而非自己商业投资所需。故一旦发生市场投资风险，亏损而无收益，参与之农民并未反思是否属于自己的意思自治，反而责怪政府，要求地方政府承担责任。

其次，就主导“三权”促“三变”的各级政府而言，过多地强调完成脱贫攻坚任务，将农民脱贫攻坚重任转嫁给市场商主体。但对于商主体营业过程中的风险却未认真思考。对于农民商业风险意识承担更是未予告知，也未以法律风险意识培养，致使为商主体营业过程中出现资不抵债情形时，农民要求政府埋单之风险埋下隐患。

商主体吸收农民变股民，更多的是地方政府倡导。其并未根据自己的经济实力、市场运营能力及产品的市场前景等进行科学、合理的谋划。吸收农民变股东之目的，系以获得国家之相关补助、圈占土地等为目的，非真正的商业营业，以获取盈利为目的。而且地方政府对此也未予以科学评估。

六、商法视野下“三权”促“三变”之法治保障

（一）提升农村集体经济组织、农民之商业法律素养培育，明确权利主张；提升商业风险意识，增强市场风险抵抗力

如前所述，“三权”促“三变”，规模化商业运行，地方政府大力扶持。但就市场的角度而言，参与“三权”促“三变”之商主体，愿意到农村尤其是偏远地方开发的商主体参与的积极性并不高。反之，偏远地方的农村集体经济组织、农民，缺失商业投资开发意识，商业法律素养更缺乏。

---

〔1〕 参见夏涛：《三权分置与农民职业心态变迁——基于两类新型农民社区的比较》，载《安徽农业科学》2017年第6期。

地方政府“筑巢引凤”，成功将愿意开发之商主体视线引入所开发区域，则应当加强对该区域内之农村集体经济组织、农民进行商业法律素养的培育，聘请法律专业人士对其进行培训，对外派出相应人员进行学习，培养法律与投资行业方面复合型人才，提升农村集体经济组织、农民法律知识水平，就投资风险存在客观性和现实性，学会正确面对，增强心理风险抵抗力。

农村集体经济组织、农民对经营权作价时应参考农用地评价体系，并应在农地股有限公司合理分配农民股东的表决权，同时，农民股东的利润分配应以累计参加优先股计算，此外，应建立以优先购买权和失地农业保险为基础的破产清算制度，以实现对农民股东权的有效保护。

（二）地方政府“简政放权”，加强对商主体投资开发能力事前审查和监督；树立“市场”理念，以倡导代替指导，参股之集体经济组织、农民系自身商业投资所需，属于其意思自治

地方政府应当放弃凯恩斯“国家干预主义”之执政理念，本着“上帝的归上帝，恺撒的归恺撒”的原则，从严审查市场商主体投资经营能力。

一方面，不要以“有色眼镜”看待前来投资之商主体，认为所有投资商主体均属于带着恶意。另一方面，鉴于“投资有风险，入市须谨慎”的原则，对于所有前来投资之商主体，需要考察其投资战略、开发能力、营业范围是否与地方政府所倡导的一致。将投资开发之商主体的投资理念等告知辖区内之农村集体经济组织、农民，地方政府作为居间人，本着“政府搭台，经济唱戏”之目的，农村集体经济组织、农民与投资商主体相互交流、沟通，答疑解惑，引导农村集体经济组织、农民参与投资开发，让其充分认识到参与系其真实意思表示，系因自身商业投资所需，而非地方政府强制命令。

（三）就涉及“三权”促“三变”之作为投资农村所有权、用益物权、资源等权利、实物，确保能够市场交易合法性以及流通性、财产价值客观评估性，进行科学梳理，及时修订，充分发挥立法权限

毋庸置疑，涉及“三权”促“三变”论证和实践操作，关注焦点绝大部分集中于投资权利、资源权属问题上，这是令人鼓舞的。但就现实状况而言，专家学者们的论述、地方政府的研讨，都是在讨论“三权”中的确权、赋权问题，对易权关注程度不够，且易权中的市场价值原始评估、市场交易财产保值增值、市场占有率以及开发投资，现行法律制度并于给予高度关注、及时修订。

作为用于投资之农村所有权、用益物权、资源等权利、实物，其权属中的确权、赋权问题均可通过行政手段予以解决，但对能够通过市场交易，吸引投资人广泛参与，核心问题为除已经确认之权利、资源财产价值保值外，更要关注商业投资开发，通过市场手段融资，增强市场商主体的市场竞争力。土地抵押的客体应包含土地承包经营权与土地经营权两种类型，具体为何种类型则视抵押合同约定与抵押权人资格条件而定。土地入股的权利应仅限于土地经营权，以满足公司法规定之股东出资形式与土地承包经营权社保属性的双重要求。农地“三权分置”改革的法律顶层设计必须考虑到各地区资源禀赋、人口数量、生产方式等因素的差异性，避免“一刀切”。由“大一统”的政治格局和地域多样的复杂性决定的我国“一元多级”立法体制，能较好地解决这个问题。既要维护中央立法的统一性和权威性，又要探索如何合理划分中央和地方之间的权限，授权地方立法规范本地区的具体事宜。

七、结语

深化农村产权制度改革，将农村集体经济组织、农民所掌握闲置之资源、资产整合，实施“三权”促“三变”，通过市场经济杠杆，充分发挥资源财产性价值开发与利用，通过农村集体经济组织、农民之商主体身份转变，投资收益稳定，就业岗位保证。要实现此目标，对于农村集体经济组织、农民，要提升参与商主体营业活动的法律认知，培养新型的农村法律专业人才，尤其是知晓市场运行的复合型人才。对于政府参与市场行为，应当在行政合法性、合理性的边界范围内，明确政府职责，既不要随意干预商主体的市场行为，也不能放任不管。对于参与之农村集体经济组织、农民之商业投资风险，地方政府不能完全转嫁到参与之商主体，这是不现实的，毕竟其与纯商业运作存在一定差距，地方政府要切实承担起其对商主体的审查、监管责任，尤其是涉及商主体营业活动违法行为处罚、纠正，要及早发现，避免矛盾激化，引发社会动荡。另外，具有立法权的权力机构、政府职能部门要相互配合，在“三权”促“三变”过程中，涉及农村集体经济组织、农民用于出资之权利、资源，就存在法律规定与政策相抵触之问题，要尽快梳理并及早修订，以便有章可循、有法可依。

从塘约村变化看农村社区治理应处理好的几大关系

罗基仁*

目　次

一、前言

塘约村是贵州安顺市平坝区乐平镇一个山环水绕、林木茂盛的多民族村。地处乐平镇东北部，总面积5.7平方公里，辖10个自然村寨，11个村民组，921户3393人，辖区内有汉、苗、布依等5个民族共同居住。村党总支辖4个党支部，10个党小组，现有党员45名。全村属山区丘陵地形，森林覆盖率达76.4%，境内有木材、竹子、煤炭等自然资源，林地资源面积1200亩，其中成材林蓄积量4万余立方米，竹子215亩。

塘约村以前默默无闻，名不见经传。2014年6月遭到一场大洪水洗劫，田和路多数被冲毁，部分村民房屋被冲倒，对于原本就是省级二类贫困村的塘约而言可谓雪上加霜。穷则思变，绝路逢生。大灾之后，时任安顺市市委书记周建琨到村庄检查灾情，帮助村支书开展灾后重建，在市、区、镇三级党委政府支持下，塘约村走上了党建统领、村社一体、抱团发展、合股联营、村民自治、共同致富的发展道路。2016年全村农民人均纯收入达到10,030元，是两年前的2.65倍；村集体经济收入达202万元，是两年前的50倍。2016年，塘约村党总支被贵州省委授予全省先进基层党组织称号，贫困村蜕变成了“小康示范村”。塘约村的变化引起各方关注，尤其是中国作家协会报告文学委员会副主任、当代著名作家王宏甲老师《塘约道路》一书出版和广为流传后，塘约道路、“塘约经验”、塘约模式引起了新闻媒体、党政部门、社科理论界持续不断的热议，几个月来，从村到省各个层面组织到塘约考察学习的队伍络绎不绝。

---

* 中共安顺市委党史研究室副调研员。

二、塘约村变化的主要原因

由于工作之便，笔者近几月来对塘约村进行了一些调研，了解到塘约村变化的主要原因如下。

（一）有一个好的带头人，有一个好班子，有一支好队伍

“村书记左文学能力强，党组织领导有力，能把党员干部拧成一股绳，把群众组织起来，是塘约快速发展的关键”，这是去过塘约村的人共同感受。左文学是塘约村之变的领头人，他高中毕业，年轻时打过工、搞过养殖、当过会计，家里办了个木材加工厂。四乡八邻公认他是个能人，但他说，塘约村能有今天主要原因是“四级干部梯队”，即村“两委”干部、离任老村干、产业经营管理干部、优秀党员和致富带头人组成的后备干部在发挥作用。塘约村党员47名，2015年成立党总支，下设4个党支部，在灾后重建和产业发展上党员都发挥了先锋模范作用。几年来，塘约村“三会一课”执行得雷打不动，党总支每周开例会，村两委干部参加。党小组会每半月至少开一次，落实村“两委”布置的工作任务；党员大会至少每月开一次，重点学习党章和习近平总书记系列重要讲话，并听取党员意见建议。依托村民小组建立了10个党小组和11个组委会，组委会成员都是本组村民代表，负责组内公益事业建设、矛盾纠纷调解及落实工作任务。笔者到一个村民小组座谈，党小组有4名党员，组委会有8名村民代表，春节以来1个多月他们召开了3次议事会，商议落实防火、土地确权、修沟渠等事项。村组干部和党员、村民代表在党总支领导下对全村实施精细管理。

（二）改革农业产权制度，“七权同确”，通过明晰产权把村内资源变成经营资产

水灾之后，村内百废待兴。村“两委”组织全村上下从摸清家底开始重建，村里建立了信息台账，对土地承包经营、山林归属、集体土地、集体建设用地、房屋、小型水利工程和农村集体财产等7类资源进行确权，精准到户、到人、到集体。在明晰产权基础上，成立产权交易中心，制定流转交易办法，配套土地储备、产权评估、利益共享、风险保障、金融支撑等措施，使“七权”具备了流转、抵押、担保、入股等多种权能。设立村级金融担保基金，农户可以把土地承包经营权、林权和房屋所有权抵押给村集体，村集体为农户创业进行担保贷款。到2017年3月，已为137户农户低息融资1100多万元，村集体还融资200万元建立了商品蔬菜基地。“七权同确”让村内各类资源清清楚楚，为开展集体经营创造了条件。

（三）改革农村经营体制，村社一体，通过规模化多元经营提高集体收益

村里成立集体所有的“金土地”合作社，按照村民自愿原则，全村921户4860亩耕地根据肥瘦程度全部折价入股到合作社，共有土地股5230股。在合作社旗下，组建农业生产团队、建筑公司、运输公司、劳务输出公司、妇女创业联合会，优化分配全村劳动力资源。到2017年上半年，农业生产团队共有4个基地，主要集中种植蔬菜、莲藕、精品水果、羊肚菌等经济作物。为保证农业生产获得更大效益，合作社还聘请了营销团队、技术指导团队，成立了农机服务队，集体购置了100多万元的大型农机。合作社的盈利40%分配给入股农户按股份分红（2016年每股增值分红300元），30%用于合作社滚动发展，20%用于风险基金，10%用于村集体公益事业和支付村干部

报酬。建筑公司、运输公司、妇女创业联合会等逐步红火起来，为900多名返乡农民工解决了就业问题。

（四）走群众路线，明确奖惩，通过量化考核让村民监督党员和干部

村党总支对党员实行每月满分10分、全年120分制“驾照式”扣分管理，将其日常表现细化为学习教育、组织生活、履行职责、廉洁自律和遵纪守法5类40多项内容，违反某项具体规定扣相应分值。每个党员都有一本《党员积分册》，由所在组委会保管，小组村民议事会每月进行测评打分，年终分值超过80分的党员按照组长报酬标准给予奖励，少于60分的视为不合格，连续3年不合格的向上级报告劝其退党。对村干部管理更加严格，采取“定岗不定人、年底满分100分兑现3万元年薪”考核制。平时每周一例会给村“两委”干部分配工作，周五晚上根据各人完成情况互相画“✓”或画“×”，如果连续3周未能完成交派任务，则自动辞职“下岗”，由其他有能力的人接替，每周考评结果按照50%权重计入全年考评总分。年底由村民组长和全体农户对村干部测评，村民组长评分占30%权重，农户评分占20%权重，三项得分作为干部绩效考核依据，少得1分就扣300元，2016年度考核中有的村干部被扣了1万多元。对村民小组长也进行百分制考核管理。对各产业体负责人实行“定产值、年薪制”管理，完成不了产值的扣年薪，超过产值的拿出超值部分红利的30%进行奖励。

（五）加强民主监督，村务和财务公开透明让村民心里透亮

村民对村庄事事知情、能参与监督、有发言权，才会自觉跟着走、抱成团。为此，村“两委”组织每15户左右农户推选1名村民代表，组成村民代表会议并定期召开，对在村“两委”联席会商议提交的重要事项进行审议作出决定。推选3名老党员作为村务监督委员，与13名村干部同薪酬同考核，专职专责履行“村纪委”职责。村监委全程参与村务公开、产业发展、项目建设和财务报账等事务，对办公经费使用、低保、危房改造、机耕道和通组路等民生项目进行监督。在财务管理上，村里只设一个财务核算中心，聘请原担任平坝区信用社营业部主任的退休干部担任负责人，进行统一结算，严格财务制度，1万元以上开支由村民代表会议表决。村监委对各生产专业队大额物资采购进行广泛议价，不让村集体花冤枉钱，村监委成员要在每张报销发票上签字认可。在严格监督下，村“两委”拟办实事、办理过程和结果等及时向群众公示公开，让群众真正知晓村里大小事务及村“两委”工作开展情况。

（六）德法并举，教育引导村民移风易俗、树立新风尚

定期开展道德讲堂宣讲，每年评比“好婆婆”“好媳妇”“道德模范”“五好家庭”，引导群众树立勤劳致富、自尊自强、文明进步等新观念。针对村内不文明行为，经广泛征求群众意见制定“红九条”，规定“凡不参加公共事业建设者、不交卫生管理费者、滥办酒席铺张浪费者、贷款不守信用者、不按规划房屋乱建者、配合组委会工作不积极者、不执行村支“两委”重大决策者、不孝敬不奉养父母者、不管教未成年子女者”列入“黑名单”，3个月考察期内无法办理任何手续，无法享受任何惠民政策，考察期合格后才能恢复这些权利。针对整改滥办酒席，组建红白理事会，推行酒席申报备案制，禁止操办结婚和丧葬之外其他酒席，明确结婚八菜一汤、丧葬大锅菜，不发整包烟和纪念品，对违规办酒的村民列入“黑名单”。村里统一购置餐具、厨具、桌椅，组建服务队为

村民提供“一条龙”服务,村集体补贴结婚1000元、丧葬3000元服务费。

三、从塘约村变化看农村社区治理应处理好的几大关系

在短短两年多的时间里,塘约村的变化可以说是全方位的。它初步具备了“生产发展、生活宽裕、村容整洁、乡风文明、管理民主”的新农村雏形,正走在一条康庄大道上,塘约村的农村社区治理取得了明显成效。笔者认为,它至少启示我们,农村社区治理应处理好以下几大关系。

(一)党的领导、基层政府与自治组织的关系

党的领导是村民自治的政治前提与根本保证。坚持共产党领导、人民当家作主和依法治国的有机结合与辩证统一,是中国民主政治建设的根本规律,是中国特色社会主义民主政治的根本原则。中国农村基层群众自治是农村居民根据法律自主管理本村事务的基层民主制度,是中国特色社会主义民主的一种重要形式,是社会主义民主在我国农村的最广泛的实践。作为社会主义民主具体实现形式的村民自治,尤其需要加强共产党的领导。首先,村民自治是在最基层、地域最广阔、经济文化相对不发达的农村进行的难度最大的改革,其复杂性、艰巨性比其他民主内容有过之而无不及,更需要统一、稳定的组织领导。塘约就是一个生动的典型,无论是产权制度改革、经营体制改革还是文明乡风的树立,都是在上级党委大力支持和村党组织的坚强领导下实现的。其次,由于我国历史上经历了漫长的封建专制统治,加之我国农业生产的分散性特点,农民很难自发地形成民主意识,更难以通过自觉的组织行为来实践和发展民主政治,如果离开了中国共产党的领导,村民自治就很难成为保障村民实现当家作主权利的民主政治的制度载体,而很有可能被农村的落后势力所利用,成为其支配和控制农村社会的工具,从而使村民自治脱离社会主义民主的轨道,失去其应有的意义和价值。塘约村就是在党组织的坚强领导下实现“党总支管全村,村民管党员”的。最后,村民自治是在经济、文化相对落后,社会成员的素质普遍较低,封建宗法观念影响严重的广大农村地区推进政治现代化的过程,这种以村民的广泛政治参与为主要内容和特征的政治现代化过程如果没有中国共产党的坚强领导和科学指导,则不仅难以健康顺利发展,而且很容易导致混乱,成为影响农村政治和社会稳定的源泉。塘约村就是在党组织的坚强领导下,制定和认真执行一系列党员、村干部监督管理制度和村民监督管理制度,从而确保了村民自治的正确方向。

因此,必须充分发挥基层党组织的领导核心作用。把加强基层党的建设、巩固党的执政基础作为贯穿农村社会治理的主线,以改革创新精神探索加强基层党的建设引领社会治理的路径。加强和改进乡镇、农村社区党组织对社区各类组织和各项工作的领导,确保党的路线方针政策在农村社区全面贯彻落实。推动管理和服务力量下沉,引导基层党组织强化政治功能,聚焦主业主责,推动乡镇党委把工作重心转移到基层党组织建设上来,转移到做好公共服务、公共管理、公共安全工作上来,转移到为经济社会发展提供良好的公共环境上来。加强社区服务型党组织建设,着力提升服务能力和水平,更好地服务改革、服务发展、服务民生、服务群众、服务党员。健全社区党组织领导基层群众性自治组织开展工作的相关制度,依法组织居民开展自治,及时帮助解决基层群众自治中存在的困难和问题。加强城乡社区党风廉政建设,推动全面从严治党向城乡社区延伸,切实解决居民群众身边的腐败问题。

基层政府在农村社区治理中起主导作用。要按照条块结合、以块为主的原则，制定乡镇政府在社区治理方面的权责清单；依法厘清乡镇政府和基层群众性自治组织权责边界，明确基层群众性自治组织承担的社区工作事项清单以及协助政府的社区工作事项清单；上述社区工作事项之外的其他事项，乡镇政府可通过向基层群众性自治组织等购买服务方式提供。建立乡镇政府和基层群众性自治组织履职履约双向评价机制。基层政府要切实履行农村社区治理主导职责，加强对农村社区治理的政策支持、财力物力保障和能力建设指导，加强对基层群众性自治组织建设的指导规范，不断提高依法指导城乡社区治理的能力和水平。塘约村短时间之内发生重大变化，一个重要原因是得益于市、区、镇政府的正确指导和大力支持。

自治组织在农村社区治理中起基础作用。要进一步加强基层群众性自治组织规范化建设，合理确定其管辖范围和规模。促进基层群众自治与网格化服务管理有效衔接。完善农村社区民主选举制度，进一步规范民主选举程序，通过依法选举稳步提高农村社区居民委员会成员中本社区居民比例，切实保障外出务工农民民主选举权利。进一步增强基层群众性自治组织开展社区协商、服务社区居民的能力。建立健全居务监督委员会，推进居务公开和民主管理。充分发挥自治章程、村规民约、居民公约在城乡社区治理中的积极作用。塘约村成立了村民代表大会，并建立了村民代表大会制度、村规民约尤其是“红九条”等村民监督管理制度，有效规范了各方面的权利义务，明确了行为规则，树立了良好风气。

总之，在农村社区治理中，党的领导是保障，居于核心地位，基层政府是主导，自治组织是基础，三者要密切配合，不可偏废，也不可替代。

（二）德治、法治、自治的关系

在农村社区治理中，法治、德治、自治是一个有机组成部分，缺一不可，法治是引领和主导，德治是动力和教化，自治是主体和管理。

党的十八届四中全会指出：“坚持依法治国和以德治国相结合。国家和社会治理需要法律和道德共同发挥作用。必须坚持一手抓法治、一手抓德治，大力弘扬社会主义核心价值观，弘扬中华传统美德，培育社会公德、职业道德、家庭美德、个人品德，既重视发挥法律的规范作用，又重视发挥道德的教化作用，以法治体现道德理念、强化法律对道德建设的促进作用，以道德滋养法治精神、强化道德对法治文化的支撑作用，实现法律和道德相辅相成、法治和德治相得益彰。”塘约村认真学习贯彻党的十八届四中全会精神，坚持德治、法治、村民自治“三治合一”，结合本村实际情况，切实发挥好德治的引领作用、法治的规范作用与自治的基础作用。

德治属于思想建设，属于精神文明。发挥好道德的教化引领作用，以道德滋养法治精神，强化道德对法治文化的支撑作用，大力弘扬社会主义核心价值观，弘扬中华传统美德，着力预防和减少社会矛盾。塘约村定期开展道德讲堂宣讲，坚持以评立德，按照引导有方向、评判有标准、学习有榜样的要求，每年评比“好婆婆”“好媳妇”“道德模范”“五好家庭”，引导群众树立勤劳致富、自尊自强、文明进步等新观念，传递社会主义核心价值观和正能量，构筑村民群众的精神家园。

法治属于政治建设，属于政治文明。坚持依法治村，是助推塘约蜕变的又一重要举措。塘约村坚持加强法治建设，运用法治思维和法治方式解决改革发展稳定中遇到的问题。2014 年 6 月 3 日，塘约村被一场百年不遇的大洪水摧毁良田、道路、村庄，让这个本来就十分贫穷的村子变得满目疮痍，一贫如洗。这场大水让村民们深切体会到了单家独户、分散经营的农村产业模式抵御风险的局限性，为了摆脱贫困现状，塘约村积极探索，大胆尝试，探索出“合股联营、村社一体”的塘约模式，对全村土地承包经营权、林权、集体土地所有权、集体建设用地使用权、房屋所有权、小型水利工程产权和农村集体财产权等“七权”进行精准确权，实现产权所有权、经营权、承包权分离，成为平坝区“七权同确”第一村。通过对各类产权进行确权、赋权、易权，有效地盘活了农村沉睡的资产资源。以土地为资产，盘活土地资源，为土地流转、入股发展打下基础。采取规模化、公司化的农业经营方式抱团发展。在短短的两年时间里，塘约村实现了从一个省级二类贫困村到小康示范村的华丽转身。

党的十八大报告明确提出：“要健全基层党组织领导的充满活力的基层群众自治机制，以扩大有序参与、推进信息公开、加强议事协商、强化权力监督为重点，拓宽范围和途径，丰富内容和形式，保障人民享有更多更切实的民主权利。”这充分表明村民自治制度是发展社会主义民主政治的题中之意，在国家政治和社会生活中占据重要位置。塘约村认真学习贯彻党的十八大精神，将村民自治与德治有机结合起来，充分发挥村民自治对法治的重要补充作用。2015 年 7 月村党总支采取意见箱、召开群众院坝会等形式收集群众对村“两委”工作意见。针对反映强烈的村内滥办酒席的陋习，经过村民代表大会研究讨论，制定了包括整治滥办大办酒席、不诚信、不赡养父母或不抚养教育子女等方面的“红九条”，实现村民自我管理，自我监督。为监督“红九条”的贯彻落实，塘约村组建了一支由寨老、乡贤、村干部、村民代表为主体的“执法队伍”，公平公正公开执行“红九条”。针对村内红白喜事，成立了红白理事会，对违反“红九条”的村民，坚持零容忍执法，树立村规威信和尊严。对违反“红九条”任何一条规定的村民，将按“黑名单”制度管理。列入“黑名单”的村民，3 个月内无法办理任何手续，无法享受任何惠民政策。3 个月考察期合格后，恢复其权益。同时，建立补贴红白喜事帮厨制度，组建 3 支专业服务队，无偿为村民提供“一条龙”酒席代办服务，以“理事会包办”取缔“村民滥办”，服务队所需设备及服务人员劳务补贴全部由村集体资金统一列支，有效革除了陈规陋习。

要通过对德治、法治、自治的整体推进和相互作用，最后达到“用法说话，以德服人，自治管理”。

（三）乡贤治村与依靠群众的关系

我国几千年的封建社会有“乡绅治村”的传统，当代“乡贤治村”是对传统“乡绅治村”的传承、拓展和创新。“乡贤”是指那些既有广泛人脉或致富本领和雄厚经济实力，又有较高综合素质想为群众干事、能为群众干事的德才兼备的农村精英。

现阶段中国农村基层“乡贤治村”现象的产生，有其深刻的时代背景。中华人民共和国成立以来，随着社会主义改造的基本完成，中国在农村逐步推行“政经社合一”的人民公社体制。这种高度集中的经营管理体制造就了高度同质化的农民，只有少数出身好、能领会上级政治意图的农民，才有机会获得选拔而成为社队干部。因此，这种管理体制尽管有利于国家对农村的管理和资源的汲取，却极大地扼杀了农民从事生产劳动的积极性，也不利于体制外乡村精英的培育和成长。党的十一届三中全会以来，人民公社管理体制在农村逐渐解体，取而代之的是政治层面上的村民群众自治制度和经济层面上的家庭联产承包责任制。在国家以经济建设为中心的发展战略下,农村中一批有眼光、敢冒险、善经营的经济能人脱颖而出,通过从事专业化、规模化的农业生产或非农经济而率先富裕起来,成为受人羡慕的经济能人。他们在经济上成功后,转而寻求政治上的地位,通过参加村级选举或上级组织的提携任命,担任了村级组织的领导人,主导着村级公共权力的运作,形成了农村基层政治生活中的“能人治村”现象。但是,“能人治村”模式也在实践中暴露出自身的缺点和不足,由于“能人治村”的绩效在很大程度上取决于治村能人的判断力,因此,一旦出现决策的失误,就会对村庄的发展产生负面影响。同时,一些能人之所以问鼎村庄领袖位置,是希望借助政治地位更好地实现其自身的经济利益,而对村庄公共利益的维护和增量却关注不多。这样的“能人治村”显然不是党和政府所希望的,也不是农民群众所期盼的。

进入21世纪以来,如何实现乡村又好又快的发展,成为党和政府所关注的一个重大战略问题。党的十八大以来,中央对于加快农村建设提出了更清晰的目标和更明确的要求,乡村的治理和建设迫切呼唤德才兼备的领头雁——乡贤。2014年全国政协委员、香港利万集团董事长王志良在两会期间《关于在全国推广乡贤文化研究的建议》的提案中就提及此问题。提案中,他介绍了浙江省绍兴市上虞区的乡贤文化研究,希望通过弘扬乡贤文化,推动更多德才兼备的乡贤投身乡村建设。与此同时,在绍兴市上虞区祝温村还涌现出一个杭兰英。杭兰英作为书记与村干部群体一起,数十年为一日,把一个原来集体经济薄弱、人心涣散的村落建设成为一个经济发展、乡风文明、民心凝聚的新农村的典型事迹,被当地政府作为一个乡贤治村的样板广为推崇,受到中央高层的充分肯定。

时至21世纪的今天,在中国的乡村治理和建设遭遇空心化侵蚀的现实困境下,能不能重新挖掘乡贤文化,培育乡贤治村现象,已经成为能否留住乡愁,从而在根本上改变乡村治理和建设缺乏生机之窘境的关键。因此,这个问题已经引起各方有识之士的关注和重视。时任中宣部部长刘奇葆在2014年召开的一次全国性会议上指出,乡贤文化植根乡土社会,紧贴乡村基层,其中,见贤思齐、崇德向善这些正面、向上的力量构成了乡贤文化中最主要的文化内核。基于此,刘奇葆指出,在现阶段乡村治理和建设中,要继承和弘扬有利于当代的乡贤文化,要注重发挥新乡贤在新农村建设中的示范和引领作用。塘约村的左文学就是当代中国乡村的一个富有经验、学识、技艺、专长、财富和奉献精神道德素养的新乡贤,他以促进塘约村建设和发展为己任,积极谋划和带头参与脱贫攻坚建设小康的各项工作,两年多时间里,使全村和村民的面貌翻天覆地焕然一新。

从塘约村的实践我们可以看出,乡贤治村和依靠群众是农村社区治理相辅相成的两个方面,乡贤治村是主导,依靠群众是基础。乡贤治村才能改变基层组织软弱涣散,农村一盘散沙、停滞不前的状况,依靠群众才能凝聚发展力量实施有效监督,确保农村健康持续发展,维护好广大群众根本利益。

民营企业实施精准扶贫的实践探索

——兴伟集团帮扶普定县秀水村脱贫攻坚调研报告

卢启伦*

目　次

一、前言

为响应省委、省政府打赢扶贫脱贫攻坚战的号召，助推贵州同步小康，切实履行民营企业扶贫帮困的社会责任，贵州本土民营企业兴伟集团于 2015 年 4 月，选择贫困程度较深的普定县龙场乡秀水村实施定点帮扶，以打造"美丽乡村"为切入点，以产业扶贫、基础设施扶贫、项目化精准扶贫为主要抓手，通过理念创新、机制创新、管理模式创新，探索走出一条开放型、内涵式、村企联动扶贫脱贫的有效模式。一年时间，秀水村容村貌得到明显改观，昔日贫困的村寨变成了投资的热土、致富的摇篮，昔日人迹罕至的荒山种满"摇钱树"，成了"花果山""聚宝盆"。昔日破旧不堪的农房变成一幢幢别致舒适的乡村别墅、农家旅馆，昔日贫困的村民转眼变成了股东、公司员工，集体经济有了实体支撑，有了稳定收入，国内外游客纷至沓来，儿童乐园、卡丁车场、水上漂流等项目备受追捧，村民收入、幸福指数大幅提升，秀水扶贫脱贫模式成为推广应用资源变股权、资金变股金、农民变股民"三变"改革经验的典型范例，值得关注。

二、秀水村历史性巨变

普定县地处黔中腹地，距离安顺市区仅 20 余公里，但由于土地面积狭小，1000 平方公里的土地承载了 45 万之众的人口，是贵州省人口密度最大的县区之一。该县属典型的喀斯特岩溶地

* 贵州省发展和改革委员会国民经济综合处处长。

貌,土地石漠化十分严重,经济发展滞后,是贵州50个国家级贫困县之一。秀水村位于安顺市普定县龙场乡,距离县城7公里,由包上村、索桥村、旧院村、裸志村、牛角村、水潮村、小寨村等7个自然村组成,全村共有村民972户共3074人,贫困人口1321人,495人靠低保维生,是一个以汉族为主,苗族、布依族、仡佬族等多个少数民族聚居的自然村,少数民族人口占12.5%。秀水村土地面积9.33平方公里,适合种植经济作物的只有5200多亩,人均仅1.65亩,2014年人均可支配收入不足2000元,全村无产业、无集体经济、无增收来源,老百姓靠种粮食和外出打工维持生计,是比较典型的空壳村、空巢村、贫困村。

兴伟集团是一家本土民营企业,涉足矿产、房地产、大健康医疗养生等诸多领域,通过多年努力,企业不断发展壮大,效益不断提升,企业一直热心公益事业,公司董事长王伟是全国政协委员、全国工商联常委、省工商联副主席,他通过多次实地调研,反复与村民沟通座谈交流,发现秀水村旅游资源丰富,有山、有水、有景,民族文化多元,气候适宜种植,秀水河贯穿全境,河道长约4公里,具有旅游综合开发价值,贫困的主要原因是地处山区,交通不便,村民文化素质不高,思想观念相对落后,只要思路对、措施实,无私帮、真情扶,就一定能够找到脱贫致富“良方”,全村短期脱贫大有希望。经过科学系统的研究,王伟毅然作出筹资3亿元帮扶秀水脱贫的决定,对帮扶模式、路径、抓手进行了系统研究和科学谋划,提出了资源整合、项目规划布局、有序推进扶贫脱贫的工作方案。

1年来,兴伟集团以旅游资源开发为切入点,整合企业和秀水村的资源力量,大力改善基础设施,有序推进农旅结合、综合开发,在提升生态质量、保护生态环境的前提下,依托独特的地理优势和旅游文化资源,谋划建设基础项目、产业项目数十个,累计完成投资近3亿元,使秀水村容村貌和产业发展基础在较短时间内跃上一个大台阶,村民得到了实惠,集体经济组织得到了发展,600多名外出务工村民先后回村创业、在家就业,贫穷的秀水初步找到了致富“良药”。目前,风情商业街、秀水湖垂钓乐园、儿童乐园、卡丁车场、跑马场等项目已经建成使用并产生经济效益,1200亩经果林已经栽种完毕,“秀水会议中心”已经开门迎客并成功承办了贵州省工商联大健康产业精准脱贫、民企助推贵州经济发展论坛等省级大型会议,河道漂流、二十四滩景区、露营酒店、射箭场、荷花池、文化广场、700亩蔬菜基地、200亩体验式农业基地、200亩花卉基地等项目正在加紧建设。据不完全统计,2016年春节期间到秀水村休闲旅游的人数达到30多万人次,仅停车费收入就超过120万元。

表1 兴伟集团帮扶秀水村前后有关指标变化

序号	指标	2015年5月	2016年2月
1	村民人均月收入	230元	650元
2	外出务工人数	960人	600人
3	村民在村创业人数	50人	200人
4	村民在村就业人数	0	650人
5	在村就业务工村民月均收入	0	1500元

续表

序号	指标	2015 年 5 月	2016 年 2 月
6	外地来村创业就业人数	0	12 人
7	旅游接待人次	0	50 万人
8	旅游总收入	0	320 万元
9	村集体经济组织个数	0	3 个
10	村集体经济组织经营收入	0	320 万元

三、兴伟集团帮扶秀水的主要做法

一是扶智聚力，治本图变。扶贫先扶智，治穷先治愚。兴伟公司帮扶秀水村时，首先从统一思想、提振精气神入手，向制约扶贫脱贫的传统落后观念“开刀”，着力解决部分村民长期存在的“等、靠、要”思想和不思进取的“庸、懒、慢”意识，既注重资金投入，更注重植入先进的经营管理理念和健康向上的精神文化。王伟走村串寨，通过召开院坝会、村民代表座谈会等方式，与村民促膝谈心，摸实情、解民忧，讲政策、谈想法，把真心帮扶秀水的思路谈清楚，把需要村民配合支持的事情讲明白，他的扶贫思路得到老百姓的广泛响应和村支“两委”的理解，得到县委、县政府的大力支持，老百姓从犹豫观望、消极对待变为积极建言、主动投入，真正成为脱贫攻坚主体，这是兴伟帮扶秀水能够短期见效的根本所在。兴伟集团结对帮扶秀水村以来，县委、县政府和省市县发展改革等部门多次到秀水村调研指导工作，县有关部门选派干部驻村帮助策划项目，协助做好村民思想工作，全程参与纠纷调处，引导村支“两委”干部和村民尽快适应现代市场管理的新要求，创新培育新业态、新模式，为企业有序推进扶贫脱贫营造了良好的环境。兴伟集团通过多种渠道对老百姓和村集体经济组织的管理人员进行教育培训，使村民普遍提升文明素养、强化市场经营理念、掌握一定职业技能，尽快从小农经济和封闭传统的思想束缚中解放出来，真正形成了企业帮扶、村民主体的村企联动扶贫脱贫攻坚工作格局。

二是系统谋划，有序开发。通过调研，兴伟集团明确提出了以旅游开发为主线，农业综合开发为基础，农旅结合、村企互动、公司化运营的扶贫开发思路，引导老百姓以土地自愿入股，优先吸纳村民就业，对建设项目实行统一规划、分步实施，初期建设项目由兴伟集团全额出资、统一建设，项目建成后，无偿移交给村集体经济组织统一经营管理，兴伟集团通过指导村支“两委”成立公司，引进管理人才对公益性项目和经营性项目进行后期经营管理，既解决了村民就业问题，壮大了村集体经济实力，又促进了新项目的有序开发和扶贫脱贫成果的巩固提升，辐射带动更多的村民脱贫致富。王伟着眼当前，立足长远，为秀水村脱贫致富系统设计了“三步走”的开发建设思路和阶段性目标。第一步为建设起步期，重点是完善交通、通讯、亮化、美化基础设施和产业配套基础设施，优化生态环境，种花植草栽经果树，搭建公司化运营平台，打造旅游品牌，让村民在参与工程项目建设、项目管理中实现增收，目标是让村民收入在上年的基础上增长 3 倍，目前这一步基本实现；第二步为产业加速发展期，主要是推进项目建设，做好旅游休闲服务、精品农业种植、商务会展等文章，理顺经营管理机制，通过招才引智提升管理水平，通过招商引资提升产业发展水平，通过“股份制”运作夯实集体经济发展基础，促进村民增收致富，目标是让村民收入在现有基础上增长5倍；第三步为稳步发展期，管理机制基本完善，村民均有稳定增收渠道，经果林等投资周期较长的农林产业开始发挥效益，实现村民收入增长10倍以上。为了促进扶贫项目有序实施、村集体经济组织规范运转，保障村民正当权益，秀水村选举出村民代表组成村民代表委员会，对扶贫脱贫重要事项进行审议决策，对村集体经营行为和利益分配实施监督。

三是夯实基础，改善村貌。兴伟集团在调研中发现，基础设施落后是秀水村长期不能摆脱贫困的一个重要原因，要让秀水村民真正走上致富道路，必须下大力改善基础设施，为此无偿投资对秀水村交通、通信、环境等基础设施进行统一规划建设，目前已新修8米宽的大道10公里，道路两旁同步建设了绿化带及路灯设施，极大地改善了进村交通条件和村容村貌。为完善产业配套基础设施，推动全村产业有序开发，兴伟集团出资对7个自然村的电力线路集中进行改造，提高了供电保障能力；对秀水河进行景观规划整治，清理河道4公里，筑坝20个，新修河道2公里，为秀水河旅游综合开发奠定了良好基础。同时，加快完善通信基础设施，实现移动、电信、联通网络全覆盖，并对秀水实行全域绿化、亮化。村容村貌和产业基础的改善，为秀水村更好集聚资源要素、吸引外来投资营造了良好的环境。

四是农旅结合，产业帮扶。产业兴则百姓富。秀水村虽然经济落后，但生态农业优势明显，旅游资源丰富，农旅结合的产业扶贫路径比较符合实际。兴伟集团通过调研，确定了以集团无偿投资、项目化扶贫为主，村民以多种方式参与建设经营，合力开发具有区域特色的乡村休闲旅游、山地特色旅游、生态农业观光旅游等产业，通过旅游带动特色农业、观光产业发展，促进农业规模化、产业化经营的扶贫路径。一年时间，兴伟集团对秀水村的山地特色旅游产业发展进行了系统规划并出资进行开发建设，重点围绕秀水河、龙滩、秀水湖三大中心景区，精心打造漂流、滩水、水上游乐等主题旅游线路和相关配套项目，已建成停车场6个，秀水漂流、秀水湖水上乐园、龙滩风景区、秀水酒店、秀水赛车场、秀水跑马场、秀水商业街、秀水儿童乐园、秀水特色农家乐、十二生肖广场、二十四孝广场、儒释道广场、九鼎广场、前言后记广场、天然浴场、垂钓场等多个旅游景点正式向游客开放。为了让村民在农旅结合项目开发建设中真正受益，兴伟集团出资对秀水7个自然村村民原有老寨子进行修缮和改造，统一进行包装打造，建成村茶室、咖啡馆、酒吧等生态休闲氧吧，既提升了乡村文化品位，让乡村不失现代时尚，又让游客记得住乡愁。同时，新建400栋房屋无偿送给秀水村村民，通过村民自愿和公平、公开、透明的方式，让生活在老寨子的部分村民搬到新房居住，这400幢新房均按两层180㎡进行设计建设，二楼有两间房按照三星级酒店标准装修为住宿套房，一楼预留两间铺面，供村民做生意搞经营。此外，兴伟集团还规划建设了30户农家乐项目，由村民通过公开竞标来承包经营，承包收入归村集体所有。这样，秀水村民每年除了从“秀水五股”模式分红获取受益外，还能通过产业化经营实现增收，形成了家家户户开旅馆，吃、住、游、乐一体化的脱贫致富亮丽风景。

在推进现代生态农业产业化经营和体验式观光农业发展方面，兴伟集团按照短期见效益、长期护环境的思路，着力推进特色经果林、生态有机蔬菜和市场前景较好的花卉种植，因势利导发展家禽生态养殖，规划建设李子果园586亩、桃园742亩、杨梅园516亩、竹柳园230亩、楠竹园194亩、蔬菜种植基地500亩、花卉盆景园500亩、葡萄园500亩、桂花园600亩、金刺梨园500亩。

同时，还规划建设渔场300亩、养殖基地200亩、生态酿酒坊3个、生态养蜂场5个等，项目都在有序推进。下一步，兴伟集团还将把秀水村所有的土地进行整体规划，引导村集体统一进行有序开发，通过做长产业链、建立村组联动机制，逐步把秀水脱贫效应辐射到周边其他村组。

五是公司化运作，股份制管理。兴伟集团调研发现，要让秀水真正脱贫，光靠无偿投入是不够的，必须引入市场经营管理机制，为此指导村集体成立了旅游资源开发有限公司、农业开发有限公司、花卉开发有限公司，统一管理全村产业发展项目，推进后期项目开发，并接受村民代表的监督和乡政府的审计。兴伟集团在秀水公司化运作中，实行无偿帮扶，一份股份不留，一分效益不要，公司无偿投资开发的山地旅游和生态农业产业项目所产生的经营收入，按人头股、土地股、效益股、孝亲股、发展股"秀水五股"分红模式分配给全体村民和村集体。其中，人头股占10%，凡是户口在秀水村且常住秀水的村民，人人享有，每年从村集体收入及所属公司利润中按10%的比例计提；土地股占30%，每分土地计一股，以户为单位按入股土地面积据实进行分配，每年从村集体收入及所属公司利润中按30%的比例计提；效益股占30%，以村民参与劳动计股，在项目建设期间，村民以投工投劳方式参与项目建设，按出工情况计分并通过村民代表大会讨论核定计分，项目建成后，村民获取相应股份；孝亲股占5%，按秀水村65岁以上老人人数平均分配，人人享有，每年从村集体经济收入及所属公司利润中按5%比例计提；发展股占25%，每年从村集体经济收入及所属公司利润中计提25%，主要用于秀水村所属项目运营管理开支包括项目维护、改扩建等，对秀水村考取大、中专院校的村民学子实施学费资助，对家庭遇到重特大自然灾害、重大疾病的秀水村农户予以帮助。

兴伟集团在帮扶秀水建设期间，从制度层面构建了秀水建设发展、村民稳定增收的长效机制，有效避免了因灾返贫、因病返贫、劳力不足致贫等问题。正如省长孙志刚所言，"秀水村的天亮了"。

四、几点启示

秀水村从贫穷落后走向富裕文明、从封闭走向开放的巨变难以令人置信，但却是活生生的事实；办企业、做股东，人人都可以在家门口做生意，实现就业创业梦，世世代代生活在这里的村民过去想都不敢想的事，今天却让自己亲身体验、终身受益；同样是这片贫瘠的土地，过去一贫如洗、杂草难生，如今却成了投资、开发的热土、旅游的胜地、生活的乐园。秀水的变化不是梦，秀水的未来不是梦，秀水村扶贫脱贫的实践，对推进科学治贫精准扶贫有效脱贫可以得到以下六点启示。

一是推进企村联动精准扶贫，必须得到党委、政府和各部门的大力支持。扶贫攻坚是一项系统工程，重在项目化落实，需要得到村民组织和广大村民的理解、配合、参与，没有地方党委、政府的担当、支持和有关部门的帮助指导，企业再好的想法都难以落到实处。实践证明，政府引导支持、企业真情帮扶、多部门合力推动是实施精准扶贫的关键所在，兴伟集团帮扶秀水的一系列项目能够顺利推进并在较短时间内见到实效，除了企业无偿投入、村民主动参与外，还得益于县委、县政府和龙场乡党委、政府的高度重视和鼎力支持。

二是打赢扶贫攻坚战，必须要有创新进取、攻坚克难的企业家精神。新阶段的扶贫对象都是难啃的“硬骨头”，精准扶贫既需要全社会共同参与，更需要民营企业的责任担当和钉钉子的精神追求，王伟以真情践行扶贫帮困的社会责任，以求真务实的态度、“马上就办”的作风为秀水发展注入动力和生机，将企业文化、企业家精神根植于扶贫实践，促进了秀水村在短期内实现了历史性的巨变。实践证明，民营企业自身的生产经营搞不好，精准扶贫也难以见成效，扶贫攻坚需要更多像王伟这样富有社会责任感、懂经营善管理的企业家，需要兴伟集团这样敢于攻坚克难，敢于开拓创新和立说立行、无私奉献的企业精神。

三是扶贫脱贫攻坚需要实事求是、因贫施策，找准着力点和切入点。地区发展有差异，区域资源有差异，贫困地区村民素质有差异，这是一个客观的事实。村民长期受贫，既有客观条件的制约，也有主观努力不够的原因，还有因灾返贫、因病致贫等因素，兴伟集团通过广泛调研、充分论证，找准秀水发展的优势所在、潜力所在、希望所在，科学规划，对症下药，把思路变为项目、把扶贫脱贫梦想一步一步变为现实。秀水脱贫实践证明，帮扶既要动真情，更要有实招，才能见实效，光有一腔热情是远远不够的。

四是只有注重内涵式造血扶贫，才能让贫困村民长期摆脱贫困走上致富大道。兴伟集团帮扶秀水，既立足当前更着眼长远，除了无偿投入资金，还通过人才引进、技能培训、兴办项目、健全管理机制等，提升村民素质，夯实产业发展基础，改善产业发展环境，增强了村民造血机能，建立了脱贫致富的长效机制。实践证明，光靠资金投入、外部助力，只是杯水车薪、短期效应，更需要有系统的规划、市场的手段、有效的运营机制保障。

五是必须增强村民主体意识，才能彻底挖除“穷根”。扶贫脱贫攻坚，内因是决定性因素。兴伟集团短时间内帮扶秀水实现致富梦想，关键在于通过科学的制度设计、强力的外部推动，有效激发了村民的主人翁责任感，点燃了村民的干事创业激情。实践证明，要使村民彻底摆脱贫困，必须在增强村民主体意识、提升村民内在素养和致富能力上下苦功夫。

六是必须强化开放式扶贫理念，才能整合资源力量推进科学治贫、精准扶贫、有效脱贫。一个区域致贫，长期封闭、观念落后是一个重要因素，只有营造开放的发展环境，才能激发贫困地区的内在活力，实现资源要素配置效率的最大化。兴伟集团着力改善秀水基础条件，搭建经济发展平台，引进外部管理人才，提升村民文明素养，打通制约秀水村经济社会发展的“瓶颈”，让外部资源要素有序进入，使秀水村容村貌焕然一新，发展活力有效迸发。实践证明，推进精准扶贫和有效脱贫，只靠政府这只手是远远不够的，必须强化开放式扶贫理念、善于整合资源力量，只有这样，才能让贫困的山村与全国同步实现小康。

安顺市“三权”促“三变”改革引领扶贫开发运行机制研究

罗　强*

目　次

一、前言

随着产业结构的调整，农村剩余劳动力向城市转移，土地进入市场就成了必然。2017 年中央一号文件提出要深化农村集体产权制度改革，“落实农村土地集体所有权、农户承包权、土地经营权‘三权分置’办法”。[1] 从 2014 年起，安顺市就在全市开展农村土地流转经营权确权颁证和抵押融资试点工作，以“三权”促“三变”改革为抓手，深化农村产权制度改革，初步走出了一条符合安顺实际的农村改革发展新路。

二、安顺市“三权”促“三变”改革运行机制分析

2014 年 7 月普定县为普定思源农业生态园颁发了全省第一本《土地流转经营权证》，并成功融资 900 万元。随后，安顺市围绕权属明晰抓确权、围绕市场价值抓赋权、围绕资产流动抓易权，促进了资源变资产、资金变股金、农民变股东，在安顺扶贫开发中起到重要作用。

---

* 中共安顺市市委党校讲师。

〔1〕 参见中共中央、国务院《关于深入推进农业供给侧结构性改革加快培育农业农村发展新动能的若干意见》。

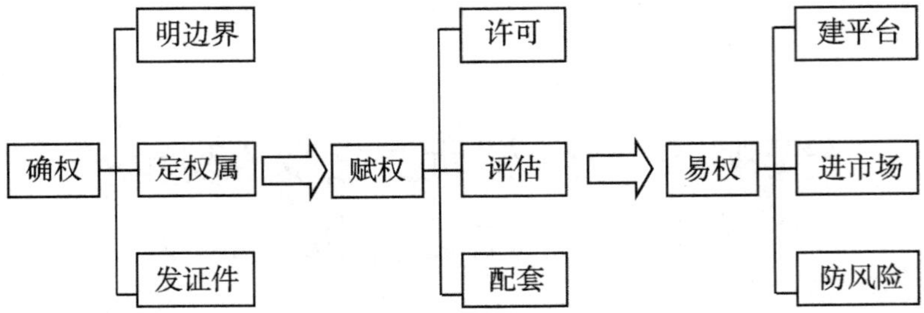

图1 安顺市“三权”促“三变”改革流程

(一)确权颁证是农村综合改革的基础

土地问题涉及广大农民群众的切身利益,安顺市在坚持土地公有性质不改变、耕地红线不突破、农民利益不受损“三条底线”的前提下,稳步推进农村土地承包经营权、集体土地所有权、集体建设用地和宅基地使用权、农民房屋所有权、集体林权、小型水利工程产权“七权”同确,进一步明晰农村资源资产权属,并颁发权证。

一是明边界。以国土部门专业测绘人员和农民代表共同组成测绘组,通过实地调查与查证历史资料,摸清各类地块、农房、小型水利工程的现状以及群众反映的争议纠纷,把实际丈量与卫星航拍相结合,尽力做到资料全、数据真、情况准。

二是定权属。张榜公示清查的历史资料、调绘勘测、集体资源资产清理核查初步结果,公示结果无异议的,由农户签字认可以确定权属。如有异议则重新核查、公示,直至绝大部分农户签字认可。

三是发证件。经公示无异议后,对农户承包土地、林地、房屋产权等按规定程序予以登记,并将结果再次公示,确认无异议后向户主发放权证。

安顺市将平坝区塘约村作为全市农村产权“七权”同确的试点,随后逐步向全市拓展。如表1所示,截至2016年,安顺市基本完成了全市农村资产的确权颁证。土地确权让农民吃了“定心丸”,为进一步赋权、易权奠定基础,推动土地承包经营权等入股合作社或企业,让资源变成资产,资金变成入股股金。

表1 2016年安顺农村资产确权颁证情况汇总

农村资源产权	确权、发证数量	确权、发证率
农村土地承包经营权	24.76万亩	—
集体林地	525.8万亩	确权率95.2%
小型水利工程	确权14,397宗,发证14,322宗	发证率99.5%
集体土地所有权	确权登记发证3987宗,面积1336.17万亩	发证率100%
宅基地使用权	确权登记143,027宗,面积2.5万亩	发证率89.41%
集体建设用地用权	确权登记3458宗,发证3132宗	发证率90.57%

(二)赋权是农村综合改革的关键

由股份合作中心、土地流转中心、金融服务中心、营销信息中心通过许可、评估、配套三项措施赋予农村各类产权流转、经营、抵押担保、收益等权能,促进土地流转,助推农民增收致富。[1]

一是许可。安顺先后出台了《“三权”促“三变”改革的实施方案》《农村资源和集体资产股份化改革的意见》《集体林权制度改革工作实施方案》《财政支农资金变股金的意见》《小型水利产权制度改革的意见》等一系列的指导性文件。以此为基础,对农村产权制度改革提供政策支持,充分还权赋能。

二是评估。通过采取扶持补贴政策和适当降低民营评估机构行业准入条件等措施,鼓励和支持社会评估、会计等中介机构进入农村产权评估市场,方便农村各类产权以及资金、劳动力等计价入股经营主体。

三是配套。由于农业抵御风险能力较弱,面临着自然风险和市场风险双重压力,需配套跟进相关政策措施,推动赋权更加顺畅。

(三)易权是农村综合改革的核心

农村产权交易平台,除法律规定不能改变的权属外,让农村各类产权进入市场进行交易,使其在流动中增值,从而激活农村沉睡资源。

一是建平台。以县为重点,建立县、乡、村三级土地流转管理服务机构和交易平台,县乡两级设农村产权流转服务中心,村设服务站,组建了农村土地仲裁机构,积极开展农村产权流转信息、合同指导、价格协调、纠纷调解等服务,引导农村产权依法、有偿、自愿和规范交易。

二是进市场。通过开展多种形式的股份合作,引导农村集体所有的资源性资产和可经营性资产投入到公司或合作社,转变为村集体和村民持有股金。

三是防风险。加强对工商企业租赁农民承包地的监管和风险防范,建立资格审查、项目审核、风险保障金制度。建立了权益保障机制,把保护农民产权利益列为重大事项进行督查,确保土地流转的合法性,维护好农民群众的切身利益。同时,引导农民、村集体经济组织和承接经营主体依法订立合同或协议,形成利益共享、风险共担的适度规模经营股份联合体。[2]

三、安顺市“三权”促“三变”改革在带动扶贫开发中所起的重大作用

2013～2016年,安顺市完成权属调查42.01万户,占总户数的94.77%,完成实测面积377.44万亩,占国土资源第二次普查面积的89.33%,农村土地确权工作取得阶段性成效,极大地促进了土地经营权流转工作,带动农村脱贫攻坚。

(一)促进安顺市农业的较大幅度增长,农业结构进一步优化

通过“三权”促“三变”改革,将农村沉睡的资源资产充分盘活起来,发挥农村资源的价值属性和资本属性,安顺市农业产值得到较大幅度的增长。截至2016年年底,全年农林牧渔业总产值208.01亿元,比上年增长5.1%。粮食总产量68.80万吨,比上年增长3.1%。林业、牧业、渔业、蔬菜、油菜子、烤烟、水果、茶叶和香料等产量也有大幅度提高。安顺市粮经比从2013年的

---

〔1〕 参见谌贵璇:《深化农村产权改革的安顺经验》,载《当代贵州》2016年第23期。

〔2〕 参见中共安顺市委全面深化改革领导小组办公室:《“三权”促“三变”改革发展新路》,载《理论与实践》2016年第10期。

52∶48调整到2016年的30∶70，结构不断优化。[1]

（二）“三空”问题在一定程度上得到解决，对带动扶贫工作有重要作用

“三权”促“三变”改革，逐步使农民从原来的小生产经营者转变为企业或合作社的股东，从仅以土地租金、务工收入为主要收入来源转变到土地租金、务工收入、股份分红等多渠道创收，在农村的经营性收入和财产性收入上均实现了较大突破。目前，安顺市共8.9万名农民变成了股东，入股农民人均增收约1260元。安顺市农村空心、农民空巢、农业空壳等“三空”问题得到一定程度的缓解，农民收入有了较大幅度提高。如图2所示，2013～2016年，安顺市农村人均可支配收入从5810元增长到8120元，农村扶贫人口从48.35万人减少到25.76万人，贫困发生率从20.80%下降到10.16%，先后有2个县、40个贫困乡镇实现“减贫摘帽”。

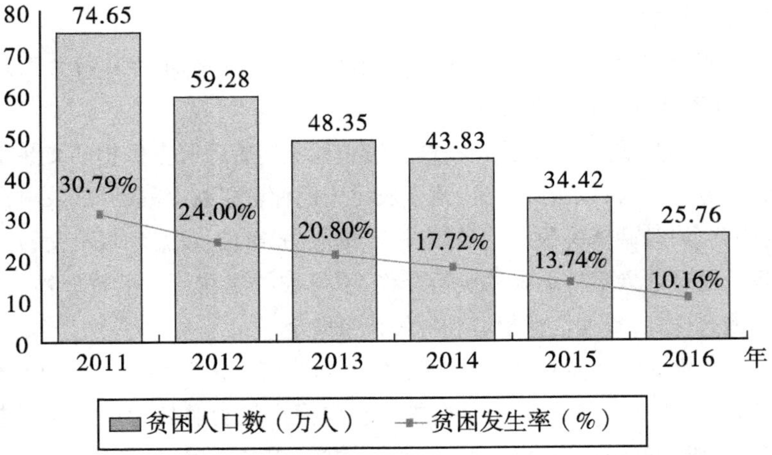

图2　2011～2016年安顺市贫困人口数与贫困发生率

（三）发展集体经济，夯实党的执政基础

截至2016年，安顺市共流转农村经营性土地73.5万亩，占全市耕地面积445万亩的16.52%。其中，6.23万亩集体土地、15.61万亩集体林地、300余处小型水利工程使用权等农村资产入股企业、合作社、家庭农场等经营主体。通过股权转让，集体经济得到发展，新增村集体经济收入2.03亿元，村集体经济积累50万元以上的村共135个，800个“空壳村”实现集体经济“零突破”。[2] 集体经济的壮大为村级组织发挥职能奠定了坚实的经济基础，有利于夯实党在农村的执政基础。

（四）激活农村沉睡的资源，培育新型农业经营主体，农业逐步走上集约化、特色化发展路子

通过农村资源确权、赋权、易权，农村经营主体由单个的农户变为合作社、公司，凝聚了强大的力量，产业规模化、集约化发展逐步凸显。目前，安顺市农业龙头企业、专业合作社、家庭农场

---

〔1〕 参见2017年1月5日陈训华同志所作《政府工作报告》。

〔2〕 胡丽华、方春英：《“三权”促“三变”走出农村改革新路——安顺市农村集体产权制度改革观察》，载《贵州日报》2016年8月1日，第1版。

等新型农业经营主体呈现快速发展的良好态势。截至2016年6月，安顺市登记注册的各类农民专业合作社发展到1831家，家庭农场32家，成员达到13.8万户，带动农户25万余户，注册资金达32.79亿元。其中，市级农业产业化经营重点龙头企业发展到148家、省级43家、国家级2家。[1]

在新型农业经营主体中，百灵制药、柳江集团等一批基础好、规模大的龙头企业呈现较好的发展势头；树锋粮油、鑫龙食品、顺龙米业、瀑布毛峰、百花串、牛来香、板贵花椒、邓幺妹辣子鸡、断桥胡辣椒等一批企业品牌知名度显著提升，产品附加值不断提高；水果、稻米、香料、生猪、肉牛、冷水鱼等农畜产品已逐渐形成集群优势。

（五）增强了安顺市农业抵御风险的能力

安顺市在进行产权制度改革的同时，建立起一套风险控制机制。一方面，设立了由地方财政出资的涉农信贷风险补偿基金。首期由市级财政出资1000万元，各县（区）财政分别配套200万元，贷款出现风险后，扣除借款人10%的保证金。贷款损失由受偿银行、合作担保公司、政府按10%、45%、45%的比例进行责任分担。另一方面，加强安顺市信用体系建设。2006~2016年，安顺市已为46.46万户农户建立经济信息档案，建档面达100%，并对其中44.15万户农户进行评级授信，评级授信面达96.23%。通过持续优化农村信用环境，安顺市于2016年成功创建了全国首个农村金融信用市，借此对金融机构协调农村信贷的优惠政策。

四、“三权”促“三变”改革体制机制内在机理分析

“三权”促“三变”改革核心的问题是产业化经营主体同农民关系的构建。

（一）“三权”促“三变”改革运行机制的特点

1. 强化制度支撑是改革的保障。深化改革、推进科学发展，离不开完善的制度保障。安顺市根据《中华人民共和国农村土地承包法》《中华人民共和国物权法》《中华人民共和国城乡规划法》《深化农村改革综合性实施方案》《贵州省城乡规划条例》等法律法规，结合市级层面已经出台的11个扶贫文件，制定“1+10”文件汇编和《安顺市农村产权制度改革措施》等改革措施，对“三权”促“三变”改革形成了制度性安排。确定了坚守土地公有性质不改变、耕地红线不突破、农民利益不受损“三条底线”，对落实集体所有权、稳定农户承包权、放活土地经营权奠定了制度基础。

2. 创建农村土地价值评估和流转机制。加快建立健全农村产权交易体系，通过有效的供需对接和公平的挂牌竞价，完善土地权益的定价机制、价值实现机制和流转分配机制。土地价值评估与流转机制的建立确保了易权工作的顺利推进，让农民从原来的小生产经营者转变为大产业大企业的股东，从原来的仅获得土地种植收入、务工收入转变到土地租金、务工收入、股份分红兼得的效果。

3. 建立了多种形式的风险防范机制。首先，通过建立农村土地抵押贷款信息、土地产权登记

---

〔1〕 参见李铠：《安顺市新型农业经营主体发展态势良好》，载中国网·东海资讯：http://jiangsu.china.com.cn/html/2016/gznews_0624/6138439.htm，最后访问日期：2018年1月6日。

信息、农户个人信用与经营信息相互支持的信息系统,形成对农户土地状况、土地收益、流转价值、经营收益以及资产和信用系统记录。借此对贷前的信用评价、贷款后资金跟踪管理进行风险控制。其次,鼓励农村土地抵押融资与担保、保证、信用、保险相结合,支持保险公司针对特色化、规模化农业的经营权推出赔付率更高的商业保险,使农村土地抵押贷款能够通过保险获得比较充分的还款保障。

4. 构建结构化的农村产业发展投入与分配机制。在安顺市农村经济开发中,“脚下有地、手里没钱”“有钱无地、有地无钱”是一大难以调和的矛盾。如何将“钱”“地”结合起来带动农村扶贫开发是安顺发展中的一大难题。结构化的产业投入与分配机制对于解决“钱—地”矛盾、发展集体经济、提高农民收入有着重大意义。安顺在探索中比较典型的有如下三种模式。

塘约模式:平坝区塘约村采取“党总支 + 合作社 + 公司 + 农户”的发展模式,鼓励村民以土地、资金与合作社联营,按照合作社 30% 、村集体 30% 、村民 40% 的收益分配模式进行利润分成,形成村集体、合作社、农户三方的利益联结体系,促进村集体与村民的“联产联股联业”。[1]

花江镇 442 模式:村民拿出土地以零风险保底分红入股,在项目还未产生经济效益时,村民的土地租金由合作社负责,项目产生效益后按土地入股的多少分红,分红低于租金的按租金标准分配给村民。所得收益,农民、大户、村集体按纯收入 4 : 4 : 2 的比例进行分配。

“秀水五股”模式:“秀水五股”模式将产生的收入及利润分成五股:一是人头股占 10% ,只要是上秀水村户口的村民人人持有股份。二是土地股占 30% ,村民以自己承包的土地入股,每分土地算一股,按照面积大小获得利润分成。三是效益股占 30% ,村民参与项目建设、运营等劳动,按劳动量计报酬。四是孝亲股占 5% ,从利润中提取 5% 作为村中鳏寡孤独困难群众的生活保障以及 65 岁以上老人的养老金。五是发展股占 25% ,把利润的 25% 作为全村后续发展资金,确保可持续发展。

(二)面临的问题

农村土地流转的矛盾已经成为农村地区主要社会矛盾,对于农村社会的稳定和经济的平稳发展造成了一定程度的影响,对于城镇化等政策的落实形成阻力。

1. 法律限制多。由于涉及农村土地抵押的相关法律法规缺乏国家层面完整、全面的规定,致使农村土地抵押贷款业务的开展得不到权威而有效的制度保证,易引发抵押贷款风险。一方面,地方缺少相应的地方立法,没有法律的认可和支持,农村土地抵押权难以获得根本性的保障。另一方面,法律法规的内容不够具体,缺乏可操作性。在当前缺乏集体经济组织法、集体资产处置办法的情况下,银行对处置宅基地和承包地使用权缺乏法律制度依据。

2. 市场发育不完善。由于农村土地市场发育不完善,抵押物价值实现存在困难。一是农村土地、农房的确权工作尚未完成,农村土地流转交易市场还不够活跃和规范,使农村土地还难以成为有效的抵押物。二是由于缺乏具有公信力的评估机构,被抵押土地的经营权价值难以得到客观、可信的评估。三是农村土地用途受到严格限制,产权的流动也有很多的限定和约束条件,

---

[1] 参见彭建斌:《学习“塘约经验”,坚定中国农村改革道路》,载《中共安顺市委党校 2017 年春季县处级干部进修班学员论文集》,2017 年 6 月。

封闭的市场运行决定了农村土地资产的抵押价值难以提高。[1] 因此，金融机构在处置土地承包经营权抵押贷款时，担心土地产权交易执行困难，可能会出现大量不良贷款，为了自身利益往往拒绝向合作社、公司和农户提供贷款。

3. 风险隐患多。土地的流转关系农民的根本利益，关系社会稳定，必须树立强烈的风险意识。仅 2016 年，安顺共受理土地承包经营权纠纷达 84 起。

从安顺市的实践来看，土地流转过程中潜在的风险主要体现在三个方面：一是土地流转程序不够规范，在实践中大量的土地流转行为以约定俗成的口头行为替代规范的合同，为后续的合同履行埋下隐患，也成为各种矛盾的导火线；二是土地流转后，一旦合作社或公司经营出现困难，农民的收入就难以得到保障；三是部分地方政府过分直接干预土地流转过程，既违背了土地流转“坚持依法、自愿、有偿，以农民为主体”的原则，也容易造成基层社会矛盾。

4. 土地流转效果低于预期。笔者经过调查，发现不少农民参与土地流转的意愿不高。究其原因有如下几个方面。

(1) 大部分农民只具有初中以下文化水平，外出多从事季节性、劳动密集型、低收入的体力劳动，“忙时专心务农，闲时外出务工”的情况较为普遍，收入难以稳定。于是，“宁愿闲置土地，也不愿进行土地流转”。

(2) 农村社会保障不充分，很多农民将土地视为最可靠的保障性资产。农民认为“打工只是吃青春饭，土地才是命根子”。

(3) 城郊土地逐渐被征用补偿，农民选择将土地把握在自己手中，一方面可以得到长期稳定的收入，另一方面土地升值带来的效益更可观。

(4) 土地流转一般周期较长，一般 20 年左右，甚至 30 年。一旦土地流转成功，几乎意味着农民永久性失去土地。同时，在流转周期里人民币可能会相对贬值，租地费用也许会相对上涨，农民认为“土地握在手里还是很安全的”。

(5) 偏远的农村地区，农民想进行土地流转，却得不到市场的青睐。

5. 一些结构性问题依然难以解决

随着改革的深入，安顺市在确权、赋权、易权过程中存在的一些难以解决的结构性问题日益凸显。

一是处理好坚持家庭联产承包责任制与农业集约化发展之间的关系。

二是处理好坚持以农民为主体与政府规划引导之间的关系。

三是处理好集体经济与公司经营、合作社经营、个体经营如何协调的关系。

五、抓好农村产权改革，决胜脱贫攻坚

农村土地流转和农业规模经营，是农村深化改革的必然趋势。如今安顺市有高达 25.76 万的贫困人口，贫困发生率达 10.16%，扶贫工作任重道远。如何引导土地规范性流转，将改革释放

---

[1] 参见胡丽华、方春英：《“三权”促“三变”——安顺精准脱贫的有益探索》，载《贵州日报》2016 年 6 月 7 日，第 7 版。

的动力运用于社会经济的发展，带动安顺市的脱贫攻坚战，是我们面临的一项重大难题。

（一）完善、健全相关法律制度，为改革提供制度支撑

根据2015年3月15日第十二届全国人民代表大会第三次会议修订的《中华人民共和国立法法》规定，设区的市的人民代表大会及其常务委员会可以根据本市的具体情况和实际需要，“在不同宪法、法律、行政法规和本省、自治区的地方性法规相抵触的前提下，可以对城乡建设与管理、环境保护、历史文化保护等方面的事项制定地方性法规”。这对地方通过立法建立起符合实际情况的土地产权制度提供了可能。笔者基于对农村土地承包法、农村土地承包经营权的流转管理办法、物权法等法律的思考，提出如下建议。

1. 放宽对土地受让主体的限制性规定，在对农村土地立法时，赋予土地承包经营权具备充分的抵押、继承、融资等一系列权能，从而有利于实现农业生产与资本要素的有机结合，实现农业集约化发展。

2. 从法律上确定地方政府在土地确权、赋权、易权中的自身角色定位，即做好指导、服务与监督工作，为土地承包经营权流转清理障碍、搭建平台。

3. 建立有利于土地承包经营权当事双方自主流转的机制，对烦琐且无关紧要的流转程序删繁就简，确保土地流转在法律框架之内的操作简单易行。

4. 完善农村集体经营性建设用地的交易规则，一方面，制定出让、租赁、入股的入市交易规则及市场指导价，监督服务制度和土地增值收益的分配制度；另一方面，设计以农民为主体取得集体建设用地集中整理后进入土地交易市场的操作办法。[1]

（二）理顺政府与市场的关系

1. 以市场导向来实现土地的自由流动。第一，土地流转市场必须透明、公正，具有自主发展的自由。在一个阴暗的市场中进行操作，必定会影响土地流转行为的公正性。第二，尊重农民的自主选择权。这种自由选择权对流转农民来说至关重要。只有拥有充分的自主选择权，农民才能根据自身发展的需要作出最有利于自己利益的行为。

2. 充分发挥政府的监督管理作用。定位在对农业产业化政策的研究和制定上，形成能体现出地方优势的有特色的产业化发展规划，并由此整合政府部门、社会和农民的资源，形成明确的农业产业化运行目标。营造同农业产业化运行相适应的社会环境，即在通过农业产业化政策规范人们行为的同时，促进人与人关系的和谐以及参与农业产业化过程中所有人同其自身关系的和谐。

（三）建立完善的土地经营权流转市场体系

建立完善的土地经营权流转市场是实现农村土地公平流转、高效流转的关键所在。

1. 建立土地流转市场。通过建立土地流转市场，积极探索土地流转的长效机制，才能建立完整的土地流转服务体系。其一，要建立乡镇土地流转管理机构、县级仲裁机构，及时向农民提供

---

〔1〕 参见王喻彬：《我国农村土地承包经营权流转法律问题研究》，湖北大学政治与公共管理学院2016年硕士学位论文，第44页。

规范的土地流转合同文本;其二,设置专柜,建立完善的土地流转档案管理工作;其三,在发生土地流转纠纷时,村集体和政府相关部门要积极调解疏导,妥善处理土地流转纠纷。

2. 搭建土地流转网络信息平台。搭建县、乡、村三级网络信息平台,建立县级土地信息库,以村组为单位,将土地的供求、区位、面积、价格等信息进行全面统计,并上报汇总。县级土管部门将土地信息通过互联网发布,实现资源共享,接受土地供求双方的咨询,以提高土地流转交易的成功率,缓解和规避“要转的转不出去,要租的租不到”的矛盾和问题。[1]

3. 建立专业、权威的土地价格评议机构。目前,安顺市是由农村土地流转经营权价格评估工作办公室,采取“土地流转经营权价值 = 实际支付土地剩余期限的租金 + 地上附着物价值”的测算方式进行测算,然后出具《土地流转经营权价值评估报告》,金融部门根据评估报告,综合其他因素后,原则上按照不超过土地流转经营权评估价值的 50% 发放贷款。虽然这种测算方式有一定的合理性,但毕竟不具备法律效力,不能很好地反映土地的实际价值,也不利于维护农民的权益。同时,由于缺少一个土地定级和价格评估机构,很多土地流转的租金规定都带有很大的随意性。因此,建立专业、权威的土地评估机构对土地分等定级,制定合理的价格体系,对维护农民权益,体现土地价值有着重要的意义。

(四)带动一切积极因素,做好产业发展,促进脱贫攻坚

产业发展既是“三权”促“三变”改革的目标,也是农村贫困人口脱贫致富,走向繁荣的根本渠道。第一,积极调整农业产业结构,推进农业供给侧改革,实行严格的耕地保护政策,落实粮食安全责任制,以确保粮食安全;第二,加快水、电、路、网等农村基础设施建设,促进发展条件的有效改善;第三,加大对农民的培养力度,提高农民素质,鼓励农民创业和务工。但是,仍然有一些重点难点问题必须引起足够的重视。

1. 在农业产业培育过程中,如何既要建立利益联结机制,实现企业和农户双赢,又要建立风险防范机制?

2. 如今,农村资产较为繁多,产权复杂,如个人资产、集体资产、资源型资产、经营性资产、非经营性资产等,这些资产怎么去盘活?

3. 在资金较缺乏的情况下,农村产业发展该如何融资?

4. 在农村产业发展中,如何做到既提高经营效益,又兼顾农民的利益? 既壮大集体经济,又发展好个体经营?

(五)加强基层政权建设,为改革提供组织保障

1. 将土地经营权流转工作纳入各级政府农村工作任务并进行考核。根据以往的实践,如果“上级有号召、下级没响应、年终不考核”,基层政府一般缺少有主动推进工作的动力。笔者建议,将土地经营权流转工作纳入各级政府的农村工作,并通过土地确权数量、农户参与土地流转的数量以及土地产权纠纷的情况进行量化考核。

2. 加强对基层干部的教育和培训。紧密地围绕农村综合改革,组织基层干部开展《中华人民

---

[1] 参见赵晓娇:《农村土地承包经营权流转法律问题研究》,首都经济贸易大学法学院 2010 年硕士学位论文。

共和国农村土地承包法》《中华人民共和国物权法》《中华人民共和国规划法》《深化农村改革综合性实施方案》中关于农村土地确权、流转及新型农业经营主体培育方面能力的培养，以提高基层干部在应对复杂产权制度改革的能力。

六、结语

我国农村土地流转进入一个逐渐规范和法制化的轨道中，土地流转的方式和办法越来越丰富。由于公有制中集体土地所有制的实现形式和土地流转法律体系不完善的现状，我国土地流转不可避免地遇到相应的困难。

安顺市“三权”促“三变”改革是安顺市综合改革的重要环节，也为安顺市农村产业发展、扶贫开发工作释放了强大的正能量。尽管目前还有诸多困难，但已经体现出在农村产业发展以及扶贫开发中的重大作用。这也为欠发达地区土地产权改革提供了可咨的借鉴。

进一步创新普定县土地流转和经营权抵押贷款及思考

黄 平*

目 次

一、前言

2016年11月25日，在贵州省全省金融精准扶贫暨“两权”抵押贷款试点工作推进电视电话会议上，普定县作为土地流转经营权抵押贷款试点县，因成效相对突出，县长赵开运在会上作了交流发言。在会上，副省长刘远坤、常务副省长秦如培既肯定了普定县试点工作成效，同时也指出试点工作中存在的问题和不足。

从经验上总结，农业产业化发展是大势所在，农村土地经营权交易市场的形成也是发展所趋。作为一种探索，一种改革，农村土地经营权流转交易市场虽有雏形，但还不成熟、不活跃。对推进土地流转经营权抵押贷款改革试点工作（以下简称该项改革）存在一定影响。

但普定县为了该项改革，一是建立了机构、明确职责，规范了运作程序；二是在谨慎选择了试点的基础上，认真总结，相对完善了机制并逐步推广；三是设置防控机制，加强偿贷责任，降低贷

* 贵州省普定县金融办副主任。

款风险；四是积极探索实践，创新流转方式（通过农业园区管理办公室协调流转、村委会协调流转等），助力农业产业化发展。关键在于领导重视，工作推进成效就明显。存在的问题，一是在经营权流转上，创新力度不够，创新的空间还有待拓展；二是在经营权抵押价值评估上，地上附着物偏重于多年生的经济林木和使用期在 8 年至 15 年的大棚及滴灌设施；三是经营权流转市场形成进度慢；四是土地流转处置市场不成熟，一旦发生逾期贷款或呆坏账，土地流转经营权的处置难度大，贷款金融机构风险难以化解。

为此，我们继续利用好在继续推进试点工作中成熟有效的经验的基础上，创新流转模式，简化流转与抵押程序，扩大抵押范围，促进经营权流转市场的发育，加大诚信宣传，提高诚信意识。

土地流转经营权抵押贷款这一改革创新，目的是放活土地经营权，激活农村沉睡“资本”，助力农业产业化发展。这一项工作中，主要选择对象为具有一定规模（50 亩以上）、无不良信用记录，特别是地上附着物为多年生经济林木、绿化苗木，或者使用年限在 8 年至 15 年的、价值较高的大棚与所经营农林产品的市场前景较好的、获得土地流转经营权证的涉农企业。所考虑因素中，主要是三大因素，即企业法人的诚信意识、持续经营价值、偿贷资金来源。而作为贷款金融机构的风险防控，由于经营权市场不成熟、不活跃，从而导致参与这项改革的金融机构在这一抵押贷款上持谨慎态度、缺乏大胆探索精神。加上流转程序简便性不强，除信用联社外，参与这项改革的县级金融机构审批权限小，上报审批程序显得复杂，审批时间缺乏时限性等因素，所以从贵州省全省的试点情况来看，规模推进缓慢。为此，我们提出如下改革设想。

二、简化流转方式

（一）明确村集体与农户的土地承包关系

从承包经营权的现实情况来看，农户大多把承包土地视为个地财产，擅自用作安葬亲人、建房等。承包期结束，承包土地面积存在普遍递减情况。为确保耕地红线，应借确权东风，应以协议形式，理顺两者之间的权利与义务关系，赋予村级基层组织对于耕地保护的监督权、审批权。除公益用地外，承包人不得随意占用承包经营土地作非农业用途。确保农户承包土地面积不随意被承包者非法占用。

鉴于随着经济社会的发展，农民对土地的依赖性大大减弱的情况。在两轮承包经营关系既定的情况下，借土地确权之东风，可采土地集体所有权与农户承包权不变的情况下，由农户委托所在村委将经营权有偿转让经营的方式，由村委统筹掌握农地经营权转让的主动性，从而有利于简化手续，将农户承包土地的顺利流转给新型农业经营主体以提高经营成效，促进农业增效、农民增收、农村稳定。

最好利用确权测绘成果，由各村支“两委”掌握各村测绘田、地、荒山等面积与分布情况，以及各农户在其中所占亩分情况，以满足统一流转之需。这有利于简化流转手续。

（二）简化经营权流转程序与明确“三权”利益关系

该项改革之初，设立县、乡、村土地流转服务机构并明确各自（含相关部门）的职责。村级服务站负责宣传、引导、反馈，丈量、划界、建台账等项工作；乡（镇、街道办）流转中心具体负责流转的可行性审查，提供统一的合同文本（文本中须注明：在不影响承包权益情况下，流转经营权可用作抵押贷款),并指导签订、审查。县流转中心负责根据按规定提供的资料进行审查、颁证,登记抵押。县金融办牵头,有关部门配合按要求出具评估报告等。从实践上来看,流转形式与抵押贷款程序都不够简便快捷。

作为农村土地承包经营权,通过委托有偿转让的方式(愿自己经营的除外)。村委有权在保证农户承包权益得到体现、集资土地所有权也得到体现的情况下,直接统筹流转,并允许新型农业经营主体在支付足够租金的情况下,以承接流转的经营权作贷款抵押之用。借土地确权机会,各村民组、村委要掌握承包经营土地的农户户主姓名、人口、地块位置、亩分等基本信息。并通过村乡(镇)县流转机构,逐层统计上报,由县流转中心掌握全县农地基本信息,包括各村田、地、荒山,分级汇总情况,已流转、未流转情况,以及各经营主体已拥有流转土地的情况,因各种原因需要再次转让经营权等情况。并连接贵州大数据平台,由县土地流转中心建立土地流转信息平台,以激活流转市场。凡有农村土地流转需要的,在选定某乡(镇)某村土地时,既定范围后,可直接与所在村委签订经营权流转合同,并通过村务公开,明确流转土地位置、农户份额与承包权益并加以兑现即可。与此同时,为了确保村集体所有权与承包权的利益,防止经营者因各种原因半途而废,村委应按相互商定的协议收取经营者持续经营保证金。

在土地流转经营权证的办理,乡(镇)土地流转中心根据村委实际丈量的流转范围内农户土地真实信息给新型农业经营主体出具“鉴证”意见即可到县土地流转中心办理经营权证,从而减少新型农业经营主体与农户签订合同的烦琐环节。

例如,在村委收取足够保证金的情况下,可减少预经营权抵押贷款在流转费一年一付情况下的预付、预交环节。

三、简化抵押贷款手续

这一工作不但需要有意于农业产业化发展的创业者参与,更需要有实力,有发展思路、思想正道,有强烈诚信意识的投资创业者投身其中。同样需要有参与该项改革的金融机构的积极响应,方能得以落实。

在这方面,从普定县的角度来讲,邮政与工商、农业、建设等国有或有关国有控股金融机构,由于体制问题,在开展该项改革时,体制上条、块分割,准入上、审批上,协调难度比较大。而地方性金融机构,特别是作为一级法人的信用联社,可协调程度高得多,容易达成共识。

我们的想法是,在简化抵押贷款手续方面,对于以多年生果木、绿化苗木种植经营的新型农业经营主体,除了评估需要外,土地流转经营权抵押贷款,在既定的符合性条件下,在一定金额范围内,借款经营主体可由流转土地所在的村级公司在其借款合同上提供连带责任担保即可放贷。如果涉及多个村,可按各村流转比例明确担保连带责任,从而简化抵押贷款手续。

与此同时,在该项改革中,对借款已按期归还的信用户,第二次、第三次因经营需要借款的,在年租金不变,预付租金年度要求不变,地上附着物面积、种类变动不大,并且贷款金融机构不变、借款额度不超过原评估价值规定比例等情况下,可不再按原有程序进行重新评估,而直接用土地流转经营权证与原评估报告到抵押登记机关进行贷款抵押登记。必要时,可直接由借款主体向“评估办”提供变动情况,经相关部门专业人员核实后,由县“评估办”(金融办)出具经营权抵押贷款建议并加盖公章即可作为借款重要参考。为鼓励诚信,对这样的新型农业经营主体,贷款金融机构在利率上、期限上,可以比前一次略加优惠。为此,在经营权证的设置上,根据这一改革推进的需要,需不断改进完善。如经营权证所涉及事项变动不大,可采取顺位抵押贷款支持方式。如第一次评估价值为1000万元,按规定可以50%的比例放贷,而实际贷款仅200万元。在贷款未到期,借款主体因扩大经营需要借款的情况下,在经营权及地上附着物价值50%的比例范围内,可由"县评估办"出具贷款顺位抵押建议书后,贷款金融机构可拟定一套配套机制,采取顺位抵押方式贷款。

四、采取贴息政策鼓励诚信

凡新型农业经营主体以土地流转经营权进行抵押贷款,到期后按借款合同约定,本息全额归还的,凭借款合同与还本付息清单,以及带动农户增收的凭据(农用民工支付工资清单等),给予一定比例给予贴息。比如,属于省级龙头企业的,给予利息支付总额80%的贴息;属于市级龙头企业的,给予利息总额60%的贴息;一般企业给予利息总额40%的贴息。

五、倡导和实施农业保险

凡贷款者必须参加农业保险。根据黔府金发〔2015〕5号、安市金发〔2015〕5号印发的《2015年政策性保险工作实施方案》,为促进农业保险工作的推进,在土地流转经营权抵押贷款上,在县政府的组织下,普定县财保有公司、普定县农业园区办分别与农行、邮政银行普定支行、县信用联社签订了三方合作框架协议。

目前,贵州省已经实施的六大政策性保险中包括农房、森林、能繁母猪、水稻、家禽、蔬菜,其中只有蔬菜涉及土地流转经营权的问题。而在实践中,经果林涉及土地流转经营权抵押贷款的情况比较普遍,具有可操作性。但普定县作为保险精准扶贫示范县,正在深入探索特色农业保险。

参加农业保险,有利于减少自然灾害造成的损失;在明确发生理赔事项时,有利于在一定程度上化解金融机构贷款风险,有利于增强金融机构的贷款信心。在评估报告出台后,须附投保单方能通过政府分管领导签批,并加盖政府公章。投保涉农企业8户,取得担保贷款的3户共190万元,取得抵押贷款的1090万元2户。如果能加上贷款保险,则应该更有利于提升该项贷款银行的信心。当然,农业保险作为配套措施,借贷双方在借款合同中须明确,若发生理赔事项,贷款银行业金融机构有权优先受偿。与此同时,应落实贷款者凭保单到财政部门获取50%的保费补助机制更有利于该项改革的推进。

六、落实政府风险补偿

按实事求是的原则建立县级地方政府风险补偿基金,并按参与该项换押贷款改革的金融机构中,实行风险补偿基金按上年该项贷款余额比例分配的基础上的专户存储。金融机构发生通过所有合法手段都无法追回的贷款本息(有充分证明材料)的损失时,将普定县原来规定的35%的政府风险赔偿基金的责任比例,提高到50%,以增强参与这项改革的金融机构贷款的信心,从而在其内部制度、机制设计上适当放宽准入条件。

但由于财政困难和风险补偿资金的问题，虽然出台了文件，但迟迟难以落实到位，致使参与这项改革的银行业金融机构信心不足。如何才以克服这一问题，切实推动该项改革的深入开展，需要县委、政府的高度重视。

七、推行经营权证普惠制

只要能够将农业保险与政府风险补偿机制落实到位，种植1年内生长的农作物的土地流转经营权也可以进行抵押贷款。方式上采取评估增信贷款与抵押贷款两种。前提是符合参与该项改革的银行业金融机构所规定的准入条件。因为在准入条件中，需要提供有支撑的诚实守信条件、有经营能力的偿贷资金来源测算、经营权处置上在处置市场还未成熟之前，可以农业园区办、村办公司作支撑，灵活施策等。

八、改革需要制度化设计

土地流转经营权及地上附着物抵押贷款，作为一项改革，需要持续的动力。这一动力需要在制度设计上有严肃的延展性，不应因换届的人事变动而受到影响。而现实中，上一届县委、政府高度重视下已显现出相当明显成效的改革，县级高层人事变动后，对这一改革的重视程度往往得不到延续，致使改革受到极大影响。2014年7月实施的这项改革，至2016年年底，实际贷款到位近6000万元，其中2017年上半年仅到位150万元，且属于2016年春申请的贷款项目。也就是说，这一改革到现在基本不再进一步开展了。

九、成立产权交易中心并规范运作

普定县土地流转经营权抵押贷款改革属于中国农业银行总行全国4个省区9个试点改地县之一，更是“三权”促“三变”改革的主要内容之一。并且县委、政府还组织到盘县“三权”促“三变”的农村产权交易中心参观学习过，但尚未研究一套完整的方案加以实施。这同样需要县委、政府领导的高度重视，才能重新启动，继续探索，深入开展，以便在更深入的实践基础上加以总结与推广，惠及更多的农业产业的发展。

“塘约经验”中农民集体所有权的几个问题

李军波*

目　次

一、农民集体分享合作社土地收益的权利基础

笔者收集到的资料显示，塘约村“金土地合作社”的土地收益由合作社、村集体与村民按照3∶3∶4的比例进行分成。〔1〕根据相关法理，如果将合作社分得的三成利润理解为合作社法人依法提取〔2〕的公积金或者公益金，将村民分得的三成理解为合作社提取公积金或者公益金后应当向其成员分配的可分配利润，那么村集体分得的三成在法理上该如何理解？其是否有坚实的法理基础？其得以证立的权源又何在呢？

在现行法理上，能够证立农民集体分享合作社土地收益权的理论大概有两种：一是法人成员权理论；二是集体土地所有权理论。前者认为，非公益性社团法人的成员基于其加入与投资行为依法获取成员权，成员权所内含的权能包含两项，即共益权与自益权，依照章程或加入、投资时的约定分享法人可分配利润即为自益权中最核心的内容。按此理论，农民集体分享合作社收益的权利基础只能被归结为其基于投资与加入行为的成员权，但这在理论上却是无法证成的，原因主要有二：

首先，农民集体投资对象不明。在现行的家庭承包为基础的统分结合的双层经营体制以及承包普遍化情势下，农民集体所能直接支配土地的权利一般仅余自物权性质的所有权，因为用益物权性质的承包经营权大多已经经由家庭承包或其他承包方式赋予给了集体成员家庭。那么，

---

*　西北政法大学讲师，博士研究生。

〔1〕　参见省委政研室联合调研组：《“塘约经验”调研报告》，载《贵州日报》2017年5月18日，第5版。

〔2〕　《中华人民共和国农民专业合作社法》第35条规定：农民专业合作社可以按照章程规定或者成员大会决议从当年盈余中提取公积金。公积金用于弥补亏损、扩大生产经营或者转为成员出资。每年提取的公积金按照章程规定量化为每个成员的份额。

农民集体可否以其享有的土地所有权进行入股投资呢？答案明显是否定的，原因在于《中华人民共和国宪法》第10条明确排除了土地所有权通过市场交换方式发生变动的可能性。当然，我们也不能排除农民集体尚存留有可直接支配土地的可能性，但可以肯定的是，这样的土地数量绝不会很多。在这种情况下，农民集体是否可以其尚可直接支配土地上的经营权投资入股。笔者认为，这在法理上并无太大障碍，但是问题在于根据资本原则，入股投资额度肯定应当与分享可分配收益的数额相对应，在塘约村，村集体既然能够分享合作社利润的三成，那么就意味着村集体所享有直接支配权的土地数量非常庞大，几乎接近于通过承包方式发包的土地数量（村民分享利润成数是四成），但相关资料所显示的实际情况明显并非如此。村集体除了土地以外，还有现金入股投资的可行性，但如前文所述，现金入股投资数还是应当与所获利润数额成对应关系，塘约村三成的利润分享额度就意味着与其成员基本相当的投资额。根据相关资料，塘约村成员入股合作社土地4881亩，社员921户，股权总数5230股，每股估价500元，〔1〕股本金额总数260余万元，塘约村集体在合作社成立之初仅有集体积累数万元，〔2〕根本没有入股投资的现金实力。

其次，农民集体分享合作社收益的权利优先于社员分享合作社收益的权利，法人成员权理论难以解释这种现象。根据相关调研资料，合作社一旦有盈利，先按照塘约村集体与合作社自身各三成、社员总体四成的比例第一次分配，各社员再针对这四成的总体分配成数，按照各自所享有的投资股份数额索获相应的利润数，此为第二次分配，成员权所含自益权核心利益仅在此次分配中得以实现，第一次分配实为自益权实现的前提和基础。农民集体分享合作社收益权相对于社员分享合作社收益权的优先性于此得以充分体现。两种权利在性质、内涵利益等层面上的异质性据此亦得体现。现在所面临的理论问题则是，农民集体针对合作社收益的优先分享权，其法理依据何在？法人成员权理论显然无法为此难题提供令人满意的答案。

既然法人成员权理论无法证立农民集体针对合作社收益的分享权，那么集体土地所有权理论在本质上与此项分享权是否具有同质性呢？我们的答案是肯定的，具体论述如下。

首先，需要明确的是，农民集体并非针对所有类型的合作社均享有收益分享权，此项分享权针对的仅是成员与集体成员高度一致的社区性土地经营类合作社，即塘约村式的村社合一性土地合作社。在此类合作社中，成员身份的合一性以及利益对象的专一性共同促成了成员利益的同质性，这种同质性又为农民集体所有权的存续以及权能实现塑造了充分的"场域"。

其次，农民集体针对村社合一型土地合作社所获收益的分享权源于集体土地所有权中的收益权能。现在一般将集体土地所有权的收益权能理解为三点：一是集体对少量未经承包分配而仍留由其直接支配的土地所产生各类法定与自然孳息的收取权。二是集体对通过其他方式获取承包经营权者承包费用的收取权。三是集体成员作为集体的组成部分，通过家庭承包方式获取集体土地上的承包经营权，并据此权利索获各类法定或自然孳息，在本质上就是集体自身收益权的实现，进而也是集体土地所有权收益权能的实现。笔者认为，这三种理解仅囊括了集体土地所有权在承包经营体制下，作为承包经营权服务权或者承包经营权剩余权的各种收益情形，却并未

〔1〕参见贵州省委政研室联合调研组：《"塘约经验"调研报告》，载《贵州日报》2017年5月18日，第5版。

〔2〕参见刘久锋：《塘约村"七权同确"走出蝶变之路》，载《农民日报》2017年5月2日，第7版。

包含集体土地所有权在集体统一经营情形下收益权能的应有情形，因此是不完全的。在集体土地由合作社统一经营的情况下，原先经由承包机制所产生的分散的各类承包经营权经由入股聚合为一个统一的承包经营权，代替入股承包经营权的则是利益内涵全新的合作社成员权。在土地合作社入股成员在外延上与集体成员完全一致，亦即集体成员全部入社、村社合一情形出现时，合作社所享有的由入社成员承包经营权聚合而成的统一的承包经营权必然复摄于集体土地所有权的收益权能之下，并因一物一权原理而被“雪藏”起来，不再发挥实际作用，合作社因此获取的替代性权利则是代表集体实现收益权的实际运营权。据此，统一经营土地的其实有两个主体，并且也有相应的两个权源：一个是土地合作社及其所享有的聚合而成的统一的承包经营权因被集体所有权复摄而换得的运营权，另一个则是农民集体及其所享有的复摄了统一承包经营权的土地所有权。此两类权利均为土地统一经营所不可或缺之权源，享有它们的主体自然在法理上均有分享统一经营利益之正当性。

再次，农民集体针对村社合一型土地合作社所获收益的分享权优于合作社成员利润分享权，但与合作社自身所享有的利益分享权并立。农民集体与合作社的利益分享权处于同一位阶，源于前文所述土地统一经营的两个必需性权源，其优于合作社成员利润分享权则源于其权利本质所衍生的在位阶上的优先性。依据前文所述之原理，土地统一经营所必需的前提性权源之一乃是集体土地所有权，集体土地所有权因此成为产生土地经营利润的前提和基础，合作社成员能否分配利润在根本上取决于土地统一经营权源的稳定与否以及合作社运营权实现的顺利与否，农民集体利益分享权相对于合作社成员利润分配权的优越性由此可证。

最后，农民集体与合作社针对土地统一经营所获收益分享权的利益内涵，与成员针对合作社的利润分配权的利益内涵迥异。前两类权所含利益并非纯粹的私益，相关内涵因此应当有两个层面：一是索取性利益，即针对土地统一经营收益请求分取的诉求。二是实现性利益，即使所获利益公平的惠及所有成员的诉求；后者所含利益乃是纯粹私益，因此内涵相对单一，即仅包含索取性诉求，至于所获利润的实现与运用，则纯属个人财产自由范围。这一点其实也可以作为上段证成集体收益权优位于合作社成员利润分配权的理由。

需要指出的是，根据相关调研资料，塘约村保证村社合一的方式是经过村民代表大会同意，动员全村成员入股土地合作社并认同统一经营模式。但同时，在合作社的经营中也强调“退社自由”。[1] 这就容易产生一个问题：如果在统一经营过程中，有集体成员不愿再参与其中而主张退社，并要求收回当初入社的土地自营，则村社合一的基础将不复存在，村集体与土地合作社在成员上的同质性上亦将因为仅有村集体成员资格而不再具有土地合作社成员资格的农户出现而不再高度一致，上述各段中的的法理再无适用余地。为了防止这种情形的出现，需要在不根本触及家庭承包经营体制基础，不严重侵犯土地承包经营权利益核心的前提下，设计出阻却集体成员无理由退出土地合作社的机制体制。

---

〔1〕 参见贵州省委政研室联合调研组：《“塘约经验”调研报告》，载《贵州日报》2017年5月18日，第5版。

二、“确权”的实质是农民集体所有权的自我保护

收集到的相关实证资料表明，塘约村的“七权同确”其实主要包含着三大方面的内容：首先，确权对象根据权利内容可分为所有权和用益物权两类，依据权利主体又可分为集体享有的物权与成员享有的物权两类。若将这两种分类标准结合起来，不难得出这样的结论：塘约村的确权涉及的权利总体而言是两类，即集体享有的所有权和成员享有的所有权与用益物权，再具体一些来说，集体享有的所有权既包含针对土地、房产、水利工程等不动产的所有权，也包含针对货币以及其他动产的所有权。成员享有的所有权既有针对水利工程的不动产所有权，也有针对林木的特殊动产所有权，其所享有的用益物权则仅为针对宅基地、林地、建设用地等不动产的物权性用益权。[1] 其次，确权的起因是集体疏于管理自己的所有权，致使成员违规占地现象频发，目的则在于巩固农村集体所有制，巩固农村土地集体所有权。[2] 最后，通过说服教育劝违法占用集体财物者主动退还相关财物或者采取替代性解决办法构成确权的最后一个环节，也是确权效果的最终体现。劝退主要适用于成员违法占用集体荒坡进行垦种这种情形。替代性解决方法则体现为成员违法在集体所有的坡地上建房，当责令拆除违章房屋在经济成本上不合算时，经由村民代表大会讨论，按照每平方米 50 元的价格，将违章房屋占用范围内的土地所有权确定给占用者，原违法占地者因此具有了权源依据。[3]

上段第二点表明，引发确权的直接原因乃是集体成员对集体各项财产的非法占据和使用，确权因此成为集体维护其财产权益的手段和方式；第三点则表明，确权最终是否发生所欲之效果的评判标准仅一条，即非法占用集体财产的成员是否实际退还或者以替代方式退还了相关财产。将此三点对照于现行物权法，不难推衍出其集体所有权保护手段之性质。详言如下：其一，《中华人民共和国物权法》（以下简称《物权法》）第 34 条明确了物权人对无权占有其动产或不动产的一切人均享有请求返还原物的物权请求权。第 37 条授予权利受损之物权人选择请求致害人赔偿或者采取其他救济手段之权利。第 38 条第 1 款则授予权利受损之物权人在列明的物权保护方式（物权确认请求权，原物返还请求权，排除妨害或者消除危险请求权，修理、更换、重做以及恢复原状请求权，赔偿损失请求权）之中选择适用之权利。其二，引发确权的违法占用因素明显构成集体基于其所有权行使原物返还请求权的法定情形——无权占有。其三，退还非法占用的集体财产乃是返还原物这一物权请求权在集体所有权上的具体化。其四，经由成员代表大会形成的替代方式在本质上与《物权法》第 37 条、第 38 条所内含的赋予权利受损者自由择取物权保护方式的立法意图并不相悖。

确权所具有的集体所有权保护手段之性质，并不能全面揭示其本质内涵，它与一般的个人所有权保护方式之间存在的区别，表现在发挥作用的内部性上。这种内部性在本质上源于集体与其成员围绕集体所有权形成的“既若即若离又不即不离”的复杂关系，其具体表现有以下四个方

---

〔1〕 参见王宏甲：《塘约道路》，人民出版社 2017 年版，第 57 ~ 58 页。

〔2〕 同上书，第 58 页。

〔3〕 同上书，第 61 页。

面：首先，确权仅发生在集体与其成员之间，这两类主体并非两不相干的并立性权利人，而是互有利益关联的。集体成员其实有着双重权利人身份，即在由其直接支配之集体财产上享有用益物权，而在由集体管理或直接支配的财产上则基于成员权享有终极所有权。其次，基于第一点，成员非法占用集体财产中的所谓“非法”其实是对于集体内部之间而言的，即在集体成员之间不遵守既定的集体财产使用、收益规则即为违法。这与非集体组织成员侵害集体所有权财产存在本质上的不同。据此我们可以推出几点结论：第一，针对此类违法可主张救济权的主体仅限于管理和支配集体财产的集体所有权实现主体与同一集体内部的其他成员。第二，判断是否违法以及如何处理违法时均需要重点考虑既存有效的集体财产使用管理规则。第三，劝退而不是动辄诉诸诉讼极其鲜明地彰显了集体与其成员以及成员相互之间在本质利益上的同质性与紧密勾连关系。这种利益关系，极易催生出成员相互之间基于公平感的监督与纠正机制。第四，经由村民代表大会通过的替代方式在性质上可以理解为集体在个别情形之下针对特定财产使用收益规则的改变。当然这种改变是否与《物权法》第59条[1]所蕴含的集体财产所有权实现理念以及公法层面上的土地用途管制制度相抵牾还是一个问题。

值得指出的是，塘约“七权同确”是作为社区性土地合作社成立的前提性工作来展开的，确定入股成员所获取的具体股份数乃是其直接目标，集体所有权自我保护应该说是“反射性效应”。这给了我们如下两点制度启示：第一点，要想建构长效的、具有实效性的集体所有权自我保护机制，非得要将集体所有权自我保护所产生的各项利益与成员的切身感受关联起来不可，集体与其成员在利益上的绝缘必然导致集体所有权上“公地悲剧”的频发。第二点，集体统一支配、运营全部集体财产的生产经营体制要比成员单独支配、运营集体财产，集体仅从外部监督管理的生产经营体制更有助于集体财产自我保护机制的建构与有效运作。这主要源于两点：一是成本原因，第一种体制的保护成本明显要小于第二种体制；二是利益原因，在第一种体制之下，成员不再掌控具体财产，仅余基于成员权资格的收益分配权和参与管理权，自利的冲动将促使他们反对一切不利于集体收益增长的行为。在第二种体制之下，成员具体掌控财产，为求所控财产收益的最大化，一切基于自利的负外部性行为都有可能被采取。

三、农民集体所有权与精准扶贫之间具有本质上的契合性

塘约村“穷则思变”的立村格言，引发了笔者如下的思考：农民集体所有权的运行与精准扶贫政策的推行之间是否存在作用力方向相同的动力源？经过理性分析，笔者认为：起码在法理上，集体所有权与精准扶贫之间存在根本利益层面上的一致性和关联性。具体理由可概括为两点：第一，集体所有权存续和运行的最本源层面上的目标即是充分保障成员基本生存利益，并最大可能地为成员实现其发展利益创造各种“软硬”条件，这与精准扶贫政策所据以产生与推行的

---

〔1〕《物权法》第59条规定：“农民集体所有的不动产和动产，属于本集体成员集体所有。下列事项应当依照法定程序经本集体成员决定：（一）土地承包方案以及将土地发包给本集体以外的单位或者个人承包；（二）个别土地承包经营权人之间承包地的调整；（三）土地补偿费等费用的使用、分配办法；（四）集体出资的企业的所有权变动等事项；（五）法律规定的其他事项。”

根本利益诉求——国民基本生存利益保障以及符合尊严标准的各项生活条件的提升之间是契合的;第二,集体成员在根本利益上的同质性和相互勾连关系,以及他们所在社区的"熟人社会"性质决定了辨识与确定其生存与发展实际所需的精确性、高效性和低成本。

上段仅揭示了集体所有权与精准扶贫之间契合的利益基础,精准扶贫政策经由集体所有权实现的实效性的大小,在很大程度上还取决于集体所有权的实现体制。具体而言,若集体所有权采取以成员家庭各自独立生产经营为基础,集体组织仅为家庭生产和经营提供帮助和服务这样的实现体制,精准扶贫政策的实效性则取决于两个方面,即成员家庭的生产经营能力以及集体组织的帮扶实力,前者是根本,后者只是外在辅助;若集体所有权采取统一经营,成员仅依其股份以及劳动付出分配集体收益这样的实现体制,精准扶贫政策的实效性则仅仅取决于集体所有权的经营能力和收益水平。从成本收益的角度来看,第二种体制在实现政策目的方面明显成本较低,更具有效性;从法理层面分析,第二种体制在成员生存与发展利益实现的一致性方面更具优势,而这种一致性则杜绝了集体组织内部过分悬殊的贫富差距,贫困现象因此难有产生土壤;从农情来看,全国范围内大多数农村集体并不具有太强的帮扶其成员家庭的经济实力,许多农村集体组织甚至因为缺钱都已经陷入正常管理职能都难以维系的困境。塘约村明显采取了第二种体制,从现有的报道来看,其扶贫效果是极其显著的,集体组织经济实力不但大增,村内原有的欠债户等弱势群体的生活水平也有了可持续性的保障和很大提升,这证明了集体统一经营对精准扶贫政策具有强大推动力。构建集体所有权实现机制与精准扶贫政策推行之间的互动性制度安排应当成为下一步研究和试验的制度话题。

还需要特别关注的有两个理论问题:

第一,"塘约经验"所内含的集体所有权"不排弱"的特性及其强大的劳动力吸纳能力。塘约村社合一的土地合作社在组建之时即以"强弱联合"为原则,完全吸纳了村内最贫困的农户。这种成员吸纳方式以所谓"善心"恐怕是无法解释得通的,因为合作社是一个要参与残酷市场竞争的经营体。唯一能够解释的就是集体所有权所内含的"不排弱"特性,这源于集体所有权被塑造之初的政治、经济和社会改造目的。社会主义经济基础的性质决定了集体所有权的内涵利益及其实现必须以减弱乃至消灭集体组织内部的两极分化为圭臬,任何抛弃被市场竞争"摆甩"出来或者无法参与市场竞争的成员的做法都从根本上背离了集体所有权的形塑初衷,因此也都不具有宪法和法律基础。"塘约经验"还告诉我们:其实集体所有权是具有强大的成员劳动力吸纳能力的,这从塘约村外出务工人员几乎全部返乡的相关报道中不难发现。集体所有权之所以要吸纳其全部成员,源于前文所述的其所据以存续、运营的利益基础以及本段所述的"不排弱"特性。集体所有权之所以能吸纳全部成员则取决于其实现方式上的延展可能。当集约化土地经营方式不足以安置全部成员时,基于土地经营积累的第二产业和第三产业就可以吸纳剩余成员。从"塘约经验"来看,这种延展所据以开展的方式是控制性投资,即村社合一的土地合作社利用其积累投资成立全资或控型二级公司。基于控制性投资的这种延展性是具有无限性还是有边界,边界将终于何处都是需要法理研究的问题。

第二,国家扶贫职权与集体所有权所内含的扶贫内容之间该如何协调。现有的资料中并未明确反映出塘约村在村社合一体制建立之初及其运作过程中国家是否有扶助,扶助类型为何,运作机制与体制又为何。但是国家基于扶贫开发政策的相关扶助应当是不可或缺的。因此，留待研究的问题有两个：一是国家扶贫权（职责）与集体所有权在利益基础上有何异同，基于利益基础的异同，二权在实现上应该呈现出什么样的关系；二是国家扶贫权（职责）借由集体所有权实现的法理依据以及有效实现路径该如何设计。

村法律地位和组织重构

——基于经济事务和公共事务分离的一种构想

高富平*

目　　次

一、村和村组织治理现状

村是以特定域或地理区为范围的农业人口的居住地或共同生活地。

村有两种含义:自然村和行政村。自然村是指中国农村地区的自然聚落,它基本上是基于地缘关系或宗族血缘关系而形成的。传统的村落又因政治、经济因素的介入,使农村社会组织结构不断发展变迁,如今村成为中国行政区划体系中最基层的一级,常被称为行政村。在许多地方,行政村与自然村是重叠的;在另外一些地方,一个行政村包括几个到几十个自然村。在个别的地方,一个自然村划分为一个以上的行政村。为避免与地理概念的村庄、村落和自然村落的混淆,具有地方政治含义的村民委员会的辖区范围,以"行政村"指称。本文的村即指行政村。

我国自2000年前后开始大面积推行了"合并行政村"的改革。村的合并工作先后在各个省、自治区推行,各省份、各县(市)分步骤进行。有数据反映,截至2004年,行政村的数量由1991年的1,018,593个减至2004年的625,147个,但是,依据2008年公布的第二次全国农业普查公报,2006年我国共有656,026个村级组织,其中637,011个村,22,592万个住户。

村的人口规模主要依据当地的人口密度、自然地理、经济水平而定,因而人口密度差异较大。在中部、东南沿海地区,合并之前约为1000人,西部地区只有数百人;合并之后,人口规模上中部、东部沿海地区超过2000人。

---

* 华东政法大学教授。

村组织是随着乡镇建制改革而建立起来的。

村民委员会是村组织的基本形态，是随着乡镇建制改革而建立起来的。1982 年颁布的宪法对于我国农村基层政权体制进行了规定，在乡、民族乡、镇设立人民代表大会和人民政府。乡、民族乡、镇的人民政府执行本级人民代表大会的决议和上级国家机关的决定和命令，管理本行政区域内的行政工作。

1983 年 10 月 12 日，中共中央、国务院发布《关于实行政社分开、建立乡政府的通知》。该通知指出：当前农村改变政社合一体制的首要任务是把政社分开，建立乡政府；同时按乡建立乡党委，并根据生产的需要和群众的意愿逐步建立经济组织。该通知规定，乡的规模一般以原有公社的管辖范围为基础。在乡以下建立村民委员会，实行村民自治。此后，建立乡、镇政府和各种合作经济形式的工作在全国展开，人民公社体制逐渐废除；同时，在人民公社体制下的社队基础上建立了村民委员会组织，成为农村最基层社会组织。

农村基层组织有两个基本特点：一是政社分开，即农民为生产经营主体，乡级政权不直接从事生产管理，而是领导本乡的经济、文化和各项社会建设，做好公安、民政、司法、文教卫生、计划生育等工作；二是乡以下实行村民自治，乡和村不再是垂直的领导关系。这一体制一直延续至今。

村民委员会为基层自治组织。1987 年 11 月 14 日，全国人大常委会通过了《中华人民共和国村民委员会组织法（试行）》，对村民委员会的性质、地位、职责、产生方式、组织机构和工作方式，以及村民会议的权力和组织形式等作了全面的规定。从而使村民自治作为一项新型的群众自治制度和直接民主制度，在法律上正式确立起来。1998 年颁布了《中华人民共和国村民委员会组织法》（取代试行版本），仍然重申村民委员会为“基层群众性自治组织”。村民委员会的负责人称为主任（俗称村长）。该法 2010 年 10 月进行了修订，认为“村委会是村民自我管理、自我教育、自我服务的基层群众性自治组织，实行民主选举、民主决策、民主管理、民主监督……办理本居住地区的公共事务和公益事业，调解民间纠纷，协助维护社会治安，并且向人民政府反映群众的意见、要求和提出建议”。

而对于乡镇与村委会的关系，无论是 1987 年试行，还是正式的村民委员会组织法均定位于“指导关系”而不是领导关系。“乡、民族乡、镇的人民政府对村民委员会的工作给予指导、支持和帮助。”按照这样的治理体系的设计，乡镇作为国家农村基层政权，依法行政；村民委员会作为村民自治组织，实行自治。由此形成“乡村分治”的治理结构。这样的体制不仅重新构造了农村基层的行政组织与管理体系，也力图重新划定国家与社会、政治权力与经济权力边界，彻底实现还权于民，还经济于市场的社会变革目标。

二、村组织现存问题

虽然村委会制度普遍建立，但村民自治远未实现。现实的实践与当初制度设计与法律要求还有相当大的距离，这不仅已经影响农村经济发展、社会稳定、民主管理，而且也使农村公共管理和公共服务的供给受到了影响。

(一)村委会定位名不副实,村民自治难以实现

村民委员会化是自治组织,但实际上,乡镇政府仍把村委会当作自己直接的下属行政组织,不仅要求村民委员会执行国家法律政策和乡镇政府决定,履行政府管理职责,而且通过人事任免、党纪政纪约束对村委会进行管理,并对村财产(尤其土地)、村经营活动进行干预。在形式上,村委会是村民大会选择产生的,是村民大会自治的执行机构,但由于村委会听命于乡镇政府,村民大会的意志就不可能得到完全贯彻,村民自治只能流于形式。

这样局面导致村委会处于两难境地:一方面,要体现乡镇党委、政府的工作意图,另一方面也要顾及村民利益。当乡镇党委、政府的工作意图和村民利益发生冲突时,村委会干部容易只顾及乡镇党委政府的工作意图,而不能顾及村民的利益。这样,自上的执政权力和自下的村民民选的权力,形成农村基层组织中的权力冲突。由于村民自治组织与乡镇政府治理权力的冲突,村民自治组织制度不可能成为实现"自我治理、自我决策"的机制。

(二)村委会政社(政经)不分

由于我国仍然实行统分结合的经济体制,村是农民集体经济组织的基本单位。于是,村委会既是一个村民自治组织,同时又是一个集体经济组织。可以说,大多数村社被告集体经济组织与村委会是"两块牌子,一套人马,交叉任职",甚至相当数量的村民和乡村干部只知有村委会,不知有经济组织(或社区合作社)。村委会与村社区经济组织的混同或者相互替代,是农村治理和经济发展许多症结的源头。

作为自治组织,村委会主要负责村公共事务、维护村民秩序;作为集体经济组织,村委会主要负责村集体经济的发展,管理集体财产。二者角色本身存在冲突,加上村委会又必须执行乡镇政府村事管理事务,导致村委员会仍然以行政管理方式管理集体财产和经济事务,也导致村干部一天到晚忙于行政工作,没有时间和精力考虑村集体经济的经营管理工作,研究和处理村集体经济的发展问题。

(三)村民自治缺失公共财政支持

村民自治组织作为公共组织,要在全村范围内开展公共治理,提供公共服务,必须有一定的经济基础作为支撑,即村民自治必须要有相应的治理资源相配套,否则,村民自治就无法真正展开。

由于村委会并非一级政府,也并非乡镇政府的派出机构,因而没有国家财政预算;村民自治制度设计的初衷,也是希望村的事由村自己解决,从村集体经济收入支持其公共事业开支。自农村土地实行承包经营以来,村集体经济发展参差不齐,很多村集体经济名存实亡,因缺失经济基础支撑,村自治组织丧失为村民提供良好的公共服务的能力,村委会办理公共事务和公益事业,完全依靠村民出资出力。这实际上导致村公共事业建设处于停滞阶段。

(四)村民自治实施中的问题

村民自治是计划经济到市场经济转变过程中我国社会管理体系的重要变革,但是,笔者认为,我国缺乏自治文化,也缺乏自治的社会基础,因此,村民自治在实施中存在不少问题。例如,村干部贿选等违法现象大量存在,村委会日益被"强人""富人"所垂涎和把持;村干部以权谋私

行为得不到有效制约,收受贿赂,贪污挪用,以权谋私得不到有效扼制。

三、村组织重新建构基本设想

村民自治(村委会)是在人民公社解体、生产大队行政治理功能结束后,农村社会经济管理的新模式。虽然这种治理模式既有法律依据,也符合中国社会发展方向,但是,它在现阶段却不能得到有效实施。其原因既有中国农村现有经济文化条件、传统体制影响等因素,也有体制设计本身的问题。笔者认为,在中国农村改革推行30多年之后,应当从政治、经济、法律等方面反思我国农村村社治理体制,重构我国农村村治理结构。

(一)村组织重塑思路

行政村,首先是一个经济共同体。只要我国还要实行集体经济,只要“统分结合”政策不变,村就要承担集体经济功能,维系特定村社(地域)范围人口共同生存问题。在现行的农村经济体制下,村是一经济组织,即以社区为基础的集体经济组织。

行政村同时又是最基层社会生活单位,是一共同生活社区。任何一个地域为基础的人类生活社区均需要基本的公共管理和公共服务,因而需要将政府管理和公共服务延伸到村,因此,村必须建立相应的公共机关或基层组织。

因此,村现在有两重功能,一是经济功能或集体经济组织功能,二是政治或公共管理功能。在走向市场经济今天,我们应当区分这两种功能,以构筑不同的组织形式。

目前,在村层面并不存在独立的经济组织,而实行的是村委会兼具村集体经济组织。由于村委会属于社会和公共事务自治组织,两者的目标及内在的组织及运行原则并不相同,因此,应在区分二者的基础上重新构筑我国的村治理结构。笔者认为,首先应当建立村为社区法人概念,建立村法人经济事务的管理机构,由村合作社代表村行使土地所有权;而将村委会改造为纯粹公共事务管理组织,实现政府与社会、经济与公共事务分离。

(二)村法人法律定位

行政村,即是一个独立法人。村法人是以村集体土地为基础的社区法人。社区法人的要素有二,即以行政村为边界的地域和该地域范围的人口。该人口是归属于特定行政村,具有村民资格的人口。社区是固定的,而人口相对不固定,存在生老病死和加入退出,具有一定流动性。因而社区法人是以土地为连结点的社员共同体。取得土地所有权与取得社员资格具有一致性;取得社员即应当享有土地份额,而享有土地份额必须以社员资格为前提。因此,村法人是以社员共同拥有土地或土地共有关系为连结点的。

社区法人具有双重法律属性:在其以地域为基础并作为社会基本单位(行政村)性质上,它属于公法人组织,需要配套相应公共管理组织;在其拥有土地所有权并由全体社员共同利用土地、参与市场经济的角度,又属于经济组织,具有私法人性质。

为了配合村法人的双重性,村法人需要两套组织机关:一套应当以土地所有权(与民资格对应土地共有份额)为基础的经济组织(可称为村合作社),建立以其经济权利为基础的管理机制,按照合作原理实行自主管理;同时,也要设立一套以村民民主管理为基础的村民委员会,作为乡镇政府公共事务的执行机构。村委会行使的权力属于公共事务管理权,代表公法人;而村合作社行使土地所有权和经营权,代表私法人。

(三)明确农村土地为村所有

现行立法并没有完全明确各类农地所有权的代表是谁,现行村委会、经济组织均不适合作为集体所有当然主体。在建立村法人概念的同时,笔者认为宜将农村土地集体所有界定为村所有。

按照现行法律,农村土地被确定为农民集体所有,但是,集体也是由一定社会全体成员抽象出的一个主体概念,而不能将集体所有说成是集体成员的财产。因此,在法律上,农民集体必须有明确的主体,这样的主体必须有法律人格和民事责任能力。因此,笔者认为,在将村改造成为社区法人的同时,我们也可以将农村集体所有改变为村社所有。村所有,即法人所有;村由全体社员组成,村所有实质上仍然是全体社员所有,只是将全体社会明确化、主体化。

这样既明确了农村土地所有权的范围,又并不实质改变农村土地集体所有性质。将农村集体土地明确村集体所有的主要目的是避免乡镇政府利用农民集体所有的模糊性,将乡镇也作为所辖村的土地所有者代表,切断乡镇政府对村集体土地所有权行使和经营利用的干预的权利。乡镇政府只有为了实施土地管理法,基于用途管制、生态环境等公共利益,才能限制和干预村民对土地的权利。

农民集体拥有完全可独立支配的财产,对外能够独立承担民事责任,最重要的是其享有农地所有权。而其他非法人组织并不拥有完全自主支配的财产,即不具有独立的民事责任能力,特别是无法享有土地所有权。

(四)村所有土地由村合作社经营

村合作社仅以社员的土地股份作为其拥有的财产,系只负责土地的利用和经营的法人。

村合作社并不拥有土地所有权,但可以代表村法人行使所有权并负责土地的经营权。也就是说,村法人所有权不是一种可自由处分的所有权,代表村法人行使所有权,主要限于可以出让、出租、发包土地使用权,而不能处分所有权。在遇有国家征收时,也应当由合作社负责处理相关事宜。

村合作社实行社员自治管理,自主地决定土地利用方式。其可以选择维系现有的承包经营,也可以选择集体经营,而社员可凭借各自的土地份额分享其农业收益。在现实中,承包土地经营权可以作为社员在合作社的土地份额计算依据。

村合作社可以投资成立经济组织,由合作社获得投资收益,并再分配给社员。各经济组织作为独立的法人,按照公司法等商业组织法运作。村合作社,可以以土地入股、租赁、出让等法律允许的方式经营土地。村合作社承担部分农民福利事业,但不承担应当由政府财政出资的公共和公益事业。

(五)村委会:公共事务管理和服务机构

将村委会定位于村公共事务管理和服务机构,既可以基于村民意志和需求完成一些公共事业、公益事业。同时,也可执行乡镇行政公共管理职能,接受乡镇政府的领域,承担乡镇政府交办的事务。甚至在有条件的地方,可以考虑将村委会干部纳入公务员编制,使村委会成为乡镇政府的基层组织,完全由政府财政负担村干部的报酬,支付村委会开展各项管理和服务活动的开支。

四、小结

在笔者看来,农村的自治管理仅适宜在经济层面上推行,其基础是土地所有权;而在村公共事务管理上适宜推行民主管理,其基础是政治民主权利。民主管理和自治管理不完全一致,至少在现在的农村,还不具备将农村的所有事务都交给农民自己管理的条件。还村民以权利,重要的是还经济权利于村民,让农村自主地决定土地利用方式和土地经营,而全面的社会自治管理即使在城市也不可能推行,更何况在农村了。将所有事务交由村民自治,实质上是将政府应当承担的公共管理事务也转移给村民自己,结果是不仅公共事务和服务满足了农村社会发展需要,而且农村经济发展也受到影响。未来改革的出路必须是区分村公共事务管理和村经济事务管理,前者仍然应该由政府承担,后者由村民自己承担;两种事务的性质和规则不一样,当然应由两类组织来实施。政治与经济、社区组织与经济组织、公共事务和经济事务的分离,是重塑农村社会经济治理组织结构的基本原则和出路。

墨西哥农地法*

高富平**　译

第一编　序　　言

第1条　本法是《墨西哥联邦宪法》第27条[1]的实施细则,在全联邦具有普遍效力。

第2条　本法没有规定时,适用联邦民事立法,或者依具体情况适用联邦商法。

在有关城市和生态平衡方面,本法规定的所有权行使应遵守《居住通则》《生态平衡和环境保护法》及其他有关法律的规定。

第3条　联邦行政机关与各州和市镇政府相互协同,在各自权限范围内,实施本法。

第二编　农牧业发展与扶助

第4条　联邦政府通过扶助生产活动和社会行动以促进农村各地区的全面平衡发展,提高

---

* 在当今世界各国,几乎都有有关农业、农地的专门立法,有的国家的农业立法更侧重于农业生产活动的组织和国家扶持,因此一般称“农业法”,而有些国家则是以农地归属和利用为核心,全面规范农业生产活动,墨西哥农业立法属于后者。因此,译者将其译为“农地法”,这也符合整部法规的内容。墨西哥历史上颁布过许多部农地法(西班牙语为 ley agraria),在1917年新宪法制定之后有1934年、1940年、1942年农地法典和1971年联邦农业改革法,之后又修订颁布了1992年农地法。1992年农地法又在1994年作了修改。本译文即根据1994年修订后版本译出。原文为西班牙文。本译文曾得到已故谢怀栻研究员审阅,在此特此致谢。

** 原文收录于高富平:《中国物权法:制度设计与创新》,中国人民大学出版社2005年版,引注请参考原出版物。

〔1〕　现行墨西哥联邦宪法制定和颁布于1917年,后不断修改完善至今。该宪法规定的社会权利、保护诉讼、农地制度对拉美及其他国家宪法产生了重大影响。墨西哥《宪法》第27条是关于墨西哥土地、水源和矿产归属和利用的规范,它确立了土地、水源归墨西哥全民原始所有,全民可将土地水源分配于个人(个人享私所有权)的原则,确立了禁止大地主(庄园主),实行小土地所有主制度等原则。墨西哥农地法即是这些原则的具体实施。

居民的福利和对国家生活的参与积极性。生产组织可以拟定农村发展和扶助的计划,由联邦政府直辖市实施。

第5条 联邦行政机关和职能部门,协助自然资源的维护并促进其合理、持续利用,以维持生态平衡;帮助改善生产条件,参与基础设施的建设,投资帮助开发土地潜力,以使农村居民和劳动者受益。

第6条 联邦行政机关和职能部门疏通投资渠道、确立信贷条件,使农业资本化;扶助支持小块土地联合一体化生产,帮助村民、社员、小土地所有主之间为了生产目的的各种联合;促进科学技术研究和其成果在所有农业生产中的转化;帮助农业生产者提高技能,改进组织方式,提高生产力;改善农产品生产、运输和商业化的条件;向农业劳动者提供咨询;实现农村地区的社会发展和区域平衡。

第7条 联邦政府保护公社生活,扶助其自由发展,尽可能照顾并满足其成员需求。

第8条 在计划法确定的条件下,联邦政府在农村劳动者和居民(通过其代表组织)参与下,制定半年和年度计划,确定目标、资源及其区域分配、组织机构和执行期限,以求墨西哥农村的整体发展。

第三编 村社与公社〔1〕

第一章 村 社

第一节 一般规定

第9条 村社具有法人资格,拥有自己的财产,是国家赋予的土地及其他途径获得的土地的所有者。

第10条 村社根据内部章程运行;除法律规定外,村社活动不受限制。村社章程在国家农地注册局注册。章程应载明:村社经济和社会组织的一般规定;接纳新村民的条件;共用土地〔2〕利用的规则,以及根据本法应当写入章程和村社认为应明确的内容。

第11条 在村民大会作出决定的情况下,村社可以集体开发利用村社土地。在此情况下,应当事先确立如下规范:劳动组织形式;村社资源利用形式;收益公平分配的办法;资本维持制度、社会储备制度及公共基金的组成。

已采取集体利用土地的村社,可经村社大会决定,修改或终止集体利用制度;这种变更要符合本法第23条第7款至第9款规定的程序。

---

〔1〕 墨西哥农村社区组织形式分村社(Ejidos)和公社(Comunidades)两种。两种组织均由一定范围的土地和利用这些土地的农村人口组成,在法律上都具有法人资格,区别在于土地所有和利用体制略有不同。目前墨西哥采取公社体制的农村组织所占比例很少,完全取决于村民的自愿,且村社和公社可以互相转换。这两种组织的成员在本译文中分别称为村民和社员。居住在村社中的人口并不一定都是村民,可能还有没有村民资格的居民。

〔2〕 西班牙文“Las tierras de uso comun”,这里译为共用土地,而不是公用土地,是因为这些土地是特定村社全体村民共同拥有的财产,可以集体使用,也可以分配到村民使用(仅享有用益权)。参见本章第五节。

第二节 村民及其接纳

第12条 取得村民资格证书的男女为村民。

第13条 接纳村民应符合以下条件才产生本法效力：被接纳者应是在村社范围内居住1年或1年以上的墨西哥成年公民；已经村民大会或具有管辖权的农地法庭的认可。被接纳者享有本法赋予的权利。

第14条 每个村民享有以下权利：对各自小片土地[1]使用和收益的权利；每个村社内部章程授予每个村民对其他土地的权利及其相应的其他权利。

第15条 取得村民资格的条件：

1. 成年墨西哥公民，或者属于村社家庭成员或村民继承人的任何年龄的墨西哥公民；
2. 除继承者外，满足本法或村社内部章程规定的条件被接纳为村民的人。

第16条 村民身份以以下方式表明：

1. 凭有权机构颁发的地产权证书；
2. 凭小片土地证书或共同土地产权证书；
3. 凭农村法庭的判决书。

第17条 村民有权指定某人继承其对小片土地的权利，继承其村民资格；采取此方式转让土地的村民应写出继承清单，写明继承人的名字及其先后顺序，以便在他去世时行使权利。村民可以指定其配偶、同居者或在其家居住者、某一个子女、某一个长辈或其他任何人为其继承人。

继承人清单应存档于国家农地注册局或在州公共机构备案。以同样的程序村民本人可以修改其内容；在此情况下，以在后的内容为准。

第18条 当村民没有指定继承人或者当所指定的继承人因事实上或法律上的原因不能成为继承人时，农地权按照下列顺序转移：

1. 配偶；
2. 一起居住或共住一室者；
3. 子女；
4. 长辈；
5. 依其经济情况而确定的其他人。

在上述3、4、5情况下，如果村民去世时有两个或两个以上的继承人，这些继承人在3个月的时间内（自被继承人去世时起算）有权决定他们中间谁享有村民权。在不能达成一致协议的情况下，农地法庭将公开拍卖村民权，并在享有继承权的人之间平均分配其所得收益。在同等条件下，继承人享有优先竞购权。

第19条 在没有继承人的情况下，农地法庭有权决定将村民权转让给所涉及村社的村民和被接纳为村民中最高竞买人，竞卖的收入归村社。

---

[1] 西班牙文“parcelas”本意即为小块或小片土地的意思，这里的小片土地是直接分配到村民，村民享有完整的享用权（含使用和收益），且可以继承和转让（有一定限制）。参见本章第六节。

第20条 村民资格因以下列情况丧失:

1. 依法转让其村民或社员权利;

2. 放弃其权利(这被认为让与给村社);

3. 因时效而消灭,此即据本法第48条,由其他人获得其权利。

第三节 村社机关

第21条 村社机关由下列组成:

1. 村民大会;

2. 村委会;

3. 监事会。

第22条 村社最高机关为村民大会,它由全体村民组成。

村委会负责注册登记簿,登录组成该村村民的姓名和基本情况。村民大会检查村委会依本法完成的登记簿上的人员资格。

第23条 村民大会至少每6个月召开一次,或根据其内部章程或习惯更频繁地召开。村民大会对以下事务有最终决定权:

1. 制定和修改村社章程;

2. 村民的接纳和脱离及他们的出资;

3. 村委会和监事会的报告及其成员的选任和撤换;

4. 村社财务平衡表、经济资源利用,授权与委托;

5. 批准第三人使用共用土地的合同;

6. 分配产生于村社活动的收益;

7. 划定居住的必要区域和特定目的的法定土地和地界,以及居民区的划定地和迁移;

8. 对小片土地的拥有事实或内容认可;

9. 根据本法第72条规定的条件,授权村民对其小片土地享有完整所有权,对社区共用土地收益的分享;

10. 划定、分配共用土地、指定其用途以及利用办法;

11. 村社的分立及其与其他村社的合并;

12. 在不具备继续存在条件时,在因村民申请农地地政官员(以下简称地政官员)事先裁决的情况下,决定终止村社体制;

13. 变村社体制为公社体制;

14. 对集体利用土地制度的确立、修改和撤销;

15. 法律和村社章程确定的其他事项。

第24条 村民大会可由村委会或监事会召集,也可由至少20名或全体村民的20%发起召开。如果村委会或监事会没能在申请之日起5日内召集村民大会,上述人数的村民可请求地政官员召集。

第25条 除非有正当理由,村民大会应在本村或习惯地召开。为此必须在至少8日至多15

日内事先发出通知；通知应张贴于村民最常聚集的地方。在通知中应写明会议讨论事项、地点和日期。村委会负责通知在规定的地方保留到会议召开，以达到公众知晓的目的。

如果在确定会议召开日期，与会人数没有达到有效多数，应立即发出二次通知；在这种情况下，会议应在自发出二次通知起至少8日内召开。

第26条 经第一次通知出席会议的村民人数超过半数时，就算达到有效人数。但讨论决定本法第23条第7款至第14款规定的事项时，出席会议的人数至少须达到村民人数的3/4。

经第二次或最后一次通知，不管到会人数是多少，都可有效召集会议。但讨论有关第23条第7款至第14款事项时，与会者至少超过半数才能召开村民大会。

第27条 村民大会的决定经与会村民表决，赞同票超过半数时即产生效力，对与会者和未参加者均有约束力。在赞成与反对票相等时，村委会主席（村长）可投是否通过的关键票。

在决定本法第23条第7款至第14款事项时，赞成票须达到与会者的2/3。

第28条 在村民大会处理有关本法第23条第7款至第14款事项时，须有地政官员代表以及公证人参加。为此，发布通知应当告知地政官员会议召开详情，包括讨论事项、地点和日期；应当作好公证人出席会议的必要的准备工作。地政官员核实会议通知是否涉及本条提到的事项，是否按照本法第25条规定的日期要求发出。

违反本条程序性规定的村民大会无效。

第29条 在村民大会决定终止村社制度时，其协议应在联邦官方日报和该村社所在地区广泛发行的报纸上公布。

对村社债务、土地（构成人类活动必要地区的土地除外）的事先清算完全由村民根据赋予的权利进行，但有关热带雨林的处理除外。据此规定分配于每个村民的土地面积不能超过小农地主限制。如果分配之后还有剩余，或涉及热带雨林，其所有权转归国家。

第30条 村民可以委托他人代理参加村民大会，但须有授权书并在两位村民或已被接纳为村民的证人面前签署授权书。在委托人不会签字的情况下，应按指纹于授权书上，并邀请第三人代签并记下两位证人的名字。

在村民大会讨论本法第23条第7款至第14款规定事项时，村民不得委托他人出席会议。

第31条 所有村民大会均达成相应的决议，并由与会的村委会或监事会成员以及愿意签字的与会村民签字。在村民有义务签字但不会写字的情况下，要在其写有其姓名的下面按指纹。

对文件记载的任何事项有不同意见时，任何村民可以签署声明表示反对。

大会讨论有关本法第23条第7款至第14款事项时，大会文件应经公证人证明并经与会的地政官员签署，同时在国家农地注册局登记。

第32条 村委会是贯彻村民大会决议的执行机关，负责村社经营管理并代表村社。村委会由一名村长、一名秘书和一名司库及其候补成员组成；同时还包括内部章程规定的委员会和附属秘书。内部章程应对村委会每一成员的职能范围作出规定；如没有规定，推定其成员共同行使村委会的职能。

第33条 村委会的职权和义务如下：

1. 代表村社全体居民管理村社公共财产；以村民大会确定的条件、以总代理人的资格进行管理、诉讼和接受财产；

2. 严格围绕村民的权利行事；

3. 依照本法召集村民大会以及执行大会决议；

4. 向村民大会汇报所进行的工作、资金流向以及通报共用土地利用情况和所处的状态；

5. 本法和村社内部章程规定的其他事项。

第34条 行使职权的村委会成员不得取得村社土地或其他权利，但继承除外。

第35条 监事会由一名主席、两名秘书及其相应候补成员组成。监事会依照各自的权能和内部章程的规定行使权力；如章程没有规定，推定其成员共同行使权力。

第36条 监事会的职权和义务如下：

1. 监督村委会的行为是否符合本法规定和符合村社内部章程或大会决议；

2. 复查村委会账目和业绩以便向大会作出认可，并撤销或纠正村委会的违规行为；

3. 在村委会未召集，又有必要召集的情况下，召集村民大会；

4. 本法和村社内部章程规定的其他事项。

第37条 村委会、监事会及其候补成员由村民大会选举产生；投票应秘密进行，统计应公开。如选票数额相等应再次投票；如再次出现票数相等，应当由票数相等候选人抽签决定由谁任职。

第38条 村委会、监事会的成员须是本村社村民，并在最近6个月内在该村工作，具有完全民事行为能力并没有因故意犯罪而被判处剥夺自由的刑罚。同时，他们在任职期间应在该村工作。

第39条 村委会、监事会成员任期3年。除非已经过与其任职期限相同的年限之后，任期满届满后不得再担任该村任何职务。

如在应选举的期限内没有举行选举，其候补成员自动替代原任职者；监事会应在原任职者任职期限届满后起不超过70天的时间内召集选举大会。

第40条 村委会和监事会的成员可以在任何时候举行的村民大会上或因不少于25%的村民的请求由地政官员召集的大会上，经秘密投票予以撤换。

第41条 每个村可由本村村民组成居民会议作为公共事务的参政机关，可以对有关移民、公共服务、人口安置和公共工程等事务提出建议。

居民会议的组成和职能由该会成员草拟的章程决定，如有必要可以设立委员会，以维护居民的利益。

第42条 居民会议的职权和义务：

1. 向市镇主管机关就社会和市民服务发表意见；提出改善措施；建议并协助所建议措施的实施；

2. 与村委会一起向市镇机关通报学校、市场、医院或诊所以及所有在人口安置范围内有关居民利益的事项的现状；

3. 对居住环境和卫生问题提出建议以及改善措施；

4. 对村民大会有关居民宅基地存在和终止的必要性作出认可；

5. 其他居民会议章程列举的事项，但限于有关人口安置以及与法律及本法授予村社机关职权不相冲突的事项。

第二章　村社土地

第一节　一般规定

第43条　那些已赋予村社或已纳入村社体制的土地即为村社土地，受本法相关规定约束。

第44条　依据本法，村社土地依其目的可划分为：

1. 居民区土地；
2. 共用土地；
3. 小片土地。

第45条　村社土地可以成为任何社团合同和开发合同的标的。这两种合同所涉及的土地若是共用土地，由村社签订；如果是小片土地则由有权村民缔结。涉及村民以外的人使用土地的合同，其期限应与相应的生产计划相适应，但最高不超过30年；期限满后可延期。

第46条　经村民大会决定，村社可享有共用土地用益权，村民个人在提供担保的条件下，可以获得小片土地的用益权；只有信贷组织和与企业社团有关或从事商业的人才能提供担保。

在未履行担保义务的情况下，债权人经农地法庭裁决可以以土地作为担保直到合同期满；期满后土地依情况重新归农村集体或村民使用。

这种担保应当经公证并在国家农地注册局注册。

第47条　在同一村社内任何一个村民所享有的小片土地不能超过该村土地总面积的5%，也不能超过小农地主拥有的土地面积；此项计算包含村社土地和享有完全所有权的土地。

经事先听审，农地改革部部长可裁决要求特定村民，自裁决下达之日起1年内，转让多余的土地。如果该村民在指定的期限内没有转让，农地改革部可以分割多余土地，将相应的权利转让给农民中较为适当的持有人（按照本法第80条所列举的优先顺序）。

第48条　除用于居住安置的土地和热带雨林外，某人和平地、持续地、公开地占有村社土地，如属善意占有，经过5年，如属恶意占有，经过10年，占有人即获得该土地，其权利与拥有小片土地相同。

占有人要到农地法庭申请确认。农地法庭经事先对有关当事人、村委会和相邻土地所有人会审，以自愿协议或法官协调方式，作出占有人取得有关土地或小片土地权利的裁决，并通知国家农地注册局，以求签发相应的所有权证书。

任何利害关系人向农地法庭提出请求或向公共秩序部告发占有人侵占土地时，都中止本条第1款提到的期限，直到作出确定的裁决。

第49条　村社或公社的土地、水源被非法剥夺，可以直接或经过地政官员向农地法庭请求恢复其财产。

第50条　村社和村社可以组建村社联合体、农业集体性社团、任何商事或民事社团或法律没有禁止的其他性质的组织，以改进村社土地利用、农牧产品商业化，提供服务以及用于任何村民允许的利于改善其生产活动的任何目的。

第51条 村社和村民可以组织担保基金，用以为取得贷款提供担保；担保基金组织应符合联邦政府通过财政信贷部发布的政策。

第二节 村社水源

第52条 村社水源的利用属于村社和全体村民，依共用土地或小片土地而不同。

第53条 有关水源的分配、用益、通过、维护、捐税、使用费、权利转让及有关村水源使用的其他事项依据法律规定和当地习惯。

第54条 村社居民受益于灌溉设施或其他供水系统，有义务按照规定交纳使用费。

第55条 村社地界范围内未曾合法地转让给个人的水源，为共用水源。共用水源的利用方式由村社章程规定；如未规定，按照每个村社的习惯加以利用，但不能与法律相违背。

第三节 村社土地的划分及目的

第56条 依照本法第24条至第28条及第31条的规定，村社大会可以决定非小片土地的村社土地的用途，进行实地分割，认定经济或实际价值，规定占有权的内容或缺乏权利证书人的权利内容。村民大会可以划定居民区、公用地或可为村民个人拥有的小片土地。在任何情况下，应委托权威机关绘制村社土地总体平面图或由国家农地注册局绘制。其程序如下：

1. 如认为可行，保留多余土地用于居民区，划定村社共用土地；

2. 如果特定土地的权属没有确定或正在闲置，可以将该村社土地转让给个人或个人组织；

3. 共用土地的使用权被认为平等地赋予每一个人，除非村民大会基于实际贡献、工作和每个人的财产情况等理由而决定与此不相同的分配比例。

在任何情况下，国家农地注册局划定村社内部土地时，应依据村民大会决议制定技术规范，或在诉讼时用于补救的相同规范。国家农地注册局确认村社内部土地平面图，并依据此向全体村民或每个村民签发小片土地证书或共用土地证书；这些证书的签发应符合村民大会指示，由村委会或其他代表代办，在国家农地注册局注册。

第57条 前一条第1款第3项提到的土地的权利的分配，村民大会，除非有明确公正的理由，应依照以下先后顺序：

1. 被大会确认的土地占有人；

2. 村社村民被公认努力和用心的，或以他的劳动和投资能更好利用土地的人；

3. 已开发利用土地2年或2年以上的村民子女和其他被接纳者；

4. 村民大会认为合适的其他人。

在村民大会作出上述决定时，凭大会决定就可以分配土地，但须受用于村社公益目的的相反决定的制约。

第58条 村民大会对小片土地的分配必须始终以村社土地总体平面图的面积为基础；如有人在前条规定的顺序中享有同等的权利，则抽签决定。村民大会在进行抽签仪式时，应有公证人或地政官员代表参加并确认相应的文书。

第59条 将小片热带雨林分配于个人享有完整所有权的决议无效。

第60条 村民转让共用土地的权利，除非同时转让其小片土地的权利，并不意味着其丧失村民资格；其所失去的只是对相应土地份额的利用或用益权。

第61条 在村民大会分配土地的过程中，如果某些村民觉得因分配受到损害，其人数达到村民人数的20%或更多，可以直接向农地法庭或通过地政官员向农地法庭起诉；或者如地政官员认为农地的分配存在不公正或会造成严重的后果，或严重破坏公共秩序，由地政官员直接向农地法庭起诉；在后一种情况下，农地法庭可以采取必要的措施，调和利益冲突。在土地分配受到损害者均可以平等地到农地法庭陈述其要求和理由；如果不行使这样的权利，将不影响土地再次转让的效力。

第62条 如果在村民大会作出决定后的70日内农地分配没有受到控诉，即确定为有效分配。[1]

第63条 自小片土地分配之日起，即授予权利人在本法规定期限内对所分配土地的使用权和收益权。

如果土地被分配于村民小组，如无相反规定即推定每个村民享有平等的权利，他们可以按照他们之间的习惯行使权利；在没有习惯的情况下，按照内部章程或村民大会决议行使权利；所有这些都必须符合联邦地区民法典对共同财产和联邦财产的规定。

第四节 居民区土地

第64条 发展村社共同生活必需的地区构成居民区土地；它由村民居住地区和它的合法外围组成。学校用地、妇女加工业组织用地、青年综合发展组织用地、留作居住的另外的土地与居民区享有同样的保护。

第65条 除了本条最后一段规定的情况外，村民大会划作居民区的土地不能减少、不能转让、不能以时效取得、不能查封。任何转让、时效取得、查封居民区土地的行为，均为无效。

联邦、州、市镇权力机关，特别是地政官员负责村社法定土地的保护。

村社居住区的宅基地不适用本条规定。

村社居民可以将居民区土地提供给市镇或相关实体以用于公共服务；这要在地政官员参与下进行，并由地政官员确认该土地是用于公共服务目的。

第66条 当村社人口居住在村社土地上时，村民大会可以在尊重有效的规范和小片土地权利的前提下，以更方便的方式划定住宅区；同样村民大会可以依照法律划定为人口增长而预留的土地。

第67条 选址、划界、分割居住区和其增长预留区，应在相应的市镇权力机关参与下、遵守城市发展和生态部颁布的技术规范进行。

第68条 当村民大会设立住宅区和增长预留区时，应划分出必要的面积用于社区公共服务。

第69条 权利人对宅基地可以拥有全部所有权。在设立住宅区的时候（如果可能），所有的

---

〔1〕 意思是土地再次转让后，即无权提出异议。

村民有权免费获得宅基地。宅基地的续展由村民大会决定。这应在相应的市镇机关参与下进行,符合有关分割土地的法律规定并照顾每个地区的特点、习惯作法和习俗。

村民大会公平地决定每个村民宅基地面积,将其分配于村民。宅基地分配时应有地政官员代表在场;并符合村民大会决定的宅基地分配计划方案在国家农地注册局登记。相应的注册文书和注册局签发的宅基地证书是有效的所有权凭证。

一旦满足村民的需求,村社可以将富余的宅基地租赁或转让给欲入社的人。当村社划定住宅区并分配完宅基地时,所有权证书便分发给合法持有人。

第70条　宅基地的所有权以前条规定的证书表示,随后的法律行为受民法调整。为此所有权证书应在相应州的普通产权注册局[1]登记注册。

第71条　村民大会可以划出一定面积的土地用于:设立学校必需的地区;旨在研究、教育和传播更有效利用人类和物质资源的农业技术的地区。

第72条　村民大会同样可以在扩展土地中预留一块土地,最好是毗邻居民区的较好地区,用于设立为村社16岁以上妇女利用的农场或农村工业区。在该地区可以设立旨在向农村妇女提供特殊服务的设施。

第73条　在每个村社和社区可以专门辟一块地区,用于青年的综合发展,在其中实现生产、文化娱乐、职业训练活动;已满16岁不满24岁的村民、社员和入社社员的子女可以享用这些设施。该地区由其成员组成的委员会管理。其活动经费由会员分摊。

第五节　共用土地

第74条　村社共用土地是用于支持村社的共同生活需要的土地;它由没有被村民大会预留为居民区的土地和小片土地以外的土地构成。

第75条　除本法第75条规定的情况外,村社共用土地的所有权不可转让、不能因时效取得或查封。

村社章程规范共用土地的使用、利用、进入和维护;规范村民和入社村民有关共用土地的权利和义务。

对共用土地的权利以本法第56条提到的证书表示。

第76条　在表明是为了村社共同利益的情况下,村社可以将共用土地的所有权转移给村社参与的或村民参加的商事或民事社团。这要遵守以下程序:

1. 转移土地应当由村民大会作出决定,并应符合本法第24条至第28条规定的有效形式要件。

2. 相关开发和社会服务计划应提交给地政官员,地政官员对之进行分析并对下述事项发表

〔1〕墨西哥产权注册机关有两种,一种是为实施农地法而建立的农地注册局,专门登记农村土地归属和利用权利状态;另一种是"El Registro publico de la Propiedad"(直译为公共产权注册机构,这里译为普通产权注册机构),登记农地以外的产权状态。经农地注册局登记的产权为不完全产权,不能向非农村居民转让;如果村社决定将小片土地权利转变为一种完全的私有产权,即可为非村民获得的财产,则须在普通产权注册机构进行登记。

赞成或反对的公开声明;预计的投资实现确定性;自然资源利用的合理性和持续性;所提出的条件的公正性。这种意见必须在不超过30日的时间内作出,自村民大会作出相关决定之日起算。在此之前,为确保本款的有效性,村社可以求助于适当的专家帮助。

3. 在决定将土地提供给社团的村民大会中,应决定该社团社会股份是给予村社还是每个村民;这要根据他们对该土地权利而决定。

4. 分配给提供土地的村社的社会股份或村民认购的社会股份的价格至少应与国家财产评估委员会或任何资信评估机构确定的参考价格相一致。

5. 当参与股份与村社有关时,村社或村民享有指派代理人的权利;这种权利不可放弃。代理人行使商业社团法规定的监事会权力,并直接对村社大会负责。如村社或村民没有指定代理人,地政官员有责任代为指定。

按照本条组成的社团,应受本法第六编规范调整。

在社团清算的情况下,村社和村民依据其参入的社会资本在地政官员的严格监督下,相对于其他股东,在分配社团剩余财产过程中,有取得土地的优先权。

在任何情况下,村社或村民依情况都享有获得曾投资到社团中的土地的优先权。

第六节　小片土地

第77条　小片土地的利用、使用和收益权属村民享有。

第78条　在任何情况下,村民大会和村委会在没有事先与拥有人达成书面协议的情况下,都不能使用、处分或决定集体征用小片土地。

第79条　村民对其小片土地的权利,以其颁发给他的农地权利证书或小片土地证书来证明;小片土地证书的颁发与本法第56条的规定相一致。有时,农地法庭的判决也产生本法上的权利证书的效力。

第80条　村民可以直接利用其小片土地,将使用权或用益权转让给其他村民或第三人;经过评估、测量后,从事入股、租赁或法律没有禁止的其他法律行为。这些法律行为不需要村民大会或任何权力机关的授权。同时,可以用小片土地用益权入股投资,设立商事或民事社团。

第81条　村民可将小片土地权利转让给同村的其他村民。

小片土地权利转让的有效要件是,在两个证人面前双方当事人达成书面协议;通知国家农地注册局;农地注册局在9日内颁发新的小片土地证书;同时,村委会应在相应的登记簿中进行变更登记。

转让人的配偶和子女在该交易中享有优先受让的权利;优先权自通知之日起30日内行使,否则丧失权利。如不进行通知,转让无效。

第82条　当村民大会按照第56条的条件和本法第24条至第28条、第30条和第31条规定的形式要件,把村社中的大部分小片土地分界并分配给有关村民,村民大会可以决定,凡依本法规定得到土地的村民能够对小片土地拥有完全所有权。

第83条　一旦村民大会作出前条决定,在适当的时候,村民可以办理对小片土地完全所有权的法律手续:向国家农地注册局申请,说明有关土地已经属于应注册土地;注册局可以向申请人颁发所有权证书。该所有权凭证还要在各地方的普通产权注册机关登记注册。

自完成在国家农地注册局的注册时起，该土地不再属村社；受一般财产权利规范调整。

第84条 小片土地归村民所有并不意味着村社其他土地的法律性质也随之改变，也不表示村社的法律体制、组织体制发生变化。

将小片土地转让给非村民第三人也不意味着转让人丧失村民资格，除非不再保留对其他小片土地或共用土地的权利。在后一种情况下，村委会应当通知国家农地注册局，声明该村民脱离村社；农地注册局进行相应的注销手续。

第85条 在对已完成完全确认所有权手续的小片土地的首次转让过程中，转让人的家庭成员、在转让小片土地上劳作1年以上的人、村民、入社者及村社，在此交易中享有优先受偿权；这些人应在转让通知起30日内行使权利；否则丧失权利。如果转让人没有作出通知，其土地出卖行为无效。

村委会和监事会负责确认这一规定的履行。

在两名证人或公证人的参与下，向村委会作出的通知为有效通知，相当于向享有优先受让权的人亲自作出通知。对此，村委会有义务立即在村社显要位置张贴通知，说明要转让的财产或权利。

第86条 在出现行使优先受让人地位和态度相同的情况下，村委会在公证人的参与下，将抽签决定应给予谁优先权。

第87条 首次将完整的小片土地所有权转让给与村社不相关的人，转让时免交联邦税费，但至少应按国家财产评估委员或任何资信机构确立的价格成交。

第七节 在市区的村社土地

第88条 当位于某一地方村社的土地成为人口集中地时，村社将受益于其城市化。在任何情况下，将村社土地合并于城市发展要服从法律、行政规章和有关居民区的有效计划。

第89条 禁止将位于自然保护区的村社土地城市化，包括人口聚集中心的生态保护区。

第90条 依据城市发展规划将已宣布用于城市化的村社土地转让给非村民，应给予《居民区总则》确立的州和市镇政府以优先权。

第三章 新村社的设立

第91条 村社的设立应当遵守以下规则：

1.20人或更多人组成的群体参与设立；

2.每个人投入一定量土地；

3.拟定一份与本法规定相符合的村社内部章程草案；

4.土地的提供和村社内部章程应该公开并向国家农地注册局申请注册，欺诈债权人的土地投入无效。

第92条 前条第4款提到的注册的完成，新村社即合法成立；投入的土地受本法对村社土地的规定调整。

第93条 村社可以将已置于完全所有权体制下的土地转换为村社体制土地，在这种情况下，村委会到国家农地注册局办理注册手续；自手续完成，该土地即受本法有关村社土地规范的调整。

第四章 对村社土地和公社土地的征收

第94条 基于以下公益目的，可以征收村社或公社财产：

1. 建设、开发或维持公共服务；
2. 为实现城市生态方面的建设，如划拨或扩充、预留地区用于城市发展、居住、工业和旅游；
3. 实现促进农牧业、林业、渔业的有序化及发展的维护行动；
4. 开发石油及其加工运输、开发属于国家的其他资源、设立有利于该地区的工厂；
5. 对城市和农村土地权属的调整；
6. 设立、促进和维持有利于公共生活的生产、服务单位；
7. 建设桥梁、公路、铁路、机场及其他交通设施，以及属于公共通信法的设施，能源运输线、水利工程，包括通过及附属设施；
8.《征收法》和其他法律规定的情况。

第95条 征收应在农地改革部办理征收手续，必须详细提供公共利益的理由、被征收的财产及补偿手段。补偿的最高数额由国家财产评估委员会决定，并考虑被征收财产的商业价值；如属前条第5款情况，补偿额的确定应考虑调整获得的数量。具体事项应在《官方日报》上公布并通知被征收土地的村社。

在联邦公共事务局提出征收的情况下，应由相应的附属机构或国有实体单位，依法律规定办理征收手续。只有在支付补偿或储备了补偿金额的情况下，才可以占用被征收土地；最好是在国家村社扶助基金设立信托；如没有设立信托，则须提供充足的担保。

第96条 禁止在办理手续期间占用土地，除非所涉及的村民或村民大会允许占用。

第97条 征收补偿费支付给村民，如征收只涉及已分配村民的小片土地，该村民接受其应得部分。如果某个村民对应得部分存在疑问，由地政官员出面调解；如调解不成，诉诸有管辖权的法庭作出确定裁决。

第98条 当被征收土地被用于非原定用途，或者5年期间内因公益原因没有完成，即动用国家村社扶助基金信托金，用于部分或全部恢复被征用土地的原状，并与原财产合并。

第五章 公 社

第99条 公社是依据以下程序成立的农村社区：

1. 放弃各自土地所有权，集中土地于公社的行动；
2. 在对共同占有和所有权没有争讼的情况下，由加入共有体制的人达成一份自愿组合协议；
3. 当存在争讼或有人反对的情况下，由自愿加入公社的人起诉，获得司法裁决；将村社转为公社的程序（这些程序主要指完成在所有权注册局和国家农地注册局的注册手续）由专门法加以规定。

第100条 法成立公社后的法律效果：

1. 该社区具有法人资格，对其土地拥有所有权；

2. 存在公共财产管理委员，作为公社代表机关，以公社章程和习惯确立的条件经营管理公社事务；

3. 对共有土地的特殊保护，即除本法第100条规定的条件投资于社团外，不能转让、不能因时效取得和不能查封；

4. 公社社员享有法律和公社章程规定的权利和义务。

第101条 公社决定其土地的利用，并根据目的的不同和利用财产的组织的不同而作不同分割。公社可以与第三人联合、设立民事或商事社团，负责管理或出让其财产（一定期间的）使用权或用益权，以更好地利用财产。为了公社的利益，社员大会，依本法第23条第8款规定的程序条件可以决定，以第75条规定的条件，将共用土地所有权转让给这些社团。

第102条 公社允许社员以个人身份存在，允许社员拥有小片土地使用收益的权利，向其家庭成员和入社社员转让使用或用益权，以及依据公社章程规定的条件享有对共用财产使用、收益权。公社社员权的受让人取得社员资格。如不存在诉讼，公社中的小片土地分配视为合法。

第103条 在公社没有将小片土地分配给个人的情况下，如没有相反证据，即推定小片土地权利平等地属于公社社员。

第104条 决定采纳公社体制的村社，可以根据本法第23条第8款规定的参加人数与投票办法决定之。小片土地的分配在改为公社后仍然有效。

自改制决定在国家农地注册局注册后，村社被合法转换为公社。

当不同意改制的村民至少有20人时，可以继续以相应的土地保持村社体制。

第105条 依据本法第24～28条和第31条规定，公社可以转变为村社体制。

自改制决定在国家农地注册局注册以后，公社被认为合法地转变为村社。

当不愿改制为村社体制的公社社员至少有20人时，这些人可以继续以其相应的土地保持公社体制。

第106条 为了公社管理，在不侵犯社员大会最高机关权能的条件下，公社可以设立小组或亚公社，建立代表和管理机关，可以采取各种各样的组织形式。社员大会可以确立公社组织或亚公社的内部组织体制。

第107条 那些属于原始部落的土地应受到权力机关的保护，以实施《联邦宪法》第4条和第27条第7款第2自然段的法律规定的条件。

第108条 在与本章规定不相冲突的前提下，本法对于村社的规定适用于公社。

第四编 农业社团

第109条 村社之间可以组建联社，[1]其目的是协调生产活动、协助促进商业化和其他不为法律禁止的目的。

---

[1] 西班牙文“uniones”，在本法中指村与村之间的联合体，这里译为联社。

只要愿意,一个村社可以同时参加两个或更多联社。

组建联社须由每个村社的村民大会作出决定、选举代表及决定其权限。

包含联社规范的组织章程应得到公证员的认可并在国家农地注册局注册,自注册之日起,联社具有法人资格。

联社可以设立专业化企业,协助实现联社目的,允许企业以最优方式实现生产一体化。

村社与公社都可以建立企业,以利用其自然资源或其他资源,以及提供服务;村民、有组织的农村妇女小组、村民子女、公社社员、入社村民及小生产者都可以参与其中。

前两段提道的企业可以采取法律规定的任何形式。

第110条 联社章程应包括以下内容:名称、住所和期限;目的;资本和责任形式;成员名单以及成员权利和义务的终止;权力机关和监督机关;职责规范;运行和平衡表;公益基金、保留与分配;及解散与清算规范。

联社的最高机关是联社大会,它由每个会员村社或公社的村民大会指派两名代表和相同村社的村民委员会和监事会委派两名代表组成。

联社的管理由联社大会任命的董事会负责;董事会由一名董事、一名秘书、一名司库和若干董事(事先在章程中确定)及其相应的候补人员组成;董事会代表联社;董事会的行为要求至少两名以上的董事会成员签字方能有效地代表联社。

监事会负责联社的监督;监事会由联社大会任命由一名主席、一名秘书和一名监事及各自候补成员一名组成。

组成董事会、监事会的联社成员任期为3年,他们的职权与责任由联社章程决定。

第111条 集体农业社团[1]可由两名以上的以下成员组成:村社、公社、联社、农业合伙或农业合伙之联合体。

集体农业社团的目的是聚集人力资源、自然资源、技术资源和资金、设立工业、加工、商业化体系和其他商业活动。自从在国家农地注册局注册,即取得法人资格。如果集体农业社团含有农业合伙或联社成员,还应在农业或商业信贷注册机构注册。

本法第105条和第106条规定适用于集体农业社团。

第112条 农业生产者可以组织农业合伙;农业合伙具有法人资格,至少应由两名合伙人组成。

合伙组成自愿,其名称应使用“农业生产合伙”或其缩写SPR,它所采取的责任体制可以是无限的、有限的或补充性的。

无限责任,指每个合伙人自身对所有合伙债务负连带责任;有限责任,是指合伙人所负的责任限于他对合伙的出资额;而所谓补充责任,指合伙完成合伙出资后,对合伙的附属债务承担清偿责任,甚至合伙协议决定的数量和其补充额,但在任何情况下,不能超过出资的两倍。

合伙的组成和管理受本法第108条、第109条规定约束。合伙章程在农业信贷注册局或商

---

[1] 西班牙文“Las Asociaciones Rurales de Interes Colectvo”,类似于我国的乡村集体企业;西班牙文“Asociaciones”一词,含义非常广泛,既可指公司,也可指合伙或其他形式的合资形式,本译文统一译为社团。

业注册局注册。

第113条　合伙中合伙人的权利经全体合伙人同意可以转让。当合伙负有某个信贷机构的债务时，还要经该机构批准同意。

合伙人对农业合伙的出资应遵循下列规则：

1. 无限责任合伙不要求初始出资；

2. 在有限责任合伙存在必要的初始出资额以形成最少资本额；最少资本额等于联邦区平均最少日工资的700倍；

3. 在补充责任形式合伙中，存在必要的初始出资以形成最少资本额，其最少资本额应等于联邦区平均最少日工资额的350倍；合伙的会计由监事会推举的人进行，由全体合伙人会议认可。

第114条　两名或更多的农业合伙可以组成具有法人资格的联合体，自在农业信贷注册局注册时起具有法人资格。

联合体依据本法第108条确立的程序组建；同样，其章程、组织机构和职能依本法第109条确定。

第115条　财政与信贷部确认产生于本法的法人，颁布农业信贷注册局章程，在其中确定信贷必须注册，其法律效果与在所有权或商业注册局注册具有相同效果。

第五编　小农地主、小牧地主和林地主

第116条　根据《联邦宪法》第27条第3款等规定，个人所有的农地、牧地和林地超过小土地所有主上限的人为庄园主。

第117条　几个定义：

1. 农地，指用于耕种植物的土地；

2. 牧地，指通过自然的或种植的植物繁殖和饲养动物的土地；

3. 林地，指经营林业生产的土地。

没有实际用于其他经济活动的农村土地推定为农地。

第118条　拥有不超过以下面积一等灌溉农地或相等量的其他土地的人为小农地所有主：

1. 100公顷非用于本条第2款、第3款目的的土地；

2. 150公顷种植棉花的土地；

3. 300公顷种植以下作物的土地：香蕉、甜菜、咖啡、橡胶、棕榈、葡萄、油橄榄、金鸡纳、可可、椰子、龙舌兰、仙人掌、果树。

依据本法，多年生结产人类食用水果的木本植物为果树。

本条所谓的等量置换理解为1公顷水地置换2公顷旱地和条件好的丘陵地，8倍山地或沙土丘陵地。

第119条　在适用小土地所有主时，当某一个人同时拥有不同种类、种植不同植物的土地时，所有土地依据其置换累积计算。

当土地主所有拥有第117条第2款和第3款的活动时，可以更换种植，但仍按以前的种植物确定是否构成小农地主的界线。

第120条 拥有800公顷以内任何种类的林地即为小林地所有主。

第121条 根据所涉及地区干旱程度,拥有可以维持500头大牲畜或相对等量的小牲畜的牧地为小牧业所有主。大小牲畜数量的置换依照农业与水资源部规定的标准进行。

干旱程度由农业与水资源部确定;其确定应通过对牧地进行技术研究,考虑喂养一头大牲畜或相对等量小牲畜所需要的面积,照顾每个地区决定青草生长能力的地形、气候和雨量。

第122条 土地的自然状态被所有人或占有人改造过,如灌溉工程、排水、平整或任何其他工程,其土地面积的计算仍按改造前的类型或干旱程度计算,依据属农地还是牧地不同进行换算。

应农地所有人或占有人申请,农业与水资源部颁发的证书,记载土地类型或干旱程度。该证书具有充分证据效力。

第123条 小牧地所有主将牧地用作农耕,只要这样的转变更好并满足以下条件仍以小牧地主论:

1. 用于农业生产的收获物用于牲畜饲料。
2. 用于农业生产但不用于饲养牲畜的土地没有超过第114条规定的面积;所适用的面积界线适用于未改造前土地的种类。

继续维持与改造前干旱程度相适应的最少牲畜数目,开始收获因改造得来的收获成果,按第一种情形论。

从牧地上收获自然植物可以出售,并不因此认为该土地用于农业。

第124条 当某小牧地所有主将牧地改用于林地,仍被认为是小所有主,尽管超过了800公顷。

第125条 根据本法拥有的土地超过小土地所有主的应有面积,应该分割减缩,根据联邦法律规定转让。

根据《联邦宪法》第27条第17款第2段末尾部分的规定,在公开拍卖多余土地时,如两个或更多人出价相同,按以下顺序决定优先权:

1. 相邻于被转让土地的村民;
2. 位于被转让土地的市镇;
3. 位于被转让土地的州;
4. 联邦;
5. 其他竞卖者。

第六编 农地、牧地、林地的团体所有

第126条 本编规定适用于拥有农地、牧地、林地的商事或民事团体。同时,本编还适用于本法第75条和第100条提到的团体,除非他们营业范围与农牧林活动不符合。

第127条 商事或民事团体拥有的农地、牧地、林地不能超过小土地所有主拥有土地面积的25倍,且应符合下列条件:

1. 加入团体的土地不得超过上述规定的限制;其计算方法为每一个加入团体的个人的土地

面积相加，不管个人是直接加入还是通过其他团体间接加入；

2. 社团的目的应限于生产运输、销售农牧林产品和实现该目的的附属活动；

3. 社团的资本应与特殊股本或以T表示的社会股份[1]部分相区别；社会资本部分指以农地、牧地或林地或将获得的农牧林地投入到社团中的资本，其价值按投入或获得时的价值计算。

第128条 T系列的社会资本或股份对土地不享有特殊权利，其团体性权利也不区别于其他股本。但是，在社团清算时只有T系列股本有权以土地形式归还股本。

第129条 本编涉及的社团的章程应包含第123条以及第124条第2款规定的内容。

第130条 不管是直接还是通过社团，不管是从一个还是几个发行股票的社团获取，任何个人持有T系列社会股本的土地数量不能超过小土地所有主的数量。

不管是从一个还是几个发行股票的社团获取，任何社团不能持有更多的T系列的社会股本，其代表的土地面积不能超过小土地所有人限量的25倍。

第131条 在本编提道的社团中，外国人不能参与（持有股份）T系列社会股本的数量超过49%的社团。

第132条 国家农地注册局依据以下项目注册：

1. 商事或民事社团拥有的农牧林地；

2. 前款提到的土地的面积、毗邻和四至、种类或等级和用途；

3. 本条第1款提到的社团中的T系列社会股本的个人拥有者；

4. 在本条第1款提到的社团中的T系列社会股本的社团拥有者；

5. 为监督履行本编规定和本法规定有必要注册的其他文书、文件和信息。

社团董事及T系列社会股份持有者依情况应向注册局按照本法相关规定的形式和期限提供本条规定的信息。

第133条 当某社团拥有土地超出本法规定时，经农地改革部审理和裁定社团应在1年内转让多余土地或予以调整。如逾期不转让或调整，农地改革部将随机选择一块应转让的土地，通知相应的联邦机关按照第121条的规定的程序进行处理。

第134条 个人或社团拥有的T系列社会股份超过小农地主的土地数量或是该数量的25倍，应当分别转让其所有权或按前条规定转让土地的条件强令其转让。原旨在拥有T系列股本的文书无效。

第七编 农地地政局[2]

第135条 农地地政局是联邦行政机关的组成部分，它具有法人资格，隶属于农地改革部。

第136条 农地地政局具有社会服务职能，它通过行使本法赋予的职权，适用相应的法规，

---

〔1〕 西班牙文“Acciones o psrtes sociales”，即以农地、林地和牧地形式出资的股本，类似于我国有些地区股份合作制企业中的社会股。

〔2〕 “Procuraduria Agraria”是一个非常特殊的机构，也可译为“农地司法协助局”，但考虑到其职能的广泛性，这里译为农地地政局。

维护村民、社员及他们的继承人的权利，维护村社、公社、小土地所有主、入社社员及农业短工的权利。其方式是向地政局官员申请或有地政局官员依本法规定的职权行使。

第137条 农地地政局的职权如下：

1. 在涉及农业权力机关事务时协助和代表前条列举的应保护的人；

2. 向前条提道的人提供法律咨询，解答他们在与第三人关系中适用本法规定中的法律问题；

3. 在涉及农地法律规范的争议中协调前条提道的人员之间的利益；

4. 预防并向有关权力机关检举违反农地法的行为，使其尊重农业参与者的权利，要求农业权力机关履行其职责，提出其认为适当的建议；

5. 研究和提出强化农村地区法律保障的措施；

6. 检举农业公务人员或农业司法人员不履行义务和职责的事件和行为；

7. 在地方权力机关的协助和参与下，行使检察和监督职能，维护农业参与者的权利；

8. 在法律允许的最大范围内调查和检举聚积土地的行为；

9. 当前条列举的人在相应的行政、司法机关办理手续、进行维护农业权利的程序过程中，依实际情况提供咨询或代理服务；

10. 向公共秩序机构或其他相应的权力机关控告其认为构成侵权或犯罪或行政违章行为，以及处理针对村委会不当行为的控告事件和监事会提起的检举；

11. 本法及其实施规章或其他法律规定的其他事务。

第138条 农地地政局总部设在墨西哥城，联邦区、各州设立分支机构，在需要的地方设立办事处。

第139条 农地地政局是直接当事人的争议对象的，管辖权属于联邦法院。

联邦、州、市镇权力机关及农业社团组织是农地地政局实施其职权的协助者。

第140条 地政局长是地政局的最高领导，另外由若干副地政局长和地政官员（内部章程规定替补地政局长的顺序）、总秘书长、行政人员，专业服务机构以及技术服务机构和根据职能需要成立的机构组成。

第141条 地政局长应具备以下条件：

1. 墨西哥成年公民，能独立行使政治、民事权利；

2. 有5年以上农业工作经验；

3. 享有良好声誉，没有因故意犯罪受刑事处罚的记录。

第142条 副地政局局长应满足以下条件：

1. 同前条第1款；

2. 在任命时获得法律本科文凭已满2年并有2年以上本专业工作经验；

3. 同前条第3款。

总秘书长应满足前第1款和第3款的条件。

第143条 农地地政局局长由共和国总统任免。

第144条 副农地地政局局长和总秘书长由农业改革部提名，由共和国总统任免。

第145条 农地地政局局长享有以下职权：

1. 农地地政局的法定代表人；
2. 指导和协调农地地政局的工作；
3. 任免地政局工作人员，分派其职能、责任，依据规定给予报酬；
4. 为履行地政局职能设立必要的技术和行政机构；
5. 发布组织和程序手册，颁布区域协调、机构管理与运行的规范；
6. 制定地政局预算计划；
7. 向地政局内部规章列举的下属公务员分配其手中的职权；
8. 本法及其行政规章或其他法规定的事项。

第146条 总秘书长负责地政局日常行政管理，遵照地政局局长的指示和相关规定，协调下属机构的工作。

第147条 副地政局长依据地政局内部规章指导各自负责地区的事务，协助和负责其地区属于本法第135条列举的人的利益、权利的维护，帮助他们进行土地所有权的调整，检察监督农业法规的履行。

第148条 专业服务机构由地政局所需要的不同学科和技术领域的专家组成，由他们负责该领域所需要的研究、技术普及、咨询、诊断工作。

第八编 国家农地注册局

第149条 为了控制土地，确保适用本法，设立国家农地注册局，作为农地改革部的附属机构；它负责土地所有原始状况及修改文书的登记、村社或公社土地所有权的登记。注册局还设有专门登记农业社团土地所有权的专职机构。

第150条 依据《联邦宪法》第27条的有关规定，国家农地注册局提供必要的技术服务，与州权力机构和国家统计局、地理与信息局配合工作。

第151条 国家农地注册局的注册和签发的证明文件，具有法律上的证明效力。

当本法规定应注册的文书没有注册时，只在签字的当事人之间产生效力，但不能对抗第三人；如果对第三人有利，第三人也可以利用之。

第152条 农地注册资料是公开的，每个人都可以获得有关其宅基地资料注册的信息，经付费可以获得所需文书的复印件。

第153条 应当在农地注册局注册的文书有：

1. 所有认可、创设、修改、撤销村社或公社土地权利的司法或行政裁定；
2. 所有村社的宅基地、共用土地和小片土地的权利凭证或所有权证书；
3. 公社的主要财物所有权及依公社传统认可的所有权证书；
4. 本法第56条提到的农地平面图和地界文件；
5. 有关农村土地登记人口普查的平面图或文件；
6. 有关本法第五编规定的商事团体的文件；
7. 征收村社或公社财产的决定的文件；
8. 本法及规章与其他法律规定的其他文件和文书。

第 154 条　农地注册局有义务负责所有国家土地的注册和荒地的注册。

第 155 条　依据本法，在农地注册局需要时，联邦、州和市镇三级权力机关有义务向其提供统计信息、文件、技术、地册和规划，以使其更好地履行其职能。

第 156 条　农地注册局负有以下职责：

1. 将持有 T 系列股权的个人按字母顺序排序，对拥有农牧林地的社团造册；

2. 对所有土地位置进行地理分类，标明其面积、类型和用途；

3. 对涉及村社土地权利分割状况、本法第 46 条提到的担保及村社人口的变动情况予以记录；

4. 设立程序，优化储存信息的处理；

5. 根据本法第 56 条确定的条件参与村社土地和公用地持有的规划。

第 157 条　作为所有权的公证机构和普通产权注册机构，当涉及村社所有权或完全所有权。所有权或完全所有权向村社体制转换的文书认可或注册时，以及商事或民事社团获得土地时，应当向农地注册局通知，公证机构应向农地注册局通告所有商事或民事社团的农地所有权转移情况。

第九编　荒地和国有土地

第 158 条　没有通过颁发所有权证书分配出去的土地和没有丈量分界的国家土地为荒地。

第 159 条　下列土地为国有土地：

1. 依本编条件分界和丈量的荒地；

2. 通过撤销已颁发的所有权证书而收回的土地。

第 160 条　荒地和国有土地不能被查封和不能因时效取得。

第 161 条　农地改革部直接或通过委派他人负责必要的分界工作。分界者发出分界通知，指明该分界地应设立办公室，并附有将要分界的土地平面图，以接受任何利害关系人的咨询。该通知应在《联邦日报》、在分界土地所在州的官方报纸和广泛发行的日报上刊登，另外通知该土地的邻近居民点。在最后一种情形中，通知应附有草图，指明该土地的界线和共同分界线。所有人、持有人、邻界人和受分界影响的人有 30 天的期限主张其权利。

分界者通知应参加分界的有关人员出席地点、时间；其可以亲自出席，也可以委派代表。起草已完成划界的证书，在上面要由划界者、两名证人和同意或不同意的利害关系人的签字；在意见不一致的情况下，陈述其情况；如没有最后的这些人签字，将影响证书的效力。那些土地所有人、持有人应提交各种文书，以完成分界工作。如不提供，分界人可以请求公共机关的帮助。

农地改革部接到分界的文件后，开始详细研究，如地形技术部分、所有权证书的颁发、是否为国有土地或分界土地范围内是否包括国有土地。这种权属问题的解决应向有关当事人住所地发出通知，并在《联邦日报》上公布。

在对于农地改革部作出的所有权归属裁决有异议的情况下，利害当事人在 15 日内可诉诸农地法庭确认；该期限从向个人发出通知或（不知住址情况下）《联邦日报》上刊载日起算，否则立即生效。

第162条 农地改革部有权将国有土地按该部农地评估技术委员会确定的价格,转让给个人(拍卖除外),个人拥有负担产权,[1]用于农业生产活动。同样依据农地评估技术委员会确定的商业价值,农地改革部也可以把旅游、居住、工业或其他非农业性土地转让给个人。两种形式的转让的前提条件是,这些土地没有被联邦、州或市镇机构或其他实体要求使用或者他们的事先使用与该土地的性质不冲突。

第163条 在最近3年曾开发过该土地的持有人有优先获得国有土地的负担产权的优先权;其他的人,按照《国有财产法》第58条规定处理。

第十编 农地司法[2]

第一章 一般规定

第164条 农地法庭审理、调解和裁决因适用本法而引起的纠纷。

第165条 在解决属于其管辖范围争议的过程中,农地法庭适用本法规定的程序,遵循本法的规定。

在司法过程中,涉及土著居民的土地时,农地法庭应考虑每个部落的习惯和惯例,只要不与本法冲突和影响第三人利益。同样,在需要时,法庭应确保印第安人通过翻译陈述事实。

当涉及村社、公社以及村民、社员诉讼时,可以补充当事人权利请求的缺陷。

第166条 农地法庭可以处理需要司法参与的非诉讼事务,保护申请人的利益。

第167条 农地法庭提供称职的代理人以保护当事人利益。如果权力机关的行为可能影响农地法庭正确地作出判决,农地法庭可予以中止该行为;同样,农地法庭可以中止适用《联邦民诉法典》第1卷第6编第2章的规定。

第168条 在本法没有明确规定为完成本编规定又必须适用联邦民诉法典在无直接或间接矛盾的情况下,可替代适用联邦民诉法典。

第169条 在收到请求或审理过程中,农地法庭认为诉讼或非诉讼事务不属于其管辖的,应终止诉讼程序,将材料寄发给有管辖权的法院。除因地域外,无管辖权的法院作出的裁决无效。

第170条 当农地法院收到无管辖法院的材料,当天应与有管辖权法院联系,向其发出快件,特别通知上级农地法院,由其决定管辖权。

第二章 传 讯

第171条 当事人可以以书面形式提起诉讼或直接到庭陈述。在后一种情况下,可请求地政官员帮助形成书面的材料。受请求机关应遵照客观公正的原则行事。

收到诉讼请求,农地法庭便开始传讯被告在以后庭审时到庭答辩。在传票中载明:原告姓名;请求事项和理由;庭审日期和时间(日期应定在5天至10天,自决定开庭起算);在开庭时应

---

〔1〕 西班牙文"Titulo oneroso",意思是有负担某种义务的产权,但不是完整的所有权。

〔2〕 墨西哥建立了独立的农地司法制度,设立独立农地法庭("Tribunales Agrarios"也可译为农地法院),制定了《农地法庭组织法》和《农地法庭内部规则》等法规。

提出的证据提示(不能立即提出的除外,此时要中止开庭,法庭给出15天期限以供当事人提出证据)。

在遇到居住地遥远、通信不便和其他使当事人到庭困难的特殊情况下,法庭可宽限15天开庭。

法官应当对开庭日期、原被告姓名和请求目的进行登记。

第172条 对被告的传讯由法庭秘书或书记员在由原告提出的地点进行;这些地点可以为:

1.被告住所地、田产所在地、办公地或营业所在地或劳动所在地;

2.被告小片土地和其他经常出入或审理时原告相信被告所在地。

第173条 从事传讯工作的秘书或书记员确信被告在所指示的地方,便亲自前往。如在前条第1款列举的地点未能遇见被告,便给可信赖的人留下便条。如果在非第1款列举的地点未能遇见被告,则不必留下便条,而应在原告再提起诉讼时进行新一轮传讯。

第174条 当不知道被告居住地或没有主营业地,或者在其居住地或工作地,所传讯之人否认收到传票,可以在遇见他的地方通知他。

前款证实不能当面通知被告并证明某人没有固定住所,或不知哪里可遇到他和在哪里进行庭审或首次发出通知,法庭决定用公告的方式传讯或通知;公告载明诉讼请求和传讯要点,在10日之内在与诉讼相关的不动产所在地广为发行的日报上和所在州官方日报上公布两次。

前款发出的公告通知经过15日后即生效;自最后一次公布起算。如果涉及传讯时,在指出举行第185条规定的庭审时,应注意这一期限。

如当事人没有在前条规定的期限内出现或到庭,应在法庭公告栏作出进一步的通知。

如不妨碍前条规定的通知,法庭可以采取其他通信方式,以使当事人知晓。

第一次出席农地法庭,首先司法应讯问或载明:当事人的居住地和相对应的农地法庭,或他居住地自治市机关办公地,以确认在这些地方可进行针对本人的通知;在他本人或代理人没有出现的情况下,以通知告知。在这种情况下,与针对个人的通知产生完全的法律效果。

当没有说明接受针对个人的通知地点时,在法庭所在地通知。

第175条 原告有权利陪同秘书或书记员进行传讯,以方便传票的交付。

第176条 从事传讯或留便条的秘书和书记员负责接受回执,如没有或不能确定谁应接受,由其他在场人签署;载明他的姓名,记下在该诉讼中对方当事人姓名。

第177条 在第172条提道的情况中,由相关当事人签署回执。如没有或不能确定证明其签署的一个证人,如果不想签署或提出让某证人签署,证人的签署与受通知人的签署具有同等效力。该证人不得否认签字,如否认处当地三天最低工资的罚款。

第178条 不是当事人的专家、证人和第三人应被列入便条或任何其他可靠的文书,并在传票上写明被传唤人的准确地址。

第三章 农地审判

第179条 诉讼请求书副本应交给被告或与之进行过传讯的人。被告在其后提出答辩;答辩可以书面或出庭陈述。在后一种情况下,法庭可要求地政官员帮助形成书面的答辩书。在此种情况下，受委任机关要本着客观公正的原则行事。

在审判过程中，法官以口头审理为原则，除非被要求用书面或法律要求的形式进行审理。

第180条 当事人有权选择听取顾问的意见。在一个当事人寻求顾问而另一个当事人没有的情况下，应中止诉讼程序；中止后，应立即请求地政官员辩护人为之服务；地政官员为弄清实情，享有5天的时间，自中止诉讼程序算起。

第181条 经传讯，应出庭答辩的被告，如没有出庭且没有向法庭申明有要事在身，审理照常进行。在审理期间，被告到庭，依案件进行情况继续审理，如果没有意外事件妨碍被告答辩诉讼，被告不能否定已质证的任何证据。

被告承认原告陈述，审判官解释承认的法律效果且认可它是真实的意思表示，如再遇到其他可证实的因素，法庭可以立即宣判；在相反情况下，继续诉讼。

第182条 被告答辩或出庭，法庭调查发现存在有不正常或遗漏合法当事人，应中止诉讼并在8天内进行补救。

第183条 如果被告反对恢复原状，应在答辩时提出，不可在其后提出。应当提出书面的或出庭陈述适当的证据。

在这种情况下，将此反对意见传达给原告以使其有条件答复；农地法庭可延期审理，最多不超过10天，除非一致同意再延迟更长时间。

第184条 如开庭时原告未到庭而被告到庭，对原告处以罚金，其数额相当于当地10天的最低工资额。如不支付罚金，不再进行新一轮的审理。

第185条 如在开庭时，原告和被告都没有到庭，视为没有进行传讯，应原告要求可再次进行审理。当被告没有参加而又没有强制性传讯，可适用同样的规则。

第186条 农地法庭审理遵循下列规则：

1. 当事人口头陈述，原告陈述诉讼请求，被告陈述其答辩理由，并各自提出为其论点辩护的证据，提出证人和可咨询的专家。

2. 当事人可以相互提问，询问证人和专家，出示所有的证据。

3. 所有诉讼、例外情形和辩护在同一讼案中公平处理，如没有前几条或前述例外事件；如果当事人提出推迟的例外理由，法庭可宣布并终止审理。

4. 高级法官[1]可以自由地向出庭的人提出法官认为适当的问题；这些人可以相互对质，可以和证人对质，证人之间也可对质；可以查阅文书、物品、地点、请求专家认定。

5. 如被告没有出庭或拒绝回答所提出的问题，法庭可要求另一方当事人确认，除非未出庭是法庭认为适当的意外事件。

6. 在审理的任何阶段或情况下，在作出判决之前，法庭应规劝当事人达成友好协议。如达成这样的协议，审理即告终结；当事人各自签署协议，法庭予以证实，协议即具有判决效力。在相反情况下，法庭给予各方充分的时间以听取各方辩词，其后作出明晰的判决。

在没有高级法官参与审理的情况下，审判不产生任何法律效力。

---

〔1〕 西班牙文"magistrado"，为负责民事纠纷高级法官。

第 187 条 在农地诉讼中,只要不违背法律,任何种类的证据都具有效力。

同样,只要能够证实所涉及问题的真实性,不管涉及什么行业,法庭在任何时候可以同意、适用、扩展或完善任何程序。

在适用这些批文中,为获得更好的解决方案,法庭应听取各方的意见,不损害当事人的权利。

第 188 条 当事人负有举证责任,但是如为确定某些当事人所提供证据的真实性和认为对于事情解决是必要的,农地法庭可要求权威机关确认当事人当时或事先提出的书证;法庭可以催促当事人或第三人提出应提出的证据或要求当事人所指定的证人、第三人出庭作证(除非确实证明无义务出庭)。

第 189 条 证据可靠性需要法庭更深入的研究的情况下,法庭传讯当事人在适当的时候听取判决;这一期限在任何情况下都不能超过 20 天,自前几条提到的审判开始起算。

第 190 条 农地法庭的判决服从人所公知的真理而不必受证据规则的拘束;但只要法庭认为适当,但得尊重事实和文书证据。

第 191 条 在农地法庭审理中,原告持续 4 个月不参与或不督促,原诉讼即视为自动撤诉。

第四章 判决的执行

第 192 条 农地法庭有义务立即有效地执行其判决;可以采取一切必要的措施,包括强制措施,只要法庭认为合情合理,且不违背以下规则:

1. 如当着双方当事人的面宣布判决,法庭询问双方各自执行的形式,力求达成一个协议。

2. 败诉方可提出保证人或机构以保障其履行判决义务;法庭可裁决要求败诉方提供担保,如被接受可给予最多 15 天期限以履行判决,如胜诉方同意可给予更多时间。期限届满,仍未履行,可执行担保。

如果执行涉及某村社的土地的判决,存在事实上的或法律上的不可能,胜诉方可以接受有效的地界界划;在这种情况下,判决视为执行,由书记员在卷宗中说明。

在胜诉人不满意执行的情况下,向书记员提出相应的理由;书记员连同执行受阻的原因一同记录在案卷中。

自开始执行后 15 天之内,法庭裁定确定的解决方案,以确保判决的执行。

第五章 一般规定

第 193 条 农地法庭审判过程中提出的附属问题与主要问题一同解决;除非其本身性质要求事先解决,或者在执行时提出,但在任何情形下都应全面解决,而不是个别判决。

只有在涉及可以阻断当前同一诉讼和事后解决所提起之诉时,附属权益裁决才得以进行,毋须特别审理或起诉。

第 194 条 农地法庭的接待室每日早上 9 时开始办公,工作至完成所有提交文案的处理;每日得有值班人员,直到下午 17 时。

涉及本法或法庭执事确定的时期,每天每时都应有人上班。

第 195 条 判决应公开进行,除非农地法庭认为可能引起秩序混乱或导致暴力冲突。如果在某一案件所确定的时间内，没能结束前面规定的程序，被传唤的人应置留到轮到处理他的事项为止。以严格遵循相应的秩序，等待传唤；法院每个星期之前应在公告栏中确定每案的名单。

在有必要等待已传唤未到庭，或给予专家一定时间以审查应由他们发表意见，或发生要求法庭处理的其他情况时，法庭可以中止审理，但中止期限不超过3天。

第196条 每一个讼案均应形成一份卷宗，内附有关人员的材料，在任何情况下要有庭审材料和主要争议的解决、判决及其相关执行情况的资料。判决书应由审判长批复，书记员或参加庭审的证人签字；当事人也有权在判决书上签字，获得副本；副本可由秘书确认。出庭的败诉人要对所有文书签字，除非不知或有身体上的缺陷；如有可能，应捺手印于其上。

第197条 当事人提供的文书和物品，在结案时，只有在他们请求时，才予以归还；对归还的理由要在卷宗中注明，预先的副本附在案卷中。如果受罚一方当事人表示反对返还，并准备采取其他途径对判决表示异议，那么，法庭不予返还，将原始材料作为依据附于卷宗。

第198条 为加快接待、传迅、传票、裁定或命令、判决或其他必要文书的办理速度，优先选择使用表格；设计栏目，准确地记载所有文书的内容摘要。

第六章 复查程序

第199条 针对第一审农地法庭判决的复查程序主要解决以下问题：

1. 涉及两个以上村社土地界线的问题，或者关于一个或几个村社与一个或几个小土地所有主或社团的地界纠纷；

2. 宣布恢复村社土地体制的判决；

3. 确认农地权力机关作出的决定的无效。

第200条 复查应向作出判决的农地法庭提出，其期限为判决送达之日起10天。上诉只需写明上诉理由的书面诉状即可。

第201条 如复查系第198条所列任何一种事项且在庭审期间提出，应在3天期限予以认可并通知有关当事人在5天时间内作出答复。一旦开始前述程序，立即向上级农地法庭寄送书面的上诉状、相关第三人的请愿书等；上级法院应在接到材料后10天内作出确定裁决。

对联邦农地法庭或高级法庭的确定判决提出异议的，应向相应的巡回法庭提出保护诉讼。[1] 在处理联邦农地法庭的其他诉讼过程中，由相应的区法官办理。

[1] 保护诉讼（“Juicio de Amparo”）是墨西哥联邦宪法确立维护宪法秩序的一种特殊诉讼程序，大致分两项，一是对个人权利的保护，旨在保护个人对抗权力机关的制度的法律法规和行政行为的不法侵害，这是保护诉讼的实质；二是监督联邦和地方权力机关越权制定法律法令，也称保护主权，但缺乏有效的实践。

农村土地改革沿革及“三权分置”风险管控

王文文*

目　　次

一、前言

党的十一届三中全会以后，我国推行家庭联产承包责任制，激发了广大农民的生产积极性。现阶段，随着工业化、城镇化的快速发展，我国农村面临着两大突出矛盾和问题：一是农村劳动力大规模向城市转移，致使农村土地大量闲置撂荒；二是土地承包细碎化与土地产业化、集约化经营的要求不相适应，影响农业的规模效益和农户的收入，成为农村经济发展的“瓶颈”。为了解决上述矛盾，各地都进行了多种形式的土地流转探索，国家在“两权分设”的基础上，把土地承包经营权进一步分为承包权和经营权，实行所有权、承包权、经营权“三权分置”，这是继家庭联产承包责任制后农村改革又一重大制度创新。随着土地流转的全面展开，由于法律制度滞后、监管服务机制不到位、配套措施不健全等问题，农村集体经济体制、农民土地权益、农村耕地的保护，均面临新的风险和挑战。对此，2015 年 11 月中共中央办公厅、国务院办公厅印发的《深化农村改革综合性实施方案》中明确提出，农村土地制度改革“必须坚守土地公有性质不改变、耕地红线不突破、农民利益不受损‘三条底线’，防止犯颠覆性错误”。农村土地经营权的流转，涉及农村土地制度的深层次改革，矛盾多、难度大。本文将就如何完善法律、管控风险、坚守底线，有序推进“三权分置”体制改革，作以下分析和建议。

二、中华人民共和国农村土地改革沿革

中华人民共和国成立以来，我国农村土地制度经历了四次大的变革，土地所有权也随之调

---

* 西南政法大学经济法学院博士研究生，重庆市综合经济研究院助理研究员。

整,当前实行的“三权分置”土地改革是顺应历史潮流和现实要求的,也是适应生产力发展的制度安排。

（一）第一次变革:土地归农民所有,实现耕者有其田

1949年9月29日,中国人民政治协商会议第一届全体会议通过了《中国人民政治协商会议共同纲领》,反映在其中的土地制度是耕者有其田。其第27条规定:“土地改革为发展生产力和国家工业化的必要条件。凡已实行土地改革的地区,必须保护农民已得土地的所有权。凡尚未实行土地改革的地区,必须发动农民群众,建立农民团体,经过清除土匪恶霸、减租减息和分配土地等项步骤,实现耕者有其田。”1950年6月30日,中央人民政府根据中华人民共和国成立后的新情况及《中国人民政治协商会议共同纲领》,颁布《中华人民共和国土地改革法》,废除了封建土地所有制,实行农民的土地所有制。此后,全国掀开了分批、分次、有序的土改运动。至1953年春,除新疆、西藏、台湾等地外,基本实现了土改任务。我国存在两千多年的封建土地所有制被废止,地主阶级被消灭,农民获得了真正的解放。1954年9月20日,第一届全国人民代表大会第一次会议通过的《宪法》第8条规定:“国家依照法律保护农民的土地所有权和其他生产资料所有权。”这一阶段极大释放了农民生产积极性,推动了生产力的发展。

（二）第二次变革:土地归集体所有,统一经营

1953年中央通过《关于发展农业生产合作社的决议》,实行农业社会主义改造,土地由农民私有制变为集体所有制,农业个体经济变为合作经济。农业合作化由互助组到初级合作社,再到高级合作社。农民以土地加入合作社,形成了“农民集体”,这个“农民集体”包含了农户的土地所有权或者土地股权,农民的成员资格是有财产权利保障的。〔1〕农业合作化进程太快,使经济踏上了复杂而曲折的道路。1958年中央人民政府形成了《中共中央关于在农村建立人民公社问题的决议》,全国迅速形成了人民公社化运动的热潮。同年10月底,全国74万多个农业生产合作社改组成2.6万多个人民公社,参加公社的农户有1.2亿户,占全国总农户的99%以上,全国农村基本上实现了人民公社化。〔2〕这种不顾当时农业生产力低下,盲目简单地进行生产关系的大幅度调整和变革的行动,严重违背了经济规律,严重侵犯了农民的经济利益,阻碍了生产力的发展。中央人民政府及时发现问题,1962年又通过了“农业六十条”予以纠正。这一修正案明确规定:“人民公社的基本核算单位是生产队。根据各地方的不同情况,人民公社组织,可以是两级,即公社和生产队;也可以是三级,即公社、生产大队和生产队。”后来在“四清运动”“农业学大寨”“文化大革命”等多次运动中,所有制问题又有动摇。几经反复,党的十一届三中全会才统一思想,形成《农村人民公社工作条例(试行草案)》并明确了“人民公社现在要继续稳定地实行公社、生产大队和生产队三级所有,以生产队为基本核算单位的制度,集中力量发展农村生产力”。人民公社体制下的土地制度中,农村集体土地所有权和经营权合一,土地集体所有、集体统一经营。

〔1〕 参见苏畅:《农村土地“三权分置”背景下“三权”的实现及其法治保障》,载《2016年中国经济法治高端论坛暨第八届中国农村法治论坛论文集》,重庆,西南政法大学,2016年,第316页。

〔2〕 参见孙友葵、王玉贵:《也谈党在过渡时期的总路线》,载《中共党史研究》1994年第2期。

(三)第三次变革:土地所有权与承包经营权分离

1978年特大灾荒后,怀着“与其坐等饿死,不如斗胆包产到户”的心理,安徽凤阳小岗村严立昌等18名村民签订“生死契约”,将集体土地分田到户,拉开了中华人民共和国成立以来农村土地第三次变革的序幕。随后,全国各地展开了土地承包经营的积极探索。1982年12月4日,第五届全国人民代表大会第五次会议通过的宪法修正案,其中第8条规定:“农村集体经济组织实行家庭承包经营为基础、统分结合的双层经营体制。”确定了农村土地所有权和经营权分离、集体所有、家庭承包经营使用的土地制度,极大地提升农民的经营自主权,有力地促进了当时社会经济的发展,成为改革开放的突破口。2002年全国人大通过《中华人民共和国农村土地承包法》,全面规定了国家实行土地承包经营制度,农民的土地承包经营权由原来农民和集体之间的合同关系上升为国家的赋权关系,完善了以家庭承包经营为基础,统分结合的双层经营体制。2007年《中华人民共和国物权法》颁布,将土地承包经营权界定为用益物权。实行家庭联产承包责任制,农村土地集体所有权与农户承包经营权的“两权分离”,赋予农民长期而有保障的土地承包经营权,调动了农民积极性,也为我国农业的长足进步提供了制度保障。

(四)第四次变革:“三权分置”,土地经营权实现流转

“三权分置”,是指土地的承包权和经营权分离,土地所有权、承包权、经营权分置,是土地制度改革实践的产物。随着工业化、城镇化的深入推进,家庭联产承包责任制的弊端逐渐显现,农村集约化、产业化发展与土地“细碎化”矛盾日益突出,大量农民进城务工致使农村土地撂荒严重。为了适应农村生产力发展要求,从20世纪90年代开始,广大农村就不断积极进行土地“三权分置”的实践探索。农民土地流转现象日益普遍,出现转包、出租、互换和入股经营等多种流转模式,农业经营方式发生深刻变化。目前在全国2.3亿农户中,约30%、超过7000万农户已流转了土地,东部沿海发达省份这一比例更高,超过50%。[1] 为了顺应农村的发展趋势,“三权分置”上升到国家政策层面。党的十八届三中全会后,中央陆续出台了深化农村改革的文件。2013年12月中央农村工作会议提出“落实集体所有权、稳定农户承包权、放活土地经营权”,形成“三权分置”的雏形。2014年1月出台的中共中央、国务院《关于全面深化农村改革加快推进农业现代化的若起干意见》进一步强调鼓励有条件的农户流转承包土地的经营权,允许承包土地的经营权向金融机构融资。2014年11月出台的中共中央办公厅、国务院办公厅《关于引导农村土地经营权有序流转发展农业适度规模经营的意见》明确提出,“坚持农村土地集体所有,实现所有权、承包权、经营权三权分置”。2016年10月30日,中共中央办公厅、国务院办公厅印发《关于完善农村土地所有权承包权经营权分置办法的意见》,提出完善“三权分置”的办法意见。“三权分置”主要目的是解决两方面问题,一是通过科学界定“三权”内涵、边界及相互关系,不断巩固和完善农村基本经营制度,更好地维护农民集体、承包农户、经营主体等各方权益;二是促进土地资源优化配置,培育新型经营主体,发展适度规模经营,推进农业供给侧结构性改革,为发展现代农

---

[1] 参见韩长赋:《土地“三权分置”是中国农村改革的又一次重大创新》,载《光明日报》2016年1月26日,第1版。

业、增加农民收入、建设社会主义新农村提供坚实保障。[1]

三、“三权分置”制度改革面临的风险

土地制度是一个国家制度架构里最核心的基本制度。农村土地集体产权制度改革，是农村改革深水区。[2] “三权分置”涉及农村土地制度深层次的改革，土地经营权在流转中面临诸多矛盾和问题。

(一)集体土地所有权被虚化

集体所有权的权能弱化。集体土地所有权最核心的部分是土地的处分权，处分权也是其他权利的基础。农村经济产业化和农村土地经营规模化都有较长的生产周期，客观上要求土地承包者向土地经营者转让较长时间的土地经营权。土地经营权的长期占有使相应的承包权固化，剥夺了集体土地所有权的处分权能，限制了承包地调整权和重新发包权的行使，进一步削弱了农民集体在承包地的发包、调整、回收、征收及监督等方面的权能。[3] 另外，“三权分置”后，各权利主体面临的风险存在交叉和联系，不能截然分开。农村土地经营权是否具有抵押价值，是否具有担保功能在法律上一直存在争议。当经营者将土地作价抵押贷款却无法克服市场风险时，可能被法院采取强制措施，处置抵押物，地上的所有权和承包权将连带受到影响。

集体所有权的监督机制弱化。集体所有权的权利主体是一定范围内的乡镇、村或村民小组农民集体，是承包经营流转的直接监督者。“三权分置”推进过程中，农民集体主体的监督机制被虚化。一方面，农民集体依法行使土地集体所有权观念淡漠，习惯“领导说了算”，缺乏民主议事机制，缺乏监督承包主体和经营主体规范利用土地的观念，不能保障集体成员的知情权、监督权、决策权，不利于农户承包的取得、转让、交换、退出等权能的行使，没能体现农民集体的意志；另一方面，承包农户也将土地的承包、流转看作个体行为，缺乏告知集体的意识。农民集体如何有效行使集体土地的所有权，监督机制尚不健全，致使集体所有权被虚化的现象较突出。

集体所有权制度功能弱化。集体所有权是社会主义集体所有制实现的基本法律形式，是中国特色社会主义法律体系中最具“特色”的权利。[4] 集体所有权制度的基本功能，主要是指整体功能。[5] 集体所有权制度是促进农村社会主义民主政治、精神文明建设的经济制度基础，集体土地是集体履行救助弱势成员的物质基础。经营权人作为用益物权人也可以分享土地补偿费，会减少承包权人分享数额，削减集体分享土地补偿费的收益权能，削弱集体经济，弱化集体土地所有权提供集体公共服务的能力。由于我国法律对集体缺乏严格的内涵界定，集体概念模糊，大

---

[1] 参见韩长赋：《土地“三权分置”是中国农村改革的又一次重大创新》，载《光明日报》2016 年 1 月 26 日，第 1 版。

[2] 参见张红宇：《农村土地三权分置改革专家谈》，载《经济参考报》2015 年 8 月 6 日，第 8 版。

[3] 参见李伟伟：《“三权分置”中土地经营权的性质及权能》，载《中国党政干部论坛》2016 年第 5 期。

[4] 参见高海：《“三权分置”对集体土地所有权的挑战及应对》，载《2016 年中国经济法治高端论坛暨第八届中国农村法治论坛论文集》，重庆，西南政法大学，2016 年，第 97 页。

[5] 参见卢代富、杨青贵：《农村土地“三权分置”改革对集体所有权制度的冲击及其调适》，载《2016 年中国经济法治高端论坛暨第八届中国农村法治论坛论文集》，重庆，西南政法大学，2016 年，第 257 页。

量的调查证明，多数农民对土地所有权的归属模糊不清。随着承包权与经营权的分离，农户权能不断增强，集体权能逐步削弱，这使原本就十分模糊的集体概念更加虚化，降低了村民对集体的认同感和归宿感，弱化了农村集体提供基层社会服务的功能。[1]

农村土地集体所有制是宪法明确规定的，是农村最根本的制度，必须长期坚持毫不动摇。农村90%土地为农民集体所有，10%为国家所有且主要是国有农垦地。农民集体所有的土地约40%为村级所有，约60%为村民小组所有。坚持农村土地的集体所有，有利于保证广大农民群众平等享有基本生产资料，有利于实现共同富裕。实施“三权分置”改革，不能突破农村土地农民集体所有制这条底线。

（二）农民土地承包权被侵害

经营权挤压承包权。在统分结合双层经营的土地承包经营体制下，土地承包主体依法享有对承包土地的占有、使用、收益等权利，依法流转承包经营权的权利以及土地被征收、征用获得补偿的权利。这些权利的行使充分体现了承包经营权的用益物权性质。而在“三权分置”改革制度下，土地承包主体的权利在一定程度上被分割出去，形成承包权主体与经营权主体共同享有的情况。一方面，在土地经营权流转过程中，工商企业在资金、人才、技术、管理等多方面具有较强优势，在经营权争夺中更具竞争力，更容易挤占土地转让者利益、排挤其他农民竞争者；另一方面，由于相关法律法规不健全，土地经营权转让的期限、价格、流转合同等多方面要求尚不规范，致使土地经营权回收困难。更有甚者，有的企业借发展农业产业经济的幌子进行土地寻租，借农业生产的名义圈地获取市场溢价，侵害农民的土地承包经营权。

经营权抵押风险。按照中国人民银行等五部门印发的《农村承包土地的经营权抵押贷款试点暂行办法》第15条规定，“因借款人不履行到期债务，或者按借贷双方约定的情形需要依法行使抵押权的，贷款人可依法采取贷款重组、按序清偿、协议转让、交易平台挂牌再流转等多种方式处置抵押物，抵押物处置收益应由贷款人优先受偿”。在风险挑战较大的市场经济中，如果经营权担保抵押出现问题，土地被法院强制执行偿还债务时，农民作为土地承包权人没有权利参与土地经营权对价谈判和租金协商，而只是名义上的承包人，实际上已经失去了土地。[2] 集体成员通过土地获得平等保障的权益被弱化。集体所有权的法律本质是集体公有制基础上的成员集体共有，它既不像按份共有，其共有人随时可以请求分割共有物为单独所有，也不像共同共有，在共有的基础上解除关系时由共有人分割为单独所有。[3] 土地承包权固化和土地承包关系长久化，很难保障新增成员享有土地权利，也很难保障集体成员间平等享有土地权利。这种情况使农村无地人口增多，产生新的社会问题。

行政干预经营权转让，侵害农民权益。集体土地流转过程中，一些地方政府一味追求“速度快”

〔1〕 参见卢代富、杨青贵：《农村土地“三权分置”改革对集体所有权制度的冲击及其调适》，载《2016年中国经济法治高端论坛暨第八届中国农村法治论坛论文集》，重庆，西南政法大学，2016年，第258页。

〔2〕 参见张雪强：《农村土地“三权”分置的风险防范法律机制》，载《2016年中国经济法治高端论坛暨第八届中国农村法治论坛论文集》，重庆，西南政法大学，2016年，第507页。

〔3〕 参见韩松：《农民集体土地所有权的权能》，载《法学研究》2014年第6期。

“面积大”,违反土地承包权人意志,强制推行土地经营权流转,片面追求流转规模,导致农民权益受到侵害。有的地方政府,只重视承包权与经营权分离中大户的利益,忽视分散农民的利益,将主要资源、政策、话语权都集中服务于所谓的新型经营主体。这样的流转方式,在服务新型农业经营主体的过程中形成“马太效应”,削弱为普通农户提供的最低限度的生产服务,挤压普通农户的权益。[1]

农民维护承包经营权的纠纷案件不断上升。在土地承包经营权流转日趋活跃的同时,因权属不明、利益相争、流转不规范等问题,造成大量承包权和经营权纠纷案件。据2017年2月15日江苏省泰州市中级人民法院举行新闻发布会信息显示,该院自2014年1月至2016年10月,全市18个人民法庭共受理涉农土地权益纠纷案件250件,其中与土地承包经营权相关的各类纠纷占比达71.2%。案件类型包括土地承包经营权确认纠纷、承包地征收补偿费用分配纠纷、土地承包经营权转包合同纠纷、土地承包经营权转让合同纠纷、土地承包经营权互换合同纠纷、土地承包经营权出租合同纠纷六类案件,[2]突出反映了“三权分置”的复杂性和艰巨性。

(三)农地用途“非粮化”“非农化”

农地用途“非粮化”主要是因为局部利益的驱使和政府监管的不力。国家粮食安全是全局性和战略性的要求,地方政府、基层集体经济组织、个体农户则更看重区域经济发展和个体利益。一方面,有的地方政府领导为了出“政绩”,不惜以廉价土地为代价招商引资,无视工商企业将大面积流转土地用于非农建设,大规模发展“经济开发区”“旅游开发区”,打造发展地方经济的形象工程。另一方面,农业生产规模化发展资金需求量大,投资周期长,土地经营权易向资本实力更强的生产企业集中,形成农村土地的垄断经营。而农业生产的经营收益回报率和平均利润低于其他产业,这与经营者追逐利益最大化之间产生矛盾。在利益驱使下,有的强势工商企业进入农地经营,打着发展“观光农业”旗帜,大面积占有农地,违规进行非农业建设;有的经营大户放弃生产粮食作物,大规模生产经济作物,降低粮食作物种植面积。此外,土地流转成本较高,目前全国流转土地平均费用为每亩1000元左右,土地承包越多,种粮赔钱的可能性就越大,土地流转后农地“非粮化”的可能也就越大,[3]对国家粮食安全构成威胁。有的承包主体利用流转过程中的差价寻租,长期圈而不用,估价待涨,造成资源浪费和低效使用。有的个体农民自己违法用地,擅自将耕地作为宅基地,在农耕地上建砖厂、煤场、养殖场、屠宰场进行商业用途开发。

农村土地是农民最基本的收入来源,是农民重要生活保障。土地承包经营权是我国农民享有的最核心的财产性利益,农民群体是一个庞大的群体,土地依然承载着社会保障功能。如果经营权流转简单仓促,突破耕地这条红线,农民会失去土地上的一份保障,危及其基本生存。[4] 据《人民日报》记者在山东调查反映,农民对土地经营权流转表示担心和揪心,有的农民感叹:“土

---

[1] 邵海鹏:《土改重大关口:农地“三权分置”仍面临政策难题》,载第一财经网:http://www.yicai.com/news/5147508.html,最后访问日期:2018年1月8日。

[2] 参见丁国锋:《村民自治组织缘何频频卷入土地纠纷》,载《法制日报》2017年2月16日,第5版。

[3] 参见张红宇:《聚焦供给侧 关注农村改革三事》,载中国农业新闻网:http://www.farmer.com.cn/wszb2017/snfzdh/jbyjsw/201702/t20170225_1278193.htm? from=timeline,最后访问日期:2018年1月8日。

[4] 参见韩长赋:《土地“三权分置”是中国农村改革的又一次重大创新》,载《光明日报》2016年1月26日,第9版。

地(经营权)流转给别人,以后要不回咋办?荒着起码还是自己的。”“交给大户,打破户与户之间界限,规模化种植,地界都没了,以后咋找俺的地?”[1]这些都应引起我们的高度重视。

四、“三权分置”土地制度改革的风险管控

“三权分置”是一个渐进过程和系统性工程,涉及多方权益。加强土地经营权流转改革的风险管控,应多管齐下,从多方面努力。

(一)吸取历史教训,杜绝“急上冒进”

“三权分置”改革由实践探索上升为国家政策层面后,有的地区对中央的要求出现误读误判,对土地制度改革的艰巨性、复杂性认识不够,工作简单粗糙,违背改革的初衷,给改革带来负面影响,应引起警惕。农村土地制度是具有基石意义的制度,土地对农民来讲是命根子,是最基本的保障。中央对这项制度的改革要求是“稳定和完善”,稳定在先,完善在后。[2] 习近平总书记在中央农村工作座谈会上说,农民的土地不要随便动,这是大历史,在这个问题上,我们要有足够的历史耐心。按此要求,各级政府在实施“三权分置”改革中,不能压指标、赶进度,以此考核改革的政绩,应坚持坚持实事求是原则,吸取农村土地合作化进程中“急上冒进”的深刻教训,坚持因地制宜、坚持循序渐进、坚持农民主体地位,不能刮风抢跑,不能强迫命令、不能“一刀切”。在农村土地制度改革上,不能为推动而推动,为创新而创新,犯历史性、颠覆性的错误。[3]

(二)加强立法建设,推动法律修订完善

法律滞后,是当前土地制度改革中的突出问题。“三权分置”改革在实践中大量推行并得到国家政策的确认,但法律层面的调整还比较滞后。“三权分置”改革牵涉大量法律条文,与现有的物权法、农村土地承包法、担保法等诸多法律条文相冲突,存在风险。我国现行的法律体系尚未对农村土地所有权、承包权、经营权的权利内容进行界定,也未明确划分彼此的边界,更没有详细的法律规定和保护农村集体土地的流转。经营权性质的认定亦在法学理论上存在较大争议。2007年颁布的物权法将土地承包经营权界定为用益物权,但分离出来的经营权在法律层面应该被视为物权还是债权,尚未明确。[4] 经营权性质的模糊是一个非常大的制度障碍,在此基础上对经营权流转的保护也只能停留在地方性法规、规章、政策性文件等层面上,无法形成与之对应的制度性体系,致使其权利的实现比较困难。因此,实施“三权分置”改革,需要加快法律修订完善工作:一是明确界定所有权、承包权、经营权的权利边界,尤其是先要在法律上给农村土地经营权定性;二是在土地经营权流转中,积极开展土地承包权有偿退出、土地经营权抵押贷款、土地经营权入股农业产业化经营等试点,总结形成可推广、可复制的做法和经验,在此基础上完善法律

---

〔1〕 潘俊强:《“三权分置”土地流转更放心》,载《人民日报》2017年2月12日,第2版。

〔2〕 参见《国新办举行深入推进农业供给侧改革〈若干意见〉发布会》,载国务院新闻办公室网:http://www.scio.gov.cn/xwfbh/xwbfbh/wqfbh/35861/362131,最后访问日期:2018年1月8日。

〔3〕 参见陈锡文:《农村土地制度改革,底线不能突破(权威访谈·学习贯彻十八届三中全会精神)》,载《人民日报》2013年12月5日,第2版。

〔4〕 参见叶兴庆:《农地“三权分置”要有利于现代化》,载《人民日报》2016年11月3日,第9版。

制度;[1]三是认真研究农村集体经济组织、家庭农场发展等相关法律问题;四是研究健全农村土地经营权流转、抵押贷款和农村土地承包权退出等方面的具体办法,加快农村土地承包法等相关法律的修订完善工作,保证“三权分置”改革的顺利进行。

(三)强化政府职责,明确监管责任

我国农村土地产权制度的特殊性,决定了其用途需严格管制。政府作为代理人,对其进行管理并确保公共利益和长远发展。政府在管理过程中,应强化服务功能、强化监督职责。一是建立健全集体经济组织民主议事制度。切实保障集体成员的知情权、决策权、监督权,确保农民集体有效行使集体土地所有权,防止少数人私相授受、谋取私利。二是强化准入资格审核,从源头上控制风险。通过建立职能部门、农村集体经济组织代表、农民代表、农业专家等多方参与的农地流转审查监督机制,对租赁农地企业的主体资质、农业经营能力、经营项目、土地用途、风险防范,以及是否符合当地产业布局和现代农业发展规划,经营权人是否有从事相关农业生产的经验和资历,其计划开展的农业项目是否符合当地政策和土地特质等事项进行审查审核,防范大量工商企业下乡可能引发农地“非农化”问题。三是明确国土资源和农业行政部门对农村土地监管的分工职责。进一步强化农业行政管理部门监管职责,由农业行政部门建立农村流转土地用途审批和监督体系,建立“非农化”“非粮化”使用目录,有效界定农村土地“非农化”“非粮化”行为,为农村土地流转管理提供政策依据。四是逐步完善土地流转信息、法律政策咨询、流转价格评估、合同签订指导、利益关系协调、流转纠纷调处等服务,优化土地流转市场环境。政府要鼓励金融法律中介服务参与规则制定和市场监管,形成政府主导下的内部监管模式。

(四)明确权利主体,建立市场交易制度

一方面,做好农村土地承包经营权的登记颁证工作,明确“三权”权利主体,对其分离出来的经营权进行登记,“确实权、颁铁证”,做好数据库建设,保证相关数据的完整性、准确性,建立健全符合农村实际、利于农民权益、促进现代农业发展的承包地确权登记制度,[2]并在此基础上形成稳定的土地承包关系。另一方面,建立完善农村土地流转交易市场。土地经营权通过土地产权交易市场从分散走向集中,再流转到新型农业经营主体手中,是广大农民和经营者的共同要求。以交易市场为载体,向农户和经营者提供法律咨询、资产评估、会计审计、项目策划、金融保险等服务。目前,全国村有服务站点、乡镇有流转中心、县市有交易市场的流转服务体系初步形成。截至2015年年底,我国已有1231个县(市)、17,826个乡镇建立了土地流转服务中心,覆盖了全国约43%的县级行政区划单位。比较突出的如山东省,构建了“省、市、县、镇”四级农村产权交易服务体系,农村产权交易中心大厅电子屏有土地、实物等出让和供求信息不断滚动显示,有交易咨询、申请受理、资格审查、资产评估、抵押登记等窗口为农民办理业务,农民只需参与申请和合同签订两个环节,其余工作均由产权交易中心负责,交易过程全部免费,进一步保护和提高了土地转出方权益和收益,[3]值得推广和借鉴。

---

[1] 参见陈锡文:《农村土地制度改革,底线不能突破(权威访谈·学习贯彻十八届三中全会精神)》,载《人民日报》2013年12月5日,第2版。

[2] 参见韩长赋:《全国农村承包地确权登记颁证工作视频会议上的讲话》,载《中国乡村之声》2017年3月4日。

[3] 参见潘俊强:《人民日报点赞山东农地“三权分置”》,载《人民日报》2017年2月12日,第2版。

(五)合理设置分离期限,控制流转价格和规模

我国幅员辽阔,各地区经济发展不平衡,级差地租较大,农户对土地流转经营的具体要求存在较大差异。因此,在政策的制定上,对土地流转分离期限、土地流转价格以及流转规模的确定应当因地制宜。当前的突出矛盾是土地流转分离期限的确定,如果经营权分离时间较短,农业经济周期性较长,经营权人将无利可图;如果分离时间长又变相流失承包权,损害农民利益。鉴于此,一是合理划分分离期限,可参考物权法中有关用益物权期限的规定和土地承包经营权存续时间的规定,对承包权与经营权的分离作一个最短期限的约定,如3~5年。二是合理控制土地流转价格。兼顾承包权人和经营权人的利益,建立合理、良性的让渡对价机制分配农业生产经营利润,将固定流转价格与浮动流转价格相结合,根据流入土地的经营效益和粮食价格变化情况决定土地流转价格。三是合理控制流转规模。顺应发展阶段性要求,不盲目扩张规模、提高比例。对于家庭农场,应该是家庭经营为主,以主导产业为主,规模适度为主。2014年中央1号文件中明确提出,土地经营规模相当于当地户均承包土地面积的10~15倍,[1]是通过国内外农业生产规模考察研究得出的结论,各地应根据实际情况参照执行。

(六)重视调解组织建设,提升综合服务能力

在具体实践中,因权属不明、流转不规范、利益分配冲突等因素造成的土地纠纷案件较多,迫切需要基层调解组织承担相应的调解职责。按农业部要求,现在乡镇应设立农村土地承包调解委员会,村组应设立调解小组或指定专人调解。由于较多的基层调解组织管理缺位,专业化调解人才缺失,调解所需的基础资料不齐全等问题,致使许多矛盾在这个阶段得不到有效化解,诉讼就成为农民普遍的选择。做好基层调解工作是“三权分置”改革得以顺利进行的保证,一是做好基础性工作,建立和完善农地承包权与经营权分离登记制度,加快农地承包、经营权分离、经营权流转等合同的规范化;二是实行村组土地承包经营纠纷调解负责制,按照“属地管理”和“谁主管谁负责”原则分区分片明确责任;加强业务培训,提高调解员的工作能力;三是利用“互联网+”等现代信息技术,打造乡镇纠纷化解、法律宣传、咨询服务三位一体的综合平台,[2]及时调解纠纷。

农村土地“三权分置”改革,涉及我国土地制度深层次变革。处理农民集体和承包户关于承包土地、承包农户和经营主体在土地流转中的权利边界及相互权利关系,复杂而敏感,还有很长的路要走。土地流转不是目的,农业和农村的现代化才是目的,这个过程很难一蹴而就。[3] 从实际出发,因势利导,坚持土地公有制性质不改变、耕地红线不突破、农民利益不受损三条底线,始终把维护好、实现好、发展好农民权益作为出发点和落脚点,才是土地制度改革的目的。

---

[1] 参见张红宇:《聚焦供给侧,关注农村改革三事》,载中国农业新闻网:http://www.farmer.com.cn/wszb2017/snfzdh/jbyjsw/201702/t20170225_1278193.htm? from=timeline,最后访问日期:2018年1月8日。

[2] 参见《农业部经营司司长张红宇就〈农业部关于加强基层农村土地承包调解体系建设的意见〉答记者问》,载《农村经营管理》2016年第6期。

[3] 参见韩长赋:《农村土地“三权分置”意见政策解读》,载中华人民共和国国务院新闻办公室:http://www.scio.gov.cn/34473/34515/Document/1515220/1515220.htm,最后访问日期:2018年1月12日。

绿色原则析出的历程与功能

——解码《民法总则》第9条

刘玖林*

目　次

一、前言

道使之而成,物谓之而然。

——《庄子·齐物论》

自20世纪30年代以降,"八大环境公害事件"在世界各国滋蔓。[1] 进入20世纪下半叶后,环境污染与生态破坏日益凸显,打破了区域和国家的疆界壁垒,演变成为全球性和长远性问题,对人类的生存和发展构成了严重威胁。[2] 为应对生态环境问题,《中华人民共和国宪法》(以下简称《宪法》)第9条第2款、第10条第5款、第26条第1款[3]对资源利用、生态环境保护、污染防治作了明确规定,但由于条款过于宣言化,缺乏可操作性,以及最高人民法院规定裁判文书不

---

* 西南政法大学民商法学院2015级硕士研究生。

基金项目:2017年重庆市研究生科研创新项目资助(CYS17094);2017年西南政法大学学生科研创新项目资助(2017XZXS-350)。

〔1〕 参见李光全、杨艳丽:《"八大环境公害事件"再审视》,载《学习时报》2016年1月28日,第5版。

〔2〕 参见陈海嵩:《国家环境保护义务论》,北京大学出版社2015年版,第9页。

〔3〕 我国《宪法》第9条第2款规定:"国家保障自然资源的合理利用,保护珍贵的动物和植物。禁止任何组织或者个人用任何手段侵占或者破坏自然资源。"第10条第5款规定:"一切使用土地的组织和个人必须合理地利用土地。"第26条第1款规定:"国家保护和改善生活环境和生态环境,防治污染和其他公害。"

得引用宪法,[1]环境问题依旧严峻。在各部门法中,民法承担了最主要的实施宪法的任务。[2]面对环境污染与生态破坏已然成为当下高悬在我们头顶的达摩克利斯之剑,“环境保护,人人有责”从口号到行动需要由相应的制度规则加以保障,民法自然不能置身事外。[3] 在民法典编纂过程中,立法者创造性地将“绿色原则”[4]嵌入至《民法总则》第9条,然法律的生命在于实施,为精确地适用该项基本原则,我们须完成第一项工作——科学地解释法律。《中华人民共和国民法总则》(以下简称《民法总则》)第9条规定:“民事主体从事民事活动,应当有利于节约资源、保护生态环境。”对此,我们不无疑问:该条款的属性为何?是否具有司法适用性?与公序良俗、权利不得滥用原则的关系如何?该原则对民法体例是否有影响?该原则的实现路径是什么?

二、绿色原则析出的历程

美国著名的大法官霍姆斯(Justice Holmes)曾经说过:“要了解某个法律制度究竟是什么,我们就必须知道其曾经是什么,又将成为什么。”[5]绿色原则作为我国回应生态文明时代的创新性规定,其被确认为我国民法基本原则的历程可谓一波三折。在立法编纂过程中,自2016年6月《民法总则(草案)》一审稿第7条[6]明确规定以来,就备受争议,总结为四点:其一,部分专家主张该条款不宜规定在民法“基本原则”一章,从民事权利行使的角度加以规定比较妥适。[7] 其二,有关单位提出《宪法》第26条以及中央文件均使用“生态环境”,建议将“保护环境”修改为“保护生态环境”。[8] 其三,有的地方提出,将“促进人与自然和谐发展”作为民事活动的原则,政治化语境过浓,不符合私法自治的基本特点。[9] 其四,部分专家与学者提出,该条款公法色彩浓厚,不宜单独作为民法基本原则,若以基本原则加以规定,可能导致实践中民事活动苛以不合

---

〔1〕《人民法院民事裁判文书制作规范》(法〔2016〕221号)明确规定“裁判文书不得引用宪法”。

〔2〕参见张力:《国家所有权遁入私法:路径与实质》,载《法学研究》2016年第4期。

〔3〕参见史玉成:《环境法学视角下〈民法总则(草案初审稿)〉若干问题评析与建议》,载《甘肃社会科学》2017年第1期。

〔4〕就《民法总则》第9条规定的原则,尹田教授称为“环境资源保护原则”,赵万一教授称为“人与自然和谐发展原则”,史玉成教授称为环境保护义务原则,时任全国人大常委会副委员长李建国称为“绿色原则”,本文以尊重立法权威考量,将该原则称为“绿色原则”。参见李建国:《关于〈中华人民共和国民法总则〉(草案)的说明》,载《民法总则立法背景与观点全集》,法律出版社2017年版,第3~10页;尹田:《民法基本原则与调整对象立法研究》,载《法学家》2016年第5期;赵万一:《民法基本原则:民法总则中如何准确表达?》,载《中国政法大学学报》2016年第6期;史玉成:《环境法学视角下〈民法总则(草案初审稿)〉若干问题评析与建议》,载《甘肃社会科学》2017年第1期。

〔5〕陈年冰:《中国惩罚性赔偿制度研究》,北京大学出版社2016年版,第36页。

〔6〕2016年6月《民法总则(草案)》一审稿第7条规定:“民事主体从事民事活动,应当保护环境、节约资源,促进人与自然和谐发展。”

〔7〕参见《全国人民代表大会法律委员会关于〈中华人民共和国民法总则(草案)〉修改情况的汇报》,载本书编写组编:《民法总则立法背景与观点全集》,法律出版社2017年版,第27页。

〔8〕《张德江委员长主持召开民法总则草案北京座谈会简报》,载本书编写组编:《民法总则立法背景与观点全集》,法律出版社2017年版,第41页。

〔9〕同上书,第62页。

理的环保考量。[1] 基于以上顾虑,2016 年 12 月《民法总则(草案)》三审稿将该条款从基本原则部分位移至民事权利第 133 条,即规定:"民事主体行使民事权利,应当节约资源、保护生态环境;弘扬中华优秀文化,践行社会主义核心价值观。"可谓好事多磨,2017 年 3 月 8 日《民法总则(草案)》四审稿第 8 条又重新将绿色原则确定为民法的基本原则,即规定:"民事主体从事民事活动,应当有利于节约资源、保护生态环境。"实则是将该原则从环境保护法中析出,遁入至私法中的母法之中。

三、绿色原则的立法考量

(一)伦理学基础

人类社会是一种有组织的社会,从原始社会开始就形成了人与人之间的一系列伦理规范。[2] 就人与自然的关系维面观察,迄今为止,人类社会经历了三个发展阶段——农业社会阶段、工业社会阶段、生态化社会阶段。具体而言,自英国工业革命开启以来,人类社会进入工业社会阶段,工业机器的现代化浪潮给人类社会带来红利的同时,由于人们秉持人类中心主义伦理观,过分强调人类主体能力,对自然资源无序地开采利用,致使人与自然严重对立。迈入生态化社会阶段,由于科学技术突飞猛进,在全球化浪潮下,人类认知能力不断提高,征服自然的思维惯性驱动人们以主宰者自居,生态与经济的矛盾已成为社会发展的基本矛盾之一。[3] 正是在对人类这种生存困境的反思中,20 世纪中叶生态伦理学被法国学者史怀泽和英国学者利奥波德创立,并得到学界广泛关注。[4] 在自然这一整体的生态系统中,人仍然是地球自然生态系统中的一部分,仍然需要遵守自然规律。该伦理观的核心意旨是尊重整个自然界的运行规律,在实践上要求按照生态伦理学的道德标准和规范约束人对自然的行为,从而保护环境、节约资源。随着生态伦理学的勃兴,人们逐渐意识到,环境污染、生态破坏的深层次根源在于人类文明所奉行的错误价值观,即人类中心主义。需要明晰的是,生态伦理观不同于非人类中心主义及可持续发展的伦理观。人类中心主义和非人类中心主义在人与自然二元对立的前提下讨论人与自然的伦理关系,结果不是人为自然立法,就是用自然为人立法。这种立法的必然结果是人类继续统治自然界抑或人类退回到原始生活状态,为自然界说支配。[5] 生态伦理观强调为自身立法,领悟人的本质,实现关爱自然之人性,通过制定普遍的行为规范,使每一个民事主体自觉认同和自觉接受,并引领和推动人们的具体行动。另外,生态伦理观区别于可持续发展的伦理观,后者认为,在影响当代生态问题的两大关系中,人与人之间的关系是本质的,对处理好人与自然的关系具有决定意义。为处理好两大关系,应立足于"可持续发展"概念,即既能满足当代人的需要,又不损害后代

---

〔1〕 参见《李建国副委员长主持召开民法总则草案上海座谈会简报》,载本书编写组编:《民法总则立法背景与观点全集》,法律出版社 2017 年版,第 126 页;尹田:《民法基本原则与调整对象立法研究》,载《法学家》2016 年第 5 期;赵万一:《民法基本原则:民法总则中如何准确表达?》,载《中国政法大学学报》2016 年第 6 期。

〔2〕 参见任重:《生态伦理学维度》,江西人民出版社 2012 年版,第 159 页。

〔3〕 参见曹明德:《法律生态化趋势初探》,载《现代法学》2002 年第 2 期。

〔4〕 参见任重:《生态伦理学维度》,江西人民出版社 2012 年版,第 181 页。

〔5〕 参见王妍:《环境伦理生成论的内在逻辑》,北京大学出版社 2012 年版,第 81 页。

人满足其需要的能力的发展。[1] 这一发展观具备三个基本特征：维持全面的生活质量；维持对自然资源的永续利用；避免持续的环境损害。[2] 实际上可持续发展的伦理观仍然难以摆脱以人的利益之最大化为出发点的窠臼。[3] 相反，生态伦理观坚持协作和互助主义，主张人必须谦虚地保持其与自然和其他生灵的和谐关系，维持人与资源关系的平衡的原则，建立生态主义的民法理论，把“节约资源、保护环境”界定为所有权本身的义务。[4] 因之，《民法总则》第9条创设的绿色原则，实为中国生态伦理研究从“书斋”走向实践的一次伟大尝试。

（二）政治学基础

法律与政治具有共生性，同生共长，共同服务于社会目标与价值，彼此相互渗透。法律不是自然产生的，而是社会共同体的权威组织根据共同体的需要制定或者认可的。[5] 因此，法律的苍穹不是独立的，它建立在政治的柱石之上，没有政治，法律的天空随时可能坍塌。[6] 绿色原则入法也不例外，其具有深厚的政治基础考量。党的十八大提出“五位一体”的总体布局，将生态文明建设纳入中国特色社会主义事业。党的十八大报告明确指出：“坚持节约资源和保护环境的基本国策，坚持节约优先、保护优先、自然恢复为主的方针，着力推进绿色发展、循环发展、低碳发展，形成节约资源和保护环境的空间格局、产业结构、生产方式、生活方式，从源头上扭转生态环境恶化趋势，为人民创造良好生产生活环境，为全球生态安全作出贡献。”党的十八届三中全会通过《中共中央关于全面深化改革若干重大问题的决定》，提出紧紧围绕建设美丽中国深化生态文明体制改革，加快建立生态文明制度，健全国土空间开发、资源节约利用、生态环境保护的体制机制，推动形成人与自然和谐发展现代化建设新格局。[7] 党的十八届四中全会通过的《中共中央关于全面推进依法治国若干重大问题的决定》进一步提出，用严格的法律制度保护生态环境，加快建立有效约束开发行为和促进绿色发展、循环发展、低碳发展的生态文明法律制度。党的十八届五中全会通过的《中共中央关于制定国民经济和社会发展第十三个五年规划的建议》，提出坚持绿色富国、绿色惠民，为人民提供更多优质生态产品，推动形成绿色发展方式和生活方式，协同推进人民富裕、国家富强、中国美丽。国务院通过的《中国制造2025》也将“绿色发展”作为我国实施制造强国战略的指导思想。习近平总书记的系列讲话也强调，浪费之风务必狠刹，推动能源消费革命，抑制不合理能源消费；要加强生态文明宣传教育，增强全民节约意识、环保意识、生态意识，营造爱护生态环境的良好风气；[8] 贯彻节约资源和保护环境的基本国策，更加自觉地推动

---

〔1〕 参见曹明德：《中国民法法典化与生态保护》，载《现代法学》2003年第4期。

〔2〕 参见李东慧：《试论当代民法的环境伦理观》，载梁彗星编：《民商法论丛》，金桥文化出版有限公司2003年版，第313页。

〔3〕 参见任重：《生态伦理学维度》，江西人民出版社2012年版，第2页。

〔4〕 参见徐国栋：《新人文主义与中国民法理论》，载《学习与探索》2006年第6期。

〔5〕 参见周祖成：《法律与政治：共生中的超越和博弈》，载《现代法学》2012年第6期。

〔6〕 参见［美］莱斯利·里普森：《政治学的重大问题——政治学导论》，刘晓译，华夏出版社2001年版，第201页。

〔7〕 参见张高丽：《大力推进生态文明，努力建设美丽中国》，载《求是》2013年第24期。

〔8〕 参见习近平：《坚持节约资源和保护环境基本国策，努力走向社会主义生态文明新时代》，载《人民日报》2013年5月25日，第1版。

绿色发展、循环发展、低碳发展，把生态文明建设融入经济建设、政治建设、文化建设、社会建设各方面和全过程，形成节约资源、保护环境的空间格局、产业结构、生产方式、生活方式，为子孙后代留下天蓝、地绿、水清的生产生活环境。[1]

社会主义核心价值观，是社会主义法治建设的灵魂。把社会主义核心价值观融入法治建设，是坚持依法治国和以德治国相结合的必然要求，是加强社会主义核心价值观建设的重要途径。法律法规体现鲜明价值导向，社会主义法律法规直接影响人们对社会主义核心价值观的认知认同和自觉践行。要坚持以社会主义核心价值观为引领，恪守以民为本、立法为民理念，把社会主义核心价值观的要求体现到宪法法律、法规规章和公共政策中，并将其转化为具有刚性约束力的法律规定。[2]

（三）社会学基础

法律是社会中的法律，社会为法律提供了基础并对其构成了限制。法律只有在社会中才是可能的，所有法律系统的运作也是社会的一种沟通，沟通即把对实在的社会建构传递到法律当中的方法。法律是由社会通过沟通—再生产—沟通的网络所支撑的。[3] 德国法学家约瑟夫·科勒指出，每一种文明的形态都必须去发现最适合其意图和目的的法律。永恒的法律是不存在的，因为适合于一个时期的法律并不适合于另一个时期。法律必须与日益变化的文明状况相适应，而社会的义务就是不断制定出与新的情势相适应的法律。[4] 周刚志教授认为，法律价值有三种体制模式：一是15世纪到19世纪末，自由资本主义时期。"个人本位"近代民法受当时"人文主义""理性主义"和"个人主义"时代精神的影响，形成了与之相对的个人本位价值模式。二是19世纪末20世纪初到第二次世界大战爆发。"社会本位"，为维护社会整体秩序的稳定，现代资本主义民法对契约自由进行了多方面的限制。如诚实信用原则、公序良俗原则、无过错责任制度的建立。三是第二次世界大战结束后至今，个人利益与社会利益并重的法律价值模式，私法公法化趋势的显著。[5] 就民法本位的价值取向，谢怀栻教授认为现代民法是社会本位的法，这种发展称为民法的社会化。[6] 刘凯湘教授尊崇民法的本位为权利本位，认为民法的本位只存在权利本位与义务本位之分，不存在社会本位一说。相反，社会本位的提出无疑会给公权力干预私权利提供堂而皇之的借口。梁慧星教授、尹田教授认为，现代民法的本位以权利本位为原则，兼采社会

---

〔1〕 参见习近平：《为子孙后代留下天蓝、地绿、水清的生产生活环境》，载中国共产党新闻网：http://cpc.people.com.cn/xuexi/n/2015/0720/c397563-27331984.html，最后访问日期：2018年1月3日。

〔2〕 参见中共中央办公厅、国务院办公厅《关于进一步把社会主义核心价值观融入法治建设的指导意见》（2016年12月25日）。

〔3〕 参见杜健荣：《法律与社会的共同演化：基于卢曼的社会系统理论反思转型时期法律与社会的关系》，载《法制与社会发展》2009年第2期。

〔4〕 参见［美］E.博登海默：《法理学：法律哲学与法律方法》，邓正来译，中国政法大学出版社2004年版，第147页。

〔5〕 参见李龙编：《良法论》，武汉大学出版社2001年版，第113～132页。

〔6〕 参见谢怀栻：《外国民商法精要》，法律出版社2002年版，第17页。

本位。[1] 笔者认同最后一种说法。现代民法[2]的理念是追求实质正义，其价值取向不再是固守法的安定性，而倾向于社会利益、法的妥当性。[3] 义务本位忽视了私法的精神，漠视了国家与社会二元结构的现实；权利本位实则将私法与公法截然对立，未看到“私法公法化”与“公法私法化”的相互融合。随着科学技术的高速发展，环境污染、生态破坏的滋蔓，生态文明日益成为社会主题。个人本位已向整体范式转移，单一的权利本位已发展成为以权利本位为原则，兼采社会本位的二元结构。“民事主体从事民事活动，应当保护环境，节约资源”是肯定民事主体在享有民事权利的同时，还应当担负起维护社会公共利益，实现社会利益最大化的义务。

四、绿色原则的功能定位

（一）绿色原则——民事主体的行为准则

私法正是市民社会的存在规则，而民法基本原则又是其骨架和骨髓。[4] 在环境污染、生态破坏日益严峻的情势下，将绿色原则嵌入民法总则基本原则部分，要求民事主体为民事法律行为时考虑社会妥当性，注重环保意识。该项原则，是对人们行为是否正当之价值上考量。因此，为了使生产活动最终能产生“私人利益与社会利益共同进步都得以实现”的效益，必须强调依“绿色原则”作为当事人的行为准则，使行为人在行使权利时负有义务，即其行为须有益于社会公共利益。[5] 该原则是以保护环境和节约资源两个方面作为当事人行为的准则，这就要求民事主体在安排自己的行为时应养成环保意识。具体而言，应以国家的基本国策为基点，来判断行为是否符合绿色原则的内在精神。

近代人性论之历史语境为人性恶理论，近代民法据此作出了如下价值判断：其一，民法中的人是性恶论意义上的人，是经济人、理性人，从而于本体论方面确定了人作为私法主体之唯一性、独立性、自足性；其二，既然每一个私法主体均为性恶之人，则民法为实现私法正义目标，自应赋予每一主体以平等地位、独立人格以及意志自由；其三，人身保护与财产保护是人实现自身价值目标之最重要手段，也是维持生命存在所必需之前提。[6] 民事主体为追求自身利益最大化，为实现内心最大满足，往往对环境污染熟视无睹，绿色原则实为临危受命，为民事主体提供行为准则，具体而言，即消费时应注重绿色消费，注重“光盘行动”；生活中则应注重垃圾分类。

---

〔1〕 参见梁慧星：《从近代民法到现代民法法学思潮——20世纪民法回顾》，载梁慧星主编：《从近代民法到现代民法》，中国法制出版社2000年版，第164～191页；尹田：《法国现代合同法》（第2版），法律出版社2009年版，第36～40页。

〔2〕 现代民法是指近代民法在20世纪的延续和发展，可以说是现代社会的近代民法，现代民法是在近代民法的法律结构基础之上，对近代民法的原理、原则进行修正、发展的结果。参见[日]北川善太郎：《关于最近之未来的法律模型》，载梁慧星主编：《民商法论丛》（第6卷），法律出版社1997年版，第286页。

〔3〕 参见梁慧星：《从近代民法到现代民法法学思潮——20世纪民法回顾》，载梁慧星主编：《从近代民法到现代民法》，中国法制出版社2000年版，第164～191页。

〔4〕 参见杨明：《高科技环境下民法基本原则功能的发挥》，载《华东政法学院学报》2005年第6期。

〔5〕 同上。

〔6〕 参见刘云生：《民法与人性》，中国检察出版社2005年版，“序言”第1～2页。

(二)绿色原则——法官审判的有效工具

早期大陆法系奉行法律万能主义,法律被假定为最具人类理性和文明传承的制度设计,整个社会主要是通过繁杂无遗的具体法律制度进行治理的。[1] 在此阶段,法官被定位为司法体系中机械适用法律条文的高级工匠。但由于人类认知的局限性与社会关系的复杂性,我们发现法律与事实总存在"缺口",为弥补、愈合该"缺口",立法者通过创设基本原则赋予法官以自由裁量权,衡平法律的稳定性与社会关系的纷繁复杂性。因此,既然为基本原则,其天生就应具有司法适用性,具有便利司法的功能。而非学者认为的"民法基本原则所包含的是法律的终极价值,这些终极的价值仅成为立法与司法所追求的目的,而不能作为具体的裁判规范"。[2] 行为规范只有同时作为审判规范才具有法律上的意义而与其他规范相区别。[3] 不言自明,基本原则确实彰显一般法律思想,但并非阻却其成为裁判规范可能性的障碍,只是在司法过程中须遵循基本原则适用的严格条件,予以谦抑适用。基本原则在个案中适用的类型有两种:类型一为显性司法适用,即将民法基本原则作为直接裁判依据。类型二为隐性司法适用,即将民法基本原则作为解释准则、法律补充规则。[4] 《民法总则》第9条可以运用到司法解释之中,作为法官对成文法解释和适用的法理根据,同时,这也能约束法官对法律做滋蔓解释。如买卖合同中,买方所应支付的价款虽很低廉,但该产品若污染特别严重,则卖方可根据绿色原则及《中华人民共和国合同法》第110条第2项的第一种情形"债务的标的不适于强制履行"主张给付不能。另外,对于现实生活的复杂性、变动不居性和连续性,《民法总则》第9条也能产生以一驭万之效。出现法律漏洞时,法官可根据绿色原则裁判案件。检讨现行法,《中华人民共和国环境保护法》第64条规定:"因污染环境和破坏生态造成损害的,应当依照《中华人民共和国侵权责任法》的有关规定承担侵权责任。"然《中华人民共和国侵权责任法》第八章仅规定了环境污染责任,因而,我们发现生态损害赔偿的法律规则实为立法漏洞,《民法总则》第9条的颁行为填补法律漏洞提供了可行方案,现行法的现实状况亦为绿色原则的显性适用提供了司法空间。

五、余论:绿色原则的落实路径

绿色原则为立法者所明揭,将其置于民法总则第一章。毋庸置疑,需要民法各编以及其他特别法予以具体体现。然而,绿色原则具体规则谱系的重心究否是回归至环境法抑或是编纂至民法各编,其落实路径不无争议。就落实路径的具体方案,笔者拟另文讨论,在此只做初步介绍。管见以为,在环境污染、生态破坏情势危机的现实背景下,与其希冀环境法予以规制,不如把握当前编纂民法典的契机,将绿色原则的具体规则谱系散落于民法各编之中。例如,在物权编中,丰富完善相邻权制度;将排污权交易合同在合同编中予以有名化;在侵权编中,创设生态损害赔偿规则。道使之而成,物谓之而然,法律亦是如此。

---

[1] 参见赵万一:《民法基本原则:民法总则中如何准确表达?》,载《中国政法大学学报》2016年第6期。

[2] 赵秀梅:《民法基本原则司法适用问题研究》,载《法律适用》2014年第11期。

[3] 参见杨明:《高科技环境下民法基本原则功能的发挥》,载《华东政法学院学报》2005年第6期。

[4] 参见王忠诚、马江领:《成文法的局限性与法官的司法对策——以民法基本原则司法适用为视角》,载《中国地质大学学报》(社会科学版)2006年第4期。

论土地权益分配中的“权”“益”分离

——来自“秀水五股”经验的启示

龙松熊*

目　次

一、前言

“三农”问题是中国特色社会主义建设中的重点问题，而农村稳定、农民权益保障是“三农”问题的重要一环。近年来，围绕着农村土地权益的分配，涉农信访和司法争议案件不断，严重扰乱了农村社会的稳定。最高人民法院《关于审理涉及农村土地承包纠纷案件适用法律问题的解释》认为，农民对用于分配数额提起的诉讼，一般不予受理。但对于分配不公平情况，司法实践中一般予以受理。然而，司法实践的受理却并不能很好地解决实务中出现的问题。在司法实务中，法院一般通过判断当事人是否具备集体经济组织成员资格来判断是否有收益权。但法院能否直接对分配的具体数额进行判定，实务中存在不同做法。多数做法只撤销原决议，分配数额由集体经济组织另行做出决定，也有少数做法直接对分配数额进行裁决。[1] 农村集体经济组织对于土地补偿是否应当平均分配，各地做法也不一致。本文将从农村集体经济组织成员的认定标准入手，对土地权益分配的合理模式进行探索。

二、集体经济组织成员权认定标准与土地权益分配

（一）农村集体经济组织成员权的认定标准

基于村民自治的原理，集体经济组织成员权由村民委员会通过决议的形式来进行认定。然

---

* 西南政法大学民商法学院2015级硕士研究生。

〔1〕 参见湖南省衡阳市中级人民法院(2016)湘04民终22号民事判决书。

而，由于决议者与被决议者之间存在利益上的冲突，因此很多时候，决议行为会演变成一场“多数人对少数人”的侵犯。特别是在外嫁女、入赘婿等问题上，各地出现的纷争不断。根据村民委员会组织法的规定，农村村民享有自治权利，但是村民决议不得与宪法、法律、法规或者国家政策相违背。决议违反上述规定，损害农村集体经济组织成员利益的，农村集体经济组织成员将有权利提起诉讼。然而，在法院诉讼的过程中，毫无例外，村民是集体经济组织成员是判断当事人能否提起诉讼的前提。但是在判断集体经济组织成员权的标准上，不同的法院持有不同的观点。

第一种观点认为，判断农村集体经济组织成员权的依据应当是户籍。[1] 此种将农村集体经济组织资格与户口挂钩的做法具有简单明了、适用性强的优点。在传统单一的户籍制下，农民的迁徙自由被严格的限制，确实能够轻松地根据户籍对农村集体经济组织的成员资格进行判断，但是，在当前的情况下，传统依靠户籍进行判断的观点存在巨大的弊端。首先，户籍制的登记主体在于当地公安机关，实践中，对于户籍的登记并不严格，这就容易出现“空挂户”的现象。如果单纯按照户籍来判断集体经济组织成员资格并给予利益分配，将会损害其他成员的利益。其次，纯粹的以户口为标准，将剥夺以农村集体土地为生活保障但又未取得当地户籍的成员的利益。在农村，不乏有许多村民长期在本地生产生活，并以耕种本地的土地为主要的生活来源，但是由于历史原因，其户口却在原集体经济组织之内。其与原集体经济组织事实上已经脱离了关系，如果仍认为其属于原集体经济组织的成员，则将不利于对其进行社会保障。最后，纯粹以户口为标准，将导致部分因计划生育等原因无法上户口的“黑户”受不到应有的保护。计划生育作为基本国策，尽管目前由于国家的政策开始放宽二胎，但是仍无法否认部分历史“黑户”的存在。这一群体不能因为其父母的存在，而使其本身受到相应的不平等对待。

第二种观点认为，对于农村集体经济组织成员权的判断应当以社会保障为标准。[2] 此种判断标准正确地认识到农村集体经济组织所具有的保障作用，也是农村集体土地的本质特征，却也面临着一些难题。首先，对于生活保障难以判断。一般来说，我们将未纳入城镇社会保障体系的村民，认为其缺乏社会保障，但此种判断的合理性却不得不令人质疑。例如，有很多农民通过进城打工或经商，其所获得的财富远超过在农村所得，农村的土地成为其富余的财产，其也长期未回家耕种土地，在此情况下是否还应当认为其以农村土地为生活保障不无疑问。其次，单纯的生活保障为标准，会使某些心术不正之人通过向富裕农村的移转来获取利益，损害了其他村民的合法利益。

第三种观点认为，应当综合判断。对于综合判断的考量因素，一般包括户籍、社会生活保障以及是否尽到了成员相应的义务。在目前大多数的案例中，对于集体经济组织成员权的判断一般采用综合性的判断标准。但是对于综合性判断标准的判断上，以谁为主，存在不同的标准。一种观点认为应当以户籍为主。另一种观点认为，在集体经济组织的判断上，应当以生活保障为主，兼顾户籍和是否对集体经济组织尽到了相应的义务。此种综合判断标准较单一判断标准而

---

〔1〕 参见湖南省安仁县人民法院（2011）安民初字第267号民事判决书。

〔2〕 参见重庆市九龙坡区人民法院（2011）九法民初字第10068号民事判决书。

言，确实在一定的程度上，能够缓解单一认定标准的不足。但在事实上，不管是在承认以户籍为主还是在以生活保障为主的判例中，法院在实际的判断中均认可了三项标准，并无优劣之别。然而，在此类的判断标准下，由于认定的标准过广，集体经济组织一旦涉及不平等分配的问题，就会被认定决议为无效。[1] 这就使农村自治受到过多的司法控制。事实上，在农村集体经济组织的判断标准上，最高人民法院也认为不能轻易剥夺集体成员的资格，此种要求无形中增加了下级法院的压力。[2]

笔者认为，上述判断在特定的时期均具有其合理性，但是，无论是单一式的标准还是综合标准，要么失之过窄，要么法官自由裁量权过大，均不符合目前农村集体经济组织成员权判断中的实际情况。本文认为，对于农村集体经济组织的判断应采用主客观一致的做法。从客观上来说，该村的土地应当是其主要的生产生活来源；从主观上来说，其进入该农村集体应为善意。这其中存在对于外出务工人员、外嫁女、学生等情况，应当如何处理的问题。对于这个问题，本文比较认同的观点是实行成员权资格冻结制度以及有偿退出制度。这样不仅能够解放农村劳动力，也能够防止农村资产的流失，将农村土地的社会保障功能真正用到实处。

无论是单一的模式还是综合标准模式，在解决当前农村集体成员权的认定模糊问题上均具有优势，然而也存在各种问题。总体来说，目前综合标准在实务上被广泛地接受，但是农村集体经济组织认定标准多元，以及在实践标准上倾向于维护被决议者的利益，导致众多的农民决议无效，严重影响了农村的稳定。因此，本文认为，判断农村集体经济组织的成员资格应采用主客观一致的做法。既要发挥农村土地的社会保障作用，又要防止不当谋取其他农村集体经济组织利益的情况的发生。

（二）农村权益分配与农村集体成员权之间的关系

毫无疑问，农村集体经济组织成员权的认定，是认定村民是否有权参与集体经济组织权益分配的前提。[3] 但在认定为农村集体经济组织成员之后，对于农村集体成员权的分配，各地实行的标准不同。海南、广东等地明确规定对于具有原告成员资格的，应当与其他集体经济组织成员均等分配土地补偿费。舟山市中级人民法院却认为在农嫁居等情形中，在女性成员脱离集体生产生活的情况下，对于征地的分配采取的是适当分配。陕西省高级人民法院也认为，对于农嫁居这种情形，在女方未获得社会保障之前，其至少应享有本集体经济组织成员同等收益的一半。其言下之意也是否定农村集体经济组织成员均等分配所得利益。对于研究生群体是否应当认为具有集体经济组织以成员权也存在一定的分歧。例如，天津市高级人民法院就认为研究生已经散失了集体经济组织成员资格，不应当享有相应的福利。尽管对于农村集体经济组织在土地利益上分配有不同的规定，但其均存在一定的问题。

就平均分配而言，其忽视了土地对于承包经营者的特殊性，将特殊问题简单化。从法理上来

---

〔1〕 参见陈晋：《征地补偿收益分配的司法裁判研究》，载《法治研究》2014年第3期。

〔2〕 最高人民法院民一庭原庭长纪敏曾在2007年全国民事审判工作座谈会上总结讲话中提到这一观点。

〔3〕 参见管洪彦：《村规民约认定农民集体成员资格的成因、局限与司法审查》，载《政法论丛》2012年第5期。

说，农村土地制度类似于日耳曼法上的总有制度。[1] 就总有制度的指导思想来说，其本身是一种平均主义的思想。在我国法律的构想上，对于集体土地的权益也应当是全体村民共享的。然而，在土地的具体实施上并非如此。首先，由于土地承包经营权的行使，获得承包地的农民在利用土地进行耕种获取收益的同时，其本身对于土地的改良和土地价值的自然增值也有价值，此部分价值并非全体农民赋予的，而是享有土地承包经营权的主体进行单独赋予的。[2] 其次，由于农地关系的紧张，在新一轮土地承包期内，对于农村集体经营的土地并未进行重新调整，长期土地承包经营权不变的政策使丧失土地的农民在事实上丧失了继续承包的可能。[3] 而本来未承包土地的农民却能平等享受相应的利益。最后，对于农村不仅只有对于土地的权利，为维护土地和村集体的利益，村民也需要履行相应的义务。对于未在本地生产生活的成员与本集体经济组织成员享受相同的利益，也会导致社会矛盾的突出。从社会正义的角度来说，平均分配的观点也无法得到认可。

陕西、浙江舟山等地对于农嫁居中出嫁女未纳入城镇社会低保的情况下，以其是否脱离村集体生产生活而进行区别对待的合理性有待商榷。首先，其无法解释为什么户籍登记的转移对于农村集体经济组织成员权的认定所具有的影响。户籍是一个人所在地的证明，对认定集体经济组织成员资格具有重要的影响。但是，在传统户籍制度瓦解的情况下，依然将户籍作为区分的绝对因素，其合理性不得不令人质疑。例如，一个外嫁他乡，未被纳入城乡体系的出嫁女，与一个就在他乡打工的劳务者，其对于集体是否有任何区别？为什么还要对其进行不同的待遇？其次，此种划分忽略了农村土地的本质。正如海南省高级人民法院所言，农村集体经济组织的本质在于农民的保障，因此，只要未获得其他生活保障的主体，其对于农民就应当进行相应的保障，同样基于保障，其差异性来源于何？此都是单一的区分所未能明确的不同。

农村集体经济组织成员权的认定，是村民对于农村土地权益进行分配的基础。然而，农村土地法分配并不是一蹴而就的。目前，各地对于处理农村土地权益与集体经济组织成员关系的总的指导思想，存在冲突与不足。无论是均等分还是有条件差别待遇分，都无法解决理论上的合理性基础缺乏和实际中的村民反对情绪等问题。因此，对于农村土地权益分配的合理性还有待理论与实践的进一步探索。

三、“秀水五股”经验与农村土地权益分配

“秀水五股”模式具体来说，分为“人头股”“土地股”“效益股”“孝亲股”“发展股”等五股，“秀水五股”模式充分考虑到了调动村民积极性与保障村民基本收益之间的关系。从秀水村的发展情况来看，事实上也证明了“秀水五股”模式所具有的生命力。然而，细思之，秀水模式不仅对于秀水村的发展具有十分积极的意义，对于解决在农村集体经济组织认定成员权下，成员权与土地收益权等同的问题也具有深刻的启发意义。甚至说可以达到一一对应的吻合关系。

---

[1] 参见王利明、周友军：《论我国农村土地权利制度的完善》，载《中国法学》2012年第1期。

[2] 参见臧俊梅等：《农地非农化中土地增值分配与失地农民权益保障研究》，载《农业经济问题》2008年第2期。

[3] 参见张红：《农地纠纷、村民自治与涉农信访》，载《中国法学》2011年第5期。

人头股对应的是集体成员的资格。“秀水五股”中,人头股只要是秀水村的村民均能享有,其对应的是农村集体经济组织的成员资格。即只要具有农村集体经济组织成员资格,其就能享受一定的份额的收益。这对应我国农村集体经济组织中的成员权享有所带来的收益。在农村集体经济组织中,结合我国对于农村集体的判断标准即可知道,被吸纳进或者说有可能被吸纳进农村集体经济组织的成员,除了“空挂户”等除外,其他总体上均对农村集体经济是有一定贡献的。因此,其应当享受一定的村民权益,特别是在被法院认定为具有农村村民成员资格之后。然后,在目前的中国司法实践中,认定为农村集体村民组织的成员近似就代表其有权利进行平等的分享。如果村民决议对其进行不平等划分的时候,就违反了法律规定的平等原则。然而,从事实上来说,村民决议在限制部分村民集体经济组织成员权的时候,其并不是完全没道理的,如果不允许其进行部分限制,反而会变成变相的无理。

土地股是事实上拥有土地承包经营权的土地。在农村集体经济组织之中,由于土地本身的相对有限性,因此,事实上有一部分村民没有集体经济组织的承包经营权。然而,在司法实践中,在利益的分配上,对于未承包土地的村民与实际承包土地的村民享有同等的权益。理由在于尽管目前来说,有一部分人没有承包土地,但是没有承包土地并不能否定其未来承包土地的可能。例如,在资兴市白廊乡江口村宋六组与王春华一样中,法院就认为:王春华一家现暂未在江口村宋六组取得承包土地,但并不代表其已失去土地承包经营资格,故不能以王春华一家未在江口村宋六组承包土地而否定其农村集体经济组织成员资格。[1] 然而,在事实上,此种理想主义的划分,从法律层面来说确实如此,在部分土地流转的地方,其确实也能够在理论上行得通。但是,事实上,目前全国有很多地方的土地并不会在村里重新划分。在土地承包经营权长期不变的政策下,如果不承认实际占有土地者的特殊利益,这显然与现实不相符合。因此,“秀水五股”中,对拥有土地入股的村民进行不同的待遇。正确地看到了在部分农村集体经济组织中,拥有村民土地承包经营权的村民所获得的土地收益与未获得土地承包经营权的村民之间在经济利益上的不同。因此进行区别对待,此种经验值得我们司法实践反思和借鉴。

效益股,即只要参与公司劳动的,均有权获得效益股。在农村集体经济组织的认定标准之中,对于是否尽到农村经济组织成员义务,也是判断集体经济组织成员权的一个标准,但是却并不是绝对性的要素。在农村集体经济组织中,在很多情况下,由于农村集体经济组织的社会保障性,很多未对农村集体尽到相应义务的村民也有权利获得农村集体经济组织的成员资格,这也导致法律规定的是否尽到农村集体经济组织成为义务,作为判断标准,失去了其督促农村集体经济组织履行自己的义务的作用。

发展股的作用,在于为秀水以后的可持续发展提供后续资金。在农村集体经济组织利益的分配之中,为保护后来人的利益和避免突然事件所造成的资金却反对于农村集体经济组织利益分配的时候,一般会进行一定的资金保留。尽管进行了相应的保留,但同样也存在问题。正如前述,与城镇所拥有的社会保障相比,农村保障的基础在于其所拥有的土地,即时代寓居于此的人均可以获得相应的土地,但是在土地被征收等情况下,对于后代所拥有的集体土地的收益变为此

---

[1] 参见湖南省郴州市中级人民法院(2014)郴民一终字第521号民事判决书。

代人的生产收益成本。对于后代人来说,其丧失的是对于土地的长期可能的承包经营权。然而土地所补偿的款项的分配总是有限的,这种有限的补偿与未来人口的无限构成了相应的矛盾。使得补偿款分配的法理基础存疑。

在传统的模式下,为尊重农村村民之间的自治,司法只对农村集体经济组织进行极少的干预,但是传统司法对于农村集体经济组织之间的干预主要通过对农村集体经济组织成员权的控制来实现。然而,对于农村成员之间的干预,并不能完全解决社会之间的矛盾,这也是为什么涉农信访高发的原因之一。因此,对于农村集体经济组织之间的探索应当深入农村集体经济组织内部。而不应当只以外部进行相应的探索。“秀水五股”经验表明,在农村土地的利用上,成员资格、土地利用以及农村发展预留资金,三者应当是有机结合的一体。成员资格与土地利用权利分别代表不同的经济价值,应当分开予以考量。

四、土地权益分配中的“权”“益”分配模式重构

事实上,从“秀水五股”经验可知,在传统判定标准中的农村集体经济组织成员权与土地权益分配进行统一挂钩,此种模式并不能很好地解决当代人之间以及当代人与下代人之间的矛盾。而应当将集体经济组织成员权和土地权益分配进行分离,具体来说,应当在承认集体经济组织成员对于土地所享有的权利和履行的义务存在差异的情况下,对于不同的履行主体,根据其与村集体的联系程度的不同享有不同的利益。

在认定为集体经济组织成员后,对于其应分的土地不应一视同仁。尽管在传统的模式下,因为土地的特有特征,有的法院将其认定为一种共同共有,根据共同共有的基本法理,在进行区分的时候应当一视同仁地进行分配。因此,有的法院认为,只要具有承包经营权的可能就需要一致认定。在广东省的解释中,认为只要是集体经济组织的成员就应当平等对待。此种区分没有合理的认为对村所履行的义务进行衡量。在判断集体成员资格的时候,应当予以适当的区别。具体来说,可以模仿“秀水五股”中的相应模式展开建构。

人头股对应的是集体经济组织成员权。只要是本集体经济组合成员,其就享有相应的权利,这个权利是基础性和保障性的,目的在于对集体成员提供一定的保障,只需要具备农村集体经济组织成员身份就可以享有。

土地股对应的是失地农民,此处应当区分为该集体经济组织所承包经营的土地是否能够正常的调整。在目前还对土地根据一定期限进行调整的地方,由于土地调整,失地农民能够获得部分的收益,土地承包经营权能随之转移,并不为谁所独有,所得收益应当在集体经济组织内进行相应的平分。如果土地不能移转,则由于此部分土地损失的是部分村民的承包经营权,因此,此部分利益应归承包经营权的损失人所有。

效益股对应的是其对农村集体经济组织的贡献。由于在农村中,集体经济组织对于农村土地和农村集体并不一定只享有权利,其还要履行相应的义务,义务与权利是相互依存的,只有履行义务才能享有相应的权利。因此,也应当根据其履行义务的不同,对于土地所带来的权益进行相应的区别对待。

发展股可以用来解决当代人与下代人的矛盾。因为土地并不为这代人所利用,下代人也有

利用的权利。而如果款项被当代人所分，显然会造成下代人保障利益的减少。在现在的农村土地权益分配中，虽有部分留下了一定的数额，但更多的是并未给下代人留下必要的份额。显然，这样的决议也有损害其他人利益之嫌。为解决此一问题，国家可以以法律手段进行必要的干涉，使农村集体的保障功能得到更合理的发挥。

图书在版编目(CIP)数据

农村"三变"改革法治保障研究 / 吴大华主编. -- 北京 : 法律出版社, 2018
(中国农村法治论坛 ; 第6卷)
ISBN 978-7-5197-2329-3

Ⅰ. ①农… Ⅱ. ①吴… Ⅲ. ①农村-法治-中国-文集 Ⅳ. ①D920.0-53

中国版本图书馆CIP数据核字(2018)第125870号

农村"三变"改革法治保障研究
NONGCUN "SANBIAN" GAIGE FAZHI BAOZHANG YANJIU

吴大华 主编

策划编辑 陈 妮
责任编辑 陈 妮
装帧设计 汪奇峰

出版 法律出版社
总发行 中国法律图书有限公司
经销 新华书店
印刷 北京虎彩文化传播有限公司
责任校对 马 丽
责任印制 吕亚莉

编辑统筹 财经法治出版分社
开本 787毫米×1092毫米 1/16
印张 13.5
字数 310千
版本 2018年7月第1版
印次 2018年7月第1次印刷

法律出版社/北京市丰台区莲花池西里7号(100073)
网址/www.lawpress.com.cn
投稿邮箱/info@lawpress.com.cn
举报维权邮箱/jbwq@lawpress.com.cn
销售热线/010-63939792
咨询电话/010-63939796

中国法律图书有限公司/北京市丰台区莲花池西里7号(100073)
全国各地中法图分、子公司销售电话:
统一销售客服/400-660-6393
第一法律书店/010-63939781/9782
西安分公司/029-85330678
重庆分公司/023-67453036
上海分公司/021-62071639/1636
深圳分公司/0755-83072995

书号:ISBN 978-7-5197-2329-3
定价:58.00元